# 코액티브 코칭

**CO-ACTIVE COACHING 3rd Edition**

by Henry Kimsey-House, Karen Kimsey-House, Phillip Sandahl and Laura Whitworth

Copyright ⓒ 2011 Henry Kimsey-House, Karen Kimsey-House, Phillip Sandahl and Laura Whitworth

All rights reserved.

Korean translation copyright ⓒ 2016 by Gimm-Young Publishers, Inc.

This translation published by arrangement with NB LIMITED through EYA(Eric Yang Agency).

# 코액티브 코칭

1판 1쇄 발행 2016. 11. 17.
1판 6쇄 발행 2024. 1. 26.

지은이 헨리·캐런 킴지하우스, 필립 샌달, 로라 휘트워스
옮긴이 김영순·임광수

발행인 박강휘·고세규
발행처 김영사
등록 1979년 5월 17일(제406-2003-036호)
주소 경기도 파주시 문발로 197(문발동) 우편번호 10881
전화 마케팅부 031)955-3100, 편집부 031)955-3200 | 팩스 031)955-3111

이 책의 한국어판 저작권은 EYA(Eric Yang Agency)를 통한 NB LIMITED와의 독점계약으로 김영사에 있습니다. 저작권법에 의해 한국 내에서 보호를 받는 저작물이므로 무단전재와 무단복제를 금합니다.

값은 뒤표지에 있습니다.  ISBN 978-89-349-7630-1 03320

홈페이지 www.gimmyoung.com        블로그 blog.naver.com/gybook
인스타그램 instagram.com/gimmyoung   이메일 bestbook@gimmyoung.com

좋은 독자가 좋은 책을 만듭니다.
김영사는 독자 여러분의 의견에 항상 귀 기울이고 있습니다.

이 도서의 국립중앙도서관 출판시도서목록(CIP)은 서지정보유통지원시스템 홈페이지 (http://seoji.nl.go.kr)와 국가자료공동목록시스템(http://www.nl.go.kr/kolisnet)에서 이용하실 수 있습니다.(CIP제어번호 : CIP2016025441)

헨리·캐런 킴지하우스, 필립 샌달, 로라 휘트워스 | 김영순·임광수 옮김

# 코액티브 코칭

고객과 코치가 함께 성공하는 코칭의 기술

## CO-ACTIVE COACHING

김영사

# 역자 서문

역자들은 이 책이 '한국에 반드시 있어야 될 책'임을 확인하고 번역 작업을 시작하였는데 많은 은어, 비유의 한국화 때문에 큰 도전과 같았다. 다행히 십여 년 동안 코액티브 코칭을 한국어로 교육시키면서 참가자들의 많은 도움을 받았다.

김영순 박사는 2002년부터 국제코치연맹International Coach Federation(ICF) 국제 콘퍼런스에 참석하기 시작했는데 그곳에서 명찰에 CPCCCertified Professional Co-Active Coach라는 태그를 붙이고 자랑스럽게 활보하는 코치들을 눈여겨보았다. 그들이 15일간의 교육과 100시간 이상의 텔레코칭 교육을 받은 코액티브 코치임을 알고 책을 사서 읽기 시작했으나 수많은 특수용어와 은어 때문에 포기하고 18개월 동안 교육을 받았다.

결국 CPCC를 획득했고, 내용이 너무 좋아서 한국에 CTICoaches Training Institute Korea를 설립하고 코액티브 코칭 교육을 도입했다. 그런

데 얼마 후,《코액티브 코칭》한국어판이 나왔다는 소식에 당황했다. CPCC가 아닌 사람이 번역을 해서 많은 오류와 그에 따른 항의가 많이 있었기 때문이다.

CTI Korea 교육은 고비용으로 적자였지만 한국에 꼭 필요한 교육이어서 경제적 출혈을 감수하면서도 십여 년간 진행을 해왔다. 그러던 중《코액티브 코칭》이 대폭 수정된 개정판이 나왔고, 그것을 번역하면 되겠다는 소망으로 몇몇 코액티브 코치들과 함께 작업을 시작했다. 그러나 많은 시간이 필요하여 끝내는 것에 엄두를 내지 못했었다.

임광수는 대림산업과 한국 IBM에서 36년을 여러 분야 리더로 근무하였다. 마지막 10년을 인사담당 부사장으로 근무하면서 인재개발에 대한 깊은 애정과 관심이 생겼고, 2014년 은퇴 이후 미국으로 건너가 코칭 과정으로 세계에서 가장 엄격하기로 소문난 미국 CTI에서 Co-Active Coaching Certification 과정을 수료하고 CPCC를 받았다. 36년의 인재개발 비즈니스 경험을 바탕으로 기업 및 개인을 대상으로 한 컨설팅, 코칭, 멘토링 사업을 하고 있는 그가 코액티브 코칭이 가장 적합한 코칭 교육임을 확신했기 때문이다.

특히 그는 김영순 박사에게 번역의 애로점에 대한 이야기를 듣고 이 일에 기꺼이 자원했다. 이 책이 코액티브 코칭 교육에 좋은 대안이 될 수 있기 때문이다.

우리 역자들은 그동안 이 책의 부분 번역에 참여한 고원주, 문지연, 박주원, 양정욱, 우헌기, 이수진 코치에게 감사드린다. 또한 '꼭 있어야 될 좋은 책이면 반드시 출간하는 철학'을 가진 김영사 김강유 회장에게도 감사드린다. 대중적인 책이 아님에도 불구하고 한국 인재개발과 코칭 발전을 위한 큰 결심을 하였기 때문이다.

마지막으로 이 책을 읽을 많은 독자에게 부탁드린다. 실습 위주인 코액티브 코칭 교육을 글로 표현, 특히 여러 은어, 비유, 은유를 한국 정서에 맞게 번역하는 데 애로점이 많았던 점을 이해하고 좋은 의견을 주길 바란다. 과거 수많은 교육 참가자가 이 책의 번역에 기여했던 것처럼, 이 책을 읽고 좋은 의견을 주거나 이상한 부분을 지적해주어 번역을 개선시켜주길 바란다.

# 제3판 출판에 즈음하여

세 번째 개정판의 출판에는 다음 두 가지 근본적인 이유가 있다.

첫 번째 이유; 코칭은 계속 변화하고 진화하고 있다. 코칭 스킬과 역량의 적용범위가 전문 직업 이상으로 확대되었다. 오늘날 코칭은 소통 스킬과 도구로 비즈니스에서, 학교에서, 정부에서 그리고 가족 등 모든 영역에서 관심의 대상이 되고 있다. 또 코칭이란 직업도 코치의 증가 추세나 지역적 측면에서 널리 확산되고 있고, 독특한 틈새 시장을 차지하면서 코칭 서비스와 효능 면에서 지속적으로 진화, 성장하고 있다.

두 번째 이유; 코액티브 코칭은 하나의 코칭 모델과 방법론으로서 계속 성장하고 진화하고 있다. 우리는 코치를 훈련시키는 사람으로서 그 범위를 지속적으로 확대시키고 있으며, 전 세계인들 또한 우리 교육을 원하고 있다. 가르치면 가르칠수록 우리만의 코칭 방법을 더 많이 알게 되고, 배우는 학생들에게서 우리가 하는 이 일의 혁신적인 위력을 실감하고 있다. 우리는 실제 삶의 현장에서 독특한 기여를 하고 있는 코액티브 코칭의 특성에 대해 명확하게 이해하게 되었고, 이 방법론이 가져다주는 영향과 긍정적인 피드백에 대해서도 더욱 잘 이해하게 되었다.

과거 수년 동안 이 책은 수많은 코치뿐만 아니라, 일터나 가정에서 중요한 인간관계의 문제를 풀기 위해 코칭 대화법을 어떻게 적용해야 하는지를 알고 싶어 한 수많은 사람들에게 가장 기본적인 교과서 역할을 해왔다. 이 책은 이제 전 세계적으로 많은 대학과 경영대학원 그리고 코칭 프로그램에서 코칭 교육의 표준 교과서로 사용되고 있다. 우리는 솔직히 이러한 엄청난 변화의 규모에 대해 매우 감사하고 있고, 또한 앞으로의 성장과 변화에 대응해가야 한다는 책임감도 느끼고 있다. 이번 세 번째 책도 코액티브 코칭 모델과 그것을 지지하는 효과적인 코칭을 위한 스킬과 도구를 기본으로 하고 있다. 우리가 일부 내용과 예제를 변경한 의도는 내용의 폭을 넓히고, 보다 많은 내용을 포함하고, 넓은 범위의 적용 사례를 제공하려 한 것이다. 새로운 통찰력을 제공함으로써, 우리는 코액티브 코칭의 핵심인 변혁적 변화Transformational change에 대한 우리의 인식이 더욱더 커지고 있다는 것을 공유하고 싶다.

## 계속 진화하고 성장하는 코칭의 세계

첫 번째 책이 나온 이후 수년 이내에 코칭은 하나의 관심 분야로 전 세계에 뻗어나갔다. 처음 코칭이 시작된 미국이나 유럽뿐만 아니라 이제는 모든 대륙에서 익숙한 주제가 되었고 그 수는 기하급수적으로 증가하고 있다. 그것은 마치 전 세계 모든 곳에 충족되지 않은 욕구가 있고, 그 욕구가 코칭을 강하게 요구하고 있는 것 같다.

세계가 코칭을 요구하고 있다. 양적인 면과 지역적인 면에서의 증가는 매우 인상적이고 우리의 주의를 끌어당긴다. 변화는 삶에서 피할 수 없는 것이고, 그 변화의 속도는 점점 가속화되고 있다. 코칭은 바로 우리가 개인적인 차원이나 조직적인 차원 그리고 관계적인 차원에서의 변화를 잘 다룰 수 있도록 도와주는 하나의 방법론이다. 사람들이 의미 있는 변화를 다루는 효과적인 방법으로 코칭을 이해하면서 코칭 기본 개념의 적용범위도 진화하고 확대되고 있다.

코칭의 성장이 단지 지역적인 성장만을 의미하는 것은 아니다. 코치들이 매우 다양한 인구통계학적 영역과 독특한 관심 영역을 전문적으로 다루고 있어서 코칭의 영역은 더욱 다양해지고 있다. 거의 모든 연령대, 모든 직업과 열정으로 가득한 개인들이 그들의 요청에 답을 주기를 기다리는 코치를 두고 있다.

한때 대기업에서는 코칭이 주요 임원이나 핵심 인재의 중요한 특전이기도 했으나, 이제는 직원, 관리자, 임원의 자기계발과 조직의 성공에 그들이 더 기여할 수 있도록 도움을 주는 표준화된 도구로 쓰이고 있다. 최근 직원의 몰입과 조직문화의 변화가 조직의 중요한 이니셔티브로 등장을 했으며 코칭이 이런 변화과정에 매우 중요한 역할을 하고 있다. 조직의 리더들은 동기부여가 잘 되어 있고, 삶의 충만함이 가득한 직원이 높은 성과를 만들어낸다는 사실을 잘 알고 있다. 사실, 이제는 많은 조직이 코칭 정신과 코칭 스킬을 조직 내부에 도입하기 위해 자체적인 코칭 교육 프로그램을 개발하고 있다.

적은 자원으로 보다 많은 결과를 창출해야 한다는 압박감에 시달리는 조직들은 조직의 생산성을 개선하는 수단으로 '팀'에 대한 강조를 극적으로 확장해왔다. 점점 더 그들은 팀 코칭Team coaching의 유익함 또한 배우고 있다. 그리고 오늘과 같은 좀더 상호 협력적인 세상에서 필요로 하는 스킬과 역량에 대해 팀과 팀장들을 대상으로 훈련을 하고 있다. 코칭이 바로 개인의 성취뿐만 아니라 높은 성과를 지속적으로 내는 최고의 팀을 위해 잠재력을 최적화하는 중요한 자원으로 이용되고 있는 것이다.

심지어 코치의 정의조차 확장되고 있다. 오늘날 매우 광범위한 전문 서비스 제공자들이 그들이 제공하는 서비스 목록에 코칭과 코칭 스킬을 포함하고 있다. 그들은 필수적 변화에는 시간과 엄청난 주의가 필요하다는 것, 그래서 코칭이 그러한 변화 이니셔티브에 매우 가치가 있다는 것을 알고 있다.

코칭은 또한 리더십 개발 세계에서도 점점 증대되는 역할을 하고 있다. 다음 10년 이내에 많은 수의 고위 임원과 관리자가 은퇴를 하게 되어, 후임에 대한 승계계획과 리더십 개발이 조직의 중요한 명제가 되었다. 조직의 생리적 변화와 더불어 리더십 개발은 점점 더 리더들의 감성지능Emotional intelligence과 관련된 사람의 리더십에 중요성을 두고 있다. 그래서 코칭과 코칭에 대한 종합적 역량이 리더들에게 더없이 중요하게 되었다. 다음 세대를 책임질 최고의 리더들이 코칭을 그들의 리더십 개발의 중요한 자산으로 여기면서 성장하고 있다.

첫 번째 판에서는 코액티브 코칭이 전문 직업 기술일 뿐만 아니라 중요한 소통수단이라고 이야기한 적이 있다. 전문 코치의 범위를 초월해서 아주 많은 상황에서도 '코치형 접근 방법Coach approach'이 활용되는 오늘의 상황을 볼 때 그러한 생각은 더욱 명료해진다. 예를 들어, 학교 선생님들이 학생을 지도하는 데 필요로 할 때마다 코칭 스킬과 코칭 스타일을 이용하고 있을 뿐만 아니라, 관리자, 부모님들, 고객서비스 담당자, 의료서비스 담당자들도 코칭 스킬과 코치형 접근 방법을 이용하고 있다. 그래서 코칭 상호작용Interaction을 효과적으로 만드는 노력이 더욱 중요하게 되었다.

### 코칭 툴킷과 자료의 변경을 용이하게 하기

변경에 용이하게 대응하기 위한 주제와 관련하여 가장 인기가 있었던 섹션 중 하나인 툴킷Toolkit을 웹으로 옮겼다. 코치 툴킷이 첫 번째 판에서는 많은 부분을 차지했고 두 번째 판에서는 예제의 출력을 용이하게 하기 위해 CD로 제작되기도 했다. 세 번째 판에서는 툴킷을 웹으로 옮겨서 자료의 변경을 용이하게 했다. 툴킷은 다음의 웹사이트를 참조하기 바란다.(www.coactive.com/toolkit)

### 세 번째 판 구독을 환영합니다

과거 수년 동안 코액티브 코칭이 많은 다른 문화권에서 환영을 받았다. 우리 작업의 결과가 그렇게 많은 다른 언어와 그렇게 많은 지역의 표현들로 나타나는 것을 보는 것은 대단히 흥분되는 일이다. 사실 우리가 하는 일을 깊이 있게 들여다보면 매우 인간적이다. 개인이나 팀(아주 작은 단위의 협동체 포함)이 그들의 꿈을 실현하고, 그들의 가치대로 살고, 중요한 결과들을 달성하는 것을 도와주기 때문이다. 우리는 코액티브 코칭 모델이 지리적, 문화적, 세대 간의 통상적인 영역을 뛰어넘는다는 사실을 계속 기억하고 있다. 이번이 세 번째 출판으로, 지난 몇 년 동안 우리가 배운 것을 여러분과 공유하게 되어 기쁘다.

코액티브 코칭 모델이 계속해서 강력하고 영속적이고 그리고 더욱 성장하고 진화하는 코칭의 세계에 순응적이라는 것을 안다는 것은 너무나도 가슴 벅찬 일이다.

2011년 봄, 헨리·캐런 킴지 하우스Henry and Karen Kimsey-House,

필립 샌달Phillip Sandahl과 파멸하지 않고 늘 우리와 함께하는

로라 휘트워스Laura Whitworth의 영혼

# 감사의 말

우리는 우리의 작업을 지지하고, 격려하고, 응원해주었으나 만나보지도 못한 사람들을 포함해서 일일이 거론할 수 없을 정도의 아주 많은 분에게 엄청난 감사의 빚을 지고 있다. 그들은 바로 코칭 여행을 시작한 코치와 코칭 고객들이다. 그분들의 삶과 일이 이 책을 최근의 상태로 만들고 의미 있게 만들 수 있도록 해준 생생한 증거이고 강력한 동기였다.

코칭 교육이 코칭의 가능성과 힘을 하나의 전문 직업으로 확장하는 데 엄청난 기여를 했으며 코칭에서 무엇이 가능하고 통하는지에 대한 살아 있는 실험실이 되었다. CTI의 교수진과 직원들은 일선에서 새로운 코치를 교육시키고, 높은 수준의 직업 기준을 유지하고 코액티브 코칭 방법론을 번창하도록 하는 데 기여를 했다. 그들이 보여준 핵심 내용과 세밀한 부분에 대한 노력으로 우리는 이 책의 내용을 지속적으로 다듬을 수 있었으며 그들의 그러한 기여가 이번의 세 번째 판에 잘 드러나 있다.

첫 번째 판이 발간된 이후 몇 년 이내에 코칭이 전 세계로 확산되는 것을 지켜보았다. 더욱 분명한 점은 통상적인 모든 경계를 뛰어넘는 어떤 것, 즉 코칭을 조직과 관계, 개인 삶의 내부로 끌어당기는 요구가 있다는 것이다. 우리는 세계 각처에서 코칭을 전하고 있는 용감한 선구자들에게 감사한다. 코칭의 확산을 위해 문화, 언어의 도전을 과감하게 헤쳐나가겠다는 결단력 있는 그들의 꿈과 이니셔티브 덕분에 확산이 가능했기 때문이다.

우리와 함께 코칭을 공부한 수많은 학생과 우리의 고객 그리고 코치들에게 말로 표현할 수 없는 감사를 드린다. 마지막으로 늘 우리의 중요한 선생님이셨던 고객 분들에게 감사를 바친다. 왜냐하면 여러분이 있어 우리가 이 일을 할 수 있기 때문이다.

헨리·캐런 킴지 하우스와 필립 샌달

# 소개

오늘날 코칭은 전 세계적인 전문 직업으로 성장했을 뿐만 아니라, 비즈니스, 정부, 비영리단체의 리더, 선생님, 카운슬러, 부모님 그리고 그 이외의 많은 사람이 사용하는 커뮤니케이션 스타일로 성장하고 있다. 이 책은 코치와 고객 모두의 적극적인 활동과 협업적 참여를 강조하는 소위 '코액티브 코칭 Co-Active Coaching'이라고 부르는 코칭과 코칭 관계에 대한 독특한 접근 방법을 기술한다. 코액티브 코칭에 대한 근본적인 믿음이 코액티브 코칭을 강력하면서도 실용적이도록 한다.

코액티브 코칭 모델은 세계적으로 수년간 고객과 코치의 실제 경험을 기반으로 그 효과가 입증되었다. 이 책은 그 모델을 자세히 설명해주고, 코액티브 코칭의 스킬과 테크닉을 정의하고, 코칭 대화 예제뿐만 아니라 모델에 대한 여러분의 이해를 돕기 위해 실용적인 연습문제를 제공해준다.

코액티브 코칭 모델이 우리가 하는 일의 출발점이었고 아직도 그 모델은 CTI를 통해 우리가 제공하는 교육의 중심에 있다. CTI는 1992년에 로라 휘트워스와 헨리·캐런 킴지 하우스에 의해 설립되었다. 오늘날 CTI는 북아메리카, 유럽, 중동, 아시아에서 코칭 교육을 제공하고 있듯이 세계에서 가장 규모가 큰 실제적인 교육기관이다. CTI는 코치를 위한 종합적인 교육 훈련 프로그램을 제공하고 있고 높은 평가를 받고 있는 코치 인증 프로그램도 운영하고 있다. 또한 CTI는 독특한 리더십 개발 프로그램, 코칭 마스터리 과정, 사업 개발 관련 과정과 코치들이 특정한 관심 분야별로 서로 참여하는 다양한 온라인 네트워크를 운영한다. 우리는 코칭 분야에서의 선구적인 노력의 결과, 코칭과 관련한 주요 원칙과 스킬을 개발하는 데 중추적인 역할을 해왔고, 앞으로도 지속적으로 코칭이라는 전문 직업을 위해 강력한 공헌자 및 희망을 주는 사람들로 남아 있을 것이다.

### 이 책의 핵심을 들여다보면

그러나 이 책이 단지 코칭 스킬이나 코액티브 코칭 모델을 설명하는 것은 아니다. 오히려 이 책은 코칭 관계, 특히 코액티브 관계Co-Active relationship의 속성에 대한 것을 설명한다. 우리는 코액티브 대화Co-Active conversation의 속성을 들여다보고, 또한 그 대화가 전문 코치와 고객 간의 대화, 회사의 상사와 직원 간의 대화 등 다른 대화와 어떻게 다른지도 들여다본다. 그 대화의 핵심은 코액티브 코칭 모델에서 이야기하는 것과 동일하다. 이 책은 코액티브 대화가 다른 일상적 대화와는 어떻게 다른지에 대한 근본적인 이유를 설명한다.

그러면 코액티브 대화는 무엇이 다른가? 우리는 코칭이 고객의 문제를 해결하기 위한 것은 아니라고 생각한다. 코칭을 통해 문제가 궁극적으로 해결될 것이지만 코칭은 기본적으로 성과를 개선하거나, 목표를 달성하거나, 결과를 만들어내는 것은 아니다. 물론, 효과적인 코액티브 코칭 관계에서 시간이 지나면 결국 그러한 것들이 모두 이루어지긴 하겠지만 우리는 코칭이 주로 발견Discovery, 자각Awareness, 그리고 선택Choice에 관한 것이라고 믿는다. 코칭은 사람들로 하여금 자신의 내부에 있는 답을 찾도록 효과적으로 임파워해주고, 삶을 변화시키고 삶에 활력을 주는 중요한 선택을 지속적으로 해나가는 과정에 있는 그들을 격려하고 지지해주는 하나의 방식이다.

코액티브 코칭은 존경Respect, 솔직함Openness, 연민Compassion, 공감Empathy 그리고 진실Truth을 말하겠다는 엄한 다짐 등과 같은 특정한 요소들을 반드시 포함해야 하는 기본 규칙Ground rules을 갖고 있는 대화의 한 형태이다. 그러한 대화의 밑바닥에는 특정한 가정들이 있다. 예를 들어, 우리는 사람이 강하고 능력이 있다고 가정하지 연약하고, 어찌할 바를 모르고, 어딘가에 의존하려 한다고는 생각하지 않는다. 사람은 최선을 다해서 잠재적 가능성을 이루겠다는 강한 의욕을 갖고 있다고 가정한다. 코칭 대화는 그 대화 속에 다음과 같은 믿음을 갖고 있다. 즉, 모든 상황에는 가능성이 있으며 사람들은 진정으로 그들의 삶에서 선택의 파워를 갖고 있다고 믿는다.

우리는 코액티브 코칭이 인류의 역사에서 독특한 소통관계이자 대화 방식이라고 생각한다. 그것은 대화의 초점을 서로 간의 지위나 대화의 내용에서 보다 깊은 수준의 인간 유대관계로 전환시킬 수 있는 대화 방법이다. 이런 형태의 대화는 공식적인 코칭 관계에서뿐만 아니라 직장에서의 리더십 스타일, 또는 팀과 가정에서 소통의 기초가 된다. 왜냐하면 코액티브 대화는 통상적으로 상사−부하 간의 권위주의적인 대화와는 너무나 다른 수평적인 대화이고, 협력적 코액티브 대화를 원하는 인간의 욕구를 채워주기 때문이다. 이렇게 동등한 입장에서 자연스럽게 대화를 하는 것은 자신의 견해에 대한 주장보다는 서로의 가능성을 창조하게 되며 이것은 곧 진화된 상호 인식과정이다. 그래서 우리는 코액티브 대화가 인간 인식의 전환을 보여주는 사례일 뿐만 아니라 그러한 전환을 창조하는 도구라고 확신한다.

이러한 독특한 스타일의 코액티브 커뮤니케이션은 여러 가지 방법으로 나타난다. 코치가 경청Listening하는 방법이나, 말은 물론 말로 표현하지 않고 숨긴 것, 심지어 말 사이의 표정까지 읽어낸다. 경청을 잘하는 코치는 고객이 언어나 비언어로 표현하는 모든 것들, 즉 음성, 감정, 에너지를 읽어낸다. 코치나 코치 역할을 잘하는 사람은 자신의 소리는 들을 수 없는 경우라 하더라도, 다른 사람의 마음속에 있는 모든 것을 듣는 사람이다.

코치는 고객이 원한다고 말하는 것을 만들어낼 수 있도록 도와주고, 일단 선택을 하면 끝까지 완수할 수 있도록 도와주는 그런 사람이다. 코치는 사람들이 책임감을 갖게 하여 그들이 원하는 꿈과 목표를 향해 지속적으로 나아가도록 항상 사람들 곁에 머무르고 있다. 궁극적으로 코치는 사람들이 의미 있고 목적 있는 삶을 살도록 도와주기 위해 그들 곁에 있는 것이다.

우리는 코치가 갖춰야 할 가장 중요한 자질 중 하나이며, 코액티브 코칭 관계에서 고객이 가장 신뢰할 수 있는 어떤 것을 진실성Trustfulness이라고 생각한다. 예를 들어, 코치는 고객이 어느 부분에 강한지 진실을 말하고, 그들이 어디에서 멈추고, 포기하고, 부정하고 또는 합리화하는지에 대한 진실을 절대적으로 말하는 사람이다.

이 책을 통해 여러분은 고객의 사명Mission, 목적Purpose 그리고 특별한 어젠다Agenda를 어떻게 발견하고 확장해갈 수 있는지에 대한 많은 새로운 방법을 배울 것이다. 다른 사람들이 엄격하게 본인의 책임을 가져가도록 하는 효과적인 방법도 알게 될 것이다. 가치Value, 목표 수립, 삶의 균형과 자기관리Self-management에 대한 코액티브 코칭 접근 방법도 배울 것이다.

또한 여러분은 사람들이 변화를 위해 위험을 당당히 감수해야 할 용기가 필요할 바로 그때 강력하게 자신을 제한하는 행위를 어떻게 전략적으로 다루는지에 대해서도 배우게 될 것이다. 이러한 입증된 전략은 고객이 본래의 궤도를 벗어나지 않게 하고, 고객의 욕망, 계획과 꿈을 방해하는 요소들을 극복하도록 도와줄 것이다.

이 책은 전문 코치를 위한 다양한 정보와 연습문제를 강조하고 있지만, 실제로 그러한 기술과 통찰력은 일터, 가족과 친구, 팀과 자원봉사자, 지역사회 환경에서도 적용될 수 있다. 왜냐하면 코칭 기술 역량과 관계의 속성을 아는 것은 전문 코치의 코칭 세션에만 국한된 것이 아니기 때문이다. 우리는 코칭의 핵심요소가 이제는 전문 코치의 기술 역량을 초월해서 적절한 커뮤니케이션 스타일로 성장하고 있다는 것을 인식하고 있다. 이것이 세 번째 증보판을 발간하는 중요한 이유 중 하나이다.

## 이 책은 어떻게 구성되어 있나

1부는 코액티브 코칭 모델을 전반적으로 소개한다. 첫 번째 장은 네 개의 주춧돌Cornerstone로 시작한다. 네 주춧돌은 코칭 모델의 기반이 된다. 더불어 네 개의 주춧돌은 강력한 대화가 이루어질 수 있는 상호 의존적인 네트워크를 형성한다. 우리는 계속해서 경청, 직관Intuition, 호기심Curiosity, 실행의 촉진과 학습의 심화Forwarding action and deepening learning, 자기관리라는 다섯 개의 구성요소에 대한 소개와 함께 코칭 모델을 계속 완성해간다. 이 장에서는 모델의 중심에 고객의 초점을 함께 형성하는 세 가지 원칙인 삶의 충만Fulfillment, 삶의 균형Balance 그리고 삶의 과정Process도 설명한다. 또한 1부는 코치와 고객 사이의 관계를 어떻게 보다 효과적으로 설계할 수 있는지도 설명한다. 우리가 소위 상호 협력적 관계Designed alliance라고 부르는 것이 고객과 코치의 관계를 명확하게 해주고 코칭 관계를 더욱 강하게 만든다.

2부는 다섯 개의 구성요소를 자세히 설명하고 코칭 기술에 대한 설명과 실제로 사용하고 있는 예제를 소개한다. 여기에 코칭 대화의 예를 보여주고 코칭 기술을 실제 본인 것으로 만들 수 있는 예제들도 제공한다.

3부는 고객 삶의 충만, 균형, 과정을 코칭하는 방법인 세 개의 원칙을 다룬다. 마지막 장에서는 이런 세 개의 원칙을 코칭의 예술적 단계까지 통합할 수 있는 방안에 대해서 설명한다.

요약해서 말하면, 이 책은 효과적인 코액티브 코칭 관계의 본질과 그것을 지지하는 코칭 기술을 이해할 수 있는 포괄적인 접근 방법을

제시한다. 또한 여러분의 코칭 능력을 개발할 수 있도록 실생활에서
발생한 코칭 사례와 현실적인 과제로 강화되고 조직화된 체계를 제
공한다. 이 책은 전문 코치로서의 역량을 개발하고 지식을 확장하고
싶은 사람들뿐만 아니라, 단순히 코액티브 코칭이라고 부르는 독특
한 코칭 모델을 이용해서 중요한 대화에 코칭 접근법을 활용하고 싶
은 사람들을 위한 책이다.

# 차례

# 3부

코액티브 코칭
원칙과 실습

CO-ACTIVE COACHING FUNDAMENTALS

# 1부

## 코액티브 코칭
## 기본원칙

코칭은 시작하는 순간부터 고객에 집중한다. 사람들은 무엇인가가 달라지기를 원하기 때문에 코칭에 참여하고 코칭을 원한다. 그들은 변화를 갈구하고 있거나 이루어야 할 중요한 목표를 갖고 있다. 사람들은 아주 많은 개인적인 이유로 코칭을 찾는다. 책 쓰기, 새로운 비즈니스 시작, 보다 건강한 신체를 갖고 싶어 하는 등 특정한 목표를 달성하기 위한 동기부여가 되어 있다. 그들은 일터에서 더욱 효과적이고 만족하기 위해 또는 삶의 변화를 잘 헤쳐나갈 수 있는 새로운 기술을 개발하고 싶어서 코칭을 찾는다. 때때로 사람들은 그들의 삶에서 보다 많은 평온함, 안전 그리고 일터에서의 보다 큰 영향력 등 더 많은 것을 원한다. 이와는 반대로 때때로 사람들은 더 적은 혼란, 더 적은 스트레스, 더 적은 경제적 압박감 등 더 적은 것을 원하기도 한다. 일반적으로 사람들은 보다 나은 삶의 충만, 더 나은 삶의 균형 또는 그들의 욕망을 이루기 위한 다른 삶의 과정 등 보다 나은 삶의 품격을 원하기 때문에 코칭을 찾는다. 개인적인 이유가 무엇이든지 관계없이 고객 내부에 잠재되어 있는 동기를 유발시키는 것으로 코칭은 시작된다.

1부는 코치가 이런 상호작용에 무엇을 가져다주는지, 코액티브 코칭 관점에서 프로세스는 어떻게 작동하는지를 설명해준다. 이 부분에서 우리는 코칭의 여러 가지 요소들을 설명하고 그들이 종합적인 모델 내에서 어떻게 함께 작동하는지에 대한 느낌을 갖도록 한다. 이어지는 장들에서는 이러한 중요한 요소들에 대해 보다 심도 있는 설명을 하고 코칭 대화의 예제를 다룬다.

# 1장

# 코액티브 코칭 모델

'코액티브Co-Active(상호 협력적)'라는 용어는 코칭 관계의 근본적인 속성을 나타내는 것으로, 고객과 코치는 코칭 관계에서 적극적인 협력자Active collaborator가 된다는 것을 의미한다. 이것이 바로 코액티브 코칭에서 고객이 원하는 바를 충족시키기 위해 동등한 두 사람 사이에 맺어지는 관계이자 일종의 협력적 관계인 것이다.

## 코액티브 코칭의 네 가지 주춧돌

다음에 설명하는 네 가지 주춧돌은 코액티브 대화를 가능하게 하고 수용할 수 있는 커다란 그릇이다. 이 네 가지 주춧돌로 인해 진정한 코액티브 대화가 가능해진다. 또한 이들은 Co-Active에서의 'Co'가

의미하는 것처럼, 고객과 코치의 관계가 더욱 두텁고 공고하기 위해서, 그리고 고객의 삶에 생명을 주는 실행들이 더욱 활성화되기 위해서 필요한 체계와 구조를 제공해준다.

### 사람은 본질적으로 창의적이고, 잠재력이 풍부하며, 전인적이다

우리는 다음과 같은 주장으로 이 장을 시작하고자 한다. "사람은 본질적으로 창의적이고, 잠재력이 풍부하며, 전인적이다." 사람들은 능력을 갖추고 있다. 스스로 해답을 찾을 수 있고, 선택할 수 있으며, 실행할 능력이 있다. 또한 일이 뜻한 대로 잘 안 될 때는 다른 방법을 찾을 수 있는 능력이 있고, 특히 학습능력이 있다. 이러한 능력은 사람이 처한 환경에 관계없이 모든 인간에게 주어진 것이다. 코액티브 모델은 이런 사실에 대한 강한 믿음을 갖고 있는데, 바로 이것이 고객을 대하는 우리의 입장이다. 이것과 대조적인 입장은 사람들은 연약하고 독립적이지 못한 존재라고 믿는 것이다. 이러한 입장을 견지할 경우 코치는 고객으로 하여금 가장 안전하고 가능한 답을 찾도록 안내하게 될 것이다. 여러분은 이 두 가지 입장의 차이를 이해할 수 있을 것이다. 우리가 코치로서 다른 사람들이 잠재력이 풍부하고 창의적이라고 믿게 되면, 우리는 그들을 응원하는 챔피언이 되지 아이가 넘어지지는 않을까 걱정하며 아이 손을 잡아주는 그런 사람이 되지는 않는다. 코치로서 우리가 이러한 사실을 인정할 때, 우리는 고객에게 이래라저래라 하지 않고, 고객과 발견을 위한 대화를 하고, 고객의 가능성을 믿으며 고객에 대한 호기심을 갖게 된다. 고객의 능력에 대하여 깜짝 놀라게 될 것이다.

여기서 중요한 것은 '본질적으로'라는 말이다. 물론, 환경이 인간을 지배할 때가 있고, 가장 회복력이 강한 사람이라도 오르기에는 산이 너무 높고, 건너기에는 길이 너무 넓고, 내가 할 수 있는 일이 전혀 없다고 느낄 때가 있다. 주변의 환경이 녹록지 않고 "너 뭐가 문제야?" 또는 "너는 할 수 있는 것이 없잖아"라고 이야기하는 내부의 방해꾼 때문에 우리가 창의적이지 못하고, 잠재력이 풍부하지 못하며, 전인적이지 않다고 느낄 수도 있다. 그런 연약함을 느낄 때 바로 과거에도 능력이 있었고, 지금도 능력이 있는 고객의 진정한 본래의 자아를 볼 수 있는 코치가 필요한 것이다. 그래서 코치는 고객으로 하여금 그들 내부에 존재하는 빛과 같은 잠재력을 상기시키고 그것을 찾을 수 있도록 도와주는 것이다. 왜냐하면 그러한 능력과 잠재력은 본래 고객의 내부에 존재해 있었기 때문이다.

### 전인적인 사람에게 초점을 맞춰라

다른 사람을 도와주고 싶어 하는 사람과 대부분의 초보 코치나 코칭을 하고 있는 사람들의 마음에 가장 먼저 떠오르는 질문은 "해결해야 할 문제가 무엇인가요?"이다. 그런 질문은 사실 문제를 이해하여 그것을 해결할 수 있는 의미 있는 도움을 주고 싶다는 강한 의도에서 발생하는 것이다. 그러나 코치가 고객과 마주 앉아 있을 때(전화로 코칭할 때조차) 코치는 사람과 마주 앉아 있는 것이지 해결해야 할 문제와 마주 앉아 있는 것은 아니다. 바로 그 사람이 만들어내야 할 변화나 실현해야 할 꿈, 완수해야 할 일, 달성해야 할 목표 등 해결해야 할 과제를 갖고 있는 것이다. 그 과제 모두 중요한 것이다. 그러나 당신과 마주 앉아 있는 사람이야말로 그가 해결해야 할 목표, 꿈, 일 같은 과제 이상으로 중요하다. 바로 그 사람은 뜨거운 가슴과 정신, 육체 그리고 영혼을 갖고 있는 온전한 존재이다. 그리고 그 과제는 그것이 무엇이든지 간에 고객과 분리되어 있는 것은 아니고, 고객의 온전한 삶 전체에 강하게 연결되어 있는 것이다.

아마도 "전인적인 사람에게 초점을 맞춰라"라고 한 주춧돌에서 '초점을 맞춰라'라는 표현이 여러분을 약간 오해하게 만들 것 같다. 우리는 고객의 존재 전체에 물 샐 틈 없이 집중적인 주의를 기울임이 아니라, 고객의 온전한 존재, 삶 전체에 대해서 여러 수준의 경청을 하고 부드럽게 주의를 기울임을 말하는 것이다. 너무나 자주 우리는 고객에게 도움을 주고 싶다는 열정 하나로 귀로 듣는 것에만 주의를 기울인다. 그러고는 이해하고 분석하여 합리적이고 실제적인 해결책을 제공하려고 한다. 분석과 논리는 나름대로 가치 있는 일이고 매우 중요한 자질이기는 하나, 고객 삶 전체를 이야기하지는 못한다. 때때로 '올바른' 해결책이 중대한 감정상태를 초래할 수 있다. 고객의 마음속에서는 "예"라고 했지만 고객의 영혼에 상실감을 줄 수 있는 것이다. 그렇다고 해서 코치가 고객의 가슴Heart, 마음Mind, 육체Body와 영혼Spirit을 각각 개별적으로 코칭하라는 것은 아니다. 코액티브 대화를 하고 있는 코치나 모든 사람은 이 각각의 요소에 내재되어 있는 것들이 전인적으로 어떤 영향을 끼치는지 귀를 기울이라는 것이다.

얼마 전까지만 해도, 특히 직장 내에서 감정상태에 대해 이야기하는 것을 금기시했었다. 다니엘 골먼Daniel Goleman의 획기적인 노력에 힘입어 지금은 감성지능을 마스터하는 과정들을 흔하게 볼 수 있게 되었다. 사람들은 대화 중 신체의 일부에 대해 언급하는 것을 민감하게 느껴왔다. 그러나 신체언어Body language의 중요성에 대한 인식과 신체 전문가들 덕택으로 일반 내화에서 신체의 역할을 이야기하는 것이 훨씬 광범위하게 일어나게 되었다.

이런 신체 부분 중 가장 민감한 곳은 분명히 영혼일 것이다. 영혼을 무엇이라고 정의하기는 가장 어려운 일이나, 그것은 모두 인간의 내부에 현재하고 있다. 코칭에서 우리는 영혼이라는 것이 단지 영성Spirituality이나 종교Religion에만 국한된 것은 아니라고 말한다. 그러나 그것이 사람의 선택에 영향을 주는 것은 분명하고 여러 가지의 다른 이름과 표현으로 불린다. 그러나 그것의 핵심은 본인의 가치, 소명 또는 자기 자신을 초월하는 어떤 힘에 이끌리는 삶을 살아간다는 의미를 갖고 있다. 때때로 그것은 직관Intuition이나 직감Gut feeling이거나 우리의 삶을 인도하는 확신Conviction 같은 것이다. 이런 것들 중에서도 영혼은 바로 "이것이야"라고 말하기 어려운 차원이다. 사실, 우리는 우리를 초월하는 그 무엇을 느낄 때 그것이 "영혼이다"라고 이해한다.

우리가 전인적인 사람에게 주의를 기울인다는 것은 코치로서 우리 앞에 놓인 고객의 과제나 주제가 고객의 삶 속에 어떤 식으로 엉켜 있는지를 잘 알고 있다는 것을 의미한다. 고객이 갖고 있는 이슈에는 다양한 각계각층의 사람들과 수많은 우선순위들이 모두 연계되어 있는 것이다. 물론, 고객과 코치가 특정한 프로젝트의 완료 같은 하나의 좁은 범위의 주제로 대화를 제한하는 것은 가능하다. 그러나 코치가 대화의 초점을 고객이 반드시 필요로 하는 임의의 주제로 전환할 수 있다는 능력이 임의로 대화의 목적지를 선언하고 그곳으로 가야 한다고 주장하는 것을 의미하지는 않는다. 다시 말하지만, 중요한 것은 어떠한 주제도 개별적으로 존재하지 않는다는 사실을 인식하는 것이다. 삶의 한 영역에서의 의사결정이 불가피하게 삶의 모든 영역에 영향을 끼친다. 매력적인 커리어가 삶을 충만하게 할 수도 있지만 한편으로는 우리의 건강, 가족과의 관계, 자유시간, 심신상태에 영향을 주기도 한다. 코치가 고객의 좁은 범위의 주제를 대상으로 효과적인 코칭을 할 수도 있지만 가능한 고객의 삶 전체를 포괄하는 큰 그림을 다루는 것이 코액티브식 코칭이다.

## 지금 이 순간을 춤춰라

대화란 사람들 사이의 강력하고 역동적인 교환이다. 말이나 자세, 생각과 같은 대화의 내용에 주의를 기울여야 한다. 대화의 내용은 흔히 우리에게 가장 잘 보이는 것이어서 답변하기에 가장 쉬운 것이다. 그러나 말과 내용이 중요하듯 대화의 순간에는 그 이상의 무엇인가가 일어나고 있다. 모든 대화에는 대화의 톤, 분위기 그리고 뉘앙스가 있게 마련이다. 선택된 단어보다는 그것을 어떻게 말했는가에 더 많은 정보가 있다. 심지어 말한 것보다는 하지 않은 말 속에 더 많은 정보가 있을 때도 있다. 코치에게 대화는 여러 수준에서 주의 깊게 경청하여 어떻게 답변하고 언제 개입할지를 결정하는 중요한 연습이다. 언제 말하고 언제 질문할 것인가를 알려주는 대본Script은 없다. 그것은 대화 순간, 바로 지금 이 순간 그리고 다음 순간에 결정하는 것이다. "지금 이 순간을 춤춰라Dancing in this moment"란 지금 이 순간에 일어나고 있는 것에 바로 함께 있는 것이고, 마스터플랜에 반응하는 것이 아닌 순간적인 자극에 반응하는 것이다.

춤춘다는 것은 코액티브 코칭의 핵심이다. 'Co'는 상호 협력적이라는 뜻이고, 'Active'는 함께 앞으로 나아가는 춤을 춘다는 뜻이다. 진정한 코액티브 대화에서는 코치가 춤을 리드할 때가 있고, 고객이 춤을 리드할 때도 있고, 심지어 누가 춤을 리드하고 누가 따라 하는지가 명확하지 않을 때도 있다. 이와 같은 세 가지 상태의 춤은 모두 자연스러운 것이다. 특히, 누가 춤을 리드하는지 모르는 세 번째 상태는 흔하지 않은 고객과 코치의 연결상태이다. 그것은 서로에게 완전히 몰입한 상태이고 무한한 신뢰를 바탕으로 대화의 자연스러운 흐름을 따라가겠다는 의지이며, 서로에게 솔직하게 의존하는 상태이다. 그것은 두 사람이 템포, 톤, 스텝이 척척 맞아 음악에 맞춰 추는 우아한 춤과 같은 느낌이다. 이러한 코치의 경쾌함은 모두 고객의 배움과 발견을 위한 것이다.

## 변혁을 일깨워라

고객과 코치는 고객의 충만한 삶이라는 공동의 목적을 위해 코액티브 대화를 하게 된다. 코칭의 주제는 고객이 관심을 갖고 있는, 고객 삶의 일부분 같은 매우 특정한 것이다. 그러나 나무의 잎에서 가지로, 가지에서 나무의 줄기로 따라가다 보면 나무의 뿌리를 만나듯이 언제나 고객과의 깊은 연결이 가능하다. 어떤 코칭 세션에서는 고객이 당면한 프로젝트와 관련된 명확성과 행동계획을 다룰 수도 있다. 코칭을 받고자 하는 고객의 동기가 새로운 일이나 진급, 개선된 건강상태 또는 사업계획의 실행과 같은 것일 수 있다. 사실, 고객은 특정한 주제의 특정한 목표에만 관심이 있을 수 있다. 반면에 코치는 나무를 볼 줄 알고, 고객 삶 전체를 볼 줄 알아야 한다. 코액티브 모델에서의 코치는 그러한 과제들이 고객에게 더욱 중요한 그 무엇의 표현임을 볼 줄 아는 비전을 갖고 있어야 한다. 당장의 이런 액션은 고객이 중요하다고 판단하는 모든 영역에서 충만한 삶을 살고, 보다 높은 목적의 삶으로 갈 수 있는 수단이 될 것이다.

고객은 최고의 삶과 충분한 잠재력을 경험하고 싶은 바람을 갖고 있다. 그래서 지금 당장의 목표와 인생의 무한한 가능성 사이의 연계 고리가 점화되는 순간, 그 결과는 변혁적Transformative으로 바뀐다. 이렇게 되면, 보고서 작성이나 잡 인터뷰, 5킬로미터 마라톤은 그저 해야 하는 항목 이상이 된다. 그것은 내면적 확신에 대한 표현이기 때문이다. 그러한 성취는 고객이 어떤 사람이 될 수 있는가에 대한 메시지이고, 그가 갖고 있었다는 것을 몰랐거나, 갖고 있었다는 사실을 망각했던 근육을 발견하는 것과 같은 새로운 강점과 새로워진 능력을 깨닫게 되어 "아Ahh"의 만족상태에서 "아하Aha" 같은 획기적인 깨달음의 상태로의 전환이 일어나게 된다.

이와 같은 깊은 수준의 깨달음, "아하"로 인해 고객은 본인이 무한한 잠재력을 실현할 수 있는 확장된 능력을 갖고 있다는 것을 안다. 그리고 고객은 이런 하나의 경험을 통해서 배운 것을 자연스럽게 다른 것에도 활용할 수 있게 된다.

이것이 우리가 "변혁을 일깨워라"를 코액티브 모델의 네 가지 주춧돌 중 하나로 당당하게 주장하는 이유이다. 우리는 고객으로 하여금 특정한 일부 영역에서의 초점으로부터 삶의 다양한 길로 진화하고, 성장하고, 확장할 수 있는 내면의 강점과 무한한 잠재력을 찾아내고 회복하는 것 등 모든 것이 가능하다는 사실을 이해시키고 코치 자신도 이 사실을 명심해야 한다고 생각한다. 코치는 무엇이 가능한지에 대한 비전과 스스로의 변화를 만들어낸 경험을 통해 중요한 역할을 해야 한다. 고객은 언제나 그들이 원하는 코칭 주제, 행동사항, 결과를 선택한다. 그러나 아무리 작은 주제나 행동사항으로부터도 매우 큰 결과를 만들어낼 수 있다는 입장을 취함으로써, 코치는 고객을 격려하여 궁극적으로 변화를 만들어낸다.

## 코액티브 코칭 모델의 핵심

코치와 고객의 지속적인 관계는 고객의 목표를 해결하기 위해서만 가능하다. 그래서 자연스럽게 〈그림 1〉(다음 쪽 참조)의 코액티브 코칭 모델의 중심에 고객의 삶이 자리 잡고 있다. 이것은 두 가지 관점에서 바라볼 수 있다. 하나는 하루하루의 행동을 고객 삶의 큰 그림 일부로 보는 것이다. 사람들은 매일 어떤 것을 하거나 하지 않아야 할 수십, 수백 가지의 의사결정을 한다. 아무리 작아 보이는 선택이라 하더라도 우리가 매일 하는 선택은 우리의 삶을 더 충만하게 하거나 덜 충만하게 한다. 우리가 하는 결정은 우리를 보다 나은 삶의 균형으로 가까워지게 하거나 멀어지게도 한다. 그러한 선택들은 또한 보다 효과적인 우리 삶의 과정에 기여하기도 하고 덜 효과적인 삶의

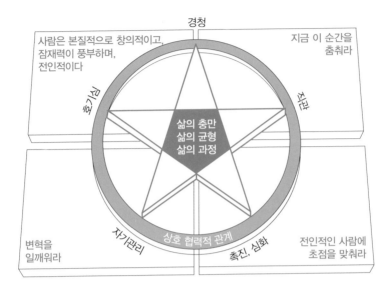

경청

사람은 본질적으로 창의적이고,
잠재력이 풍부하며,
전인적이다

지금 이 순간을
춤춰라

호기심

직관

삶의 충만
삶의 균형
삶의 과정

변혁을
일깨워라

자기관리

상호 협력적 관계

촉진, 심화

전인적인 사람에
초점을 맞춰라

| 그림 1 | **코액티브 코칭 모델**

과정에 기여하기도 한다. 그래서 어느 한 시점에서 바라보면, 고객의 행동은 언제나 삶의 충만, 삶의 균형, 삶의 과정이라는 세 가지 주요 원칙과 관련이 있다. 그 세 가지는 생생하게 살아 있는 삶의 가장 기본이기 때문에 삶의 원칙이라고 부른다. 불을 지피기 위해서는 산소와 연료 그리고 열이 꼭 필요하듯이, 이 세 가지 원칙도 대문자 'L'의 삶(Life), 즉 불꽃처럼 타오르는 강렬한 삶을 창조하는 데 반드시 필요하다. 다른 시각은 코칭 세션에서 고객이 선택하는 특정 이슈에 관한 것이다. 고객은 온갖 종류의 어젠다를 코칭에 가져온다. 매일의, 매주의, 매월의 이러한 이슈는 소문자 'l'의 매일의 삶(life)에 관한 것이다. 그러나 특정 이슈가 무엇이든지 관계없이 그것을 보다 큰 충만한 삶

과 생명을 주는 삶의 균형, 그리고 보다 나은 삶의 과정에 연계할 수 있는 방법이 있다는 것을 알아야 한다.

## 삶의 충만

고객이 생각하는 삶의 충만함이란 지극히 개인적이다. 그것은 우선적으로 외부적인 성공의 척도, 즉 훌륭한 직업이나 진급, 충분한 돈이나 어떤 생활방식 등을 포함할지도 모른다. 코칭은 궁극적으로 삶의 충만에 대한 정의를 보다 깊은 수준으로 이끈다. 그것은 무엇인가를 더 소유하는 것에 관한 문제가 아니다. 그것은 고객의 주머니나 옷장을 채우는 그런 것도 아니다. 삶의 충만이란 고객의 가슴과 영혼을 채우는 그 무엇이다. 충만한 삶이란 가치 있는 삶이고 고객은 그들이 진정으로 가치 있게 생각하는 그들만의 해석을 갖고 있다. 예를 들어, 모험을 가치로 생각한다면 그들의 삶이 충분한 모험으로 차 있는가? 가족을 중요시한다고 하면서 일을 우선시하며 그들 자신을 속이고 있지 않은가? 등이다. 그들이 하는 일에 그들이 표현하고자 하는 개인적인 가치가 무엇인가? 가치를 추려내는 작업은 일종의 삶의 선택을 추려내는 것이라고 할 수 있다. 왜냐하면 선택이 고객의 가치를 근거로 할 때, 삶은 더욱 만족스럽고 쉬워 보이기 때문이다. 특별히 하나의 기준으로 삼을 만한 목표를 실현했을 때의 충족감은 매우 크다. 그러나 대부분의 고객은 충만함이 최종 목적지가 아니라는 것을 안다. 가장 심오한 수준에서 보면 충만함은 목적 있는 삶, 봉사의 삶을 찾아가는 것이고 그것을 경험하는 것이다. 결국 충만함은 한 사람의 무한한 잠재력을 실현하는 것이다.

## 삶의 균형

책임질 것도, 마음이 산란해질 것도 많고 변화의 속도가 빠른 오늘날의 삶에서 삶의 균형을 유지한다는 것은 거의 불가능한 꿈이라고 느껴질지 모른다. 그래서 삶의 균형을 유지하기가 어려운 사람들이 코칭을 찾는다. 그들은 최소한의 어떤 수준으로 살아가는 것에 대해 만족하지 못하는 경향이 있다. 그들은 삶에서 더 많은 것을 원하고 더 많은 것을 나누어주고 싶어 한다. 그들은 그들에게 중요한 것에는 열정적이고, 약속을 철저히 지키고, 너무나 치열해서 비록 다른 대부분의 삶이 황폐하더라도 그들 삶의 어느 한 부분은 훌륭한 삶의 모델이 되기도 한다. 그들은 균형의 가치를 이해하고, 운동을 좀더 해야지, 좀 쉬어야지 또는 친구들과 다시 연락을 해봐야지라는 좋은 의도로 균형을 이루는 시도를 하지만, 결국에는 아무런 변화를 만들지 못하고 시간이 흘러가 버린다는 것을 알게 된다. 삶의 균형이 무너진 것이다.

사람들은 균형이 무너진 삶을 자주 그리고 쉽게 받아들이는 것 같다. 마치 "그것이 바로 인생이구나" "주어진 환경에서 어쩔 수 없는 거지 뭐" 하면서 말이다. 삶을 바라보는 방법이 하나밖에 없고, 삶은 불행해 보인다. 그러나 삶의 균형을 위한 코칭은 삶을 바라보는 시각을 확장하여 더 많은 선택을 추가하도록 노력을 기울인다. 궁극적으로 삶의 균형 코칭은 어떤 것에는 "예"라고 하고, 다른 것에는 "아니요"라고 이야기할 수 있는 선택을 하도록 하는 것이다. 이것은 물론 쉬운 일이 아닐 수 있다. 고객은 "아니요"라고 대답해서 시간적 여유를 갖기 전에 자주 "예"라고 말해버린다. 이러한 충동적인 행동으로 압도당하는 느낌을 갖게 되고 결국에는 균형이 무너진 삶을 살아가게 된다.

삶 자체가 역동적이어서 삶의 균형도 유동적인 것이다. 그러므로 고객이 이루어야 할 목표로서의 '균형'을 제시하는 것보다는 오히려, 고객이 균형을 향해 가고 있는지 아니면 균형으로부터 멀어지고 있는지를 들여다보는 것이 의미 있다. 한 해의 사계절처럼 균형이란 장기간에 걸쳐 보아야 잘 보인다. 그것은 또한 영구히 반복되는 이슈이고, 코칭 과정에서 어떤 형태로든지 코치가 여러 번에 걸쳐 만나게 되는 과제이다.

### 삶의 과정

우리는 항상 삶의 과정 속에 있다. 어떤 때는 정신없어 보이기도 하고, 어떤 때는 우아하게도 보인다. 코칭이 결과를 만들어내는 데 효과적이어서, 고객과 코치가 '결과'를 만들어내야 한다는 덫(삶의 여정의 흐름을 보지 못하고 완전히 최종 목적지에만 집중하게 되는)에 걸리기 쉽다. 사실, 삶의 과정은 자주 강물에 비유된다. 삶을 살아가다 보면 조용하고 꾸준하게 흘러가는 날도 있지만, 세차게 하얀 거품을 일으키며 흘러가는 때도 있다. 또한 표류하거나, 일과 관계의 소용돌이에 꽉 막히기도 하고, 위험한 늪으로 뒷걸음칠 때도 있다. 홍수도 나고 가뭄도 난다. 코치가 할 일은 이런 사실을 알아차리고, 지적하고, 또한 고객이 그들 삶의 어느 과정에 있다 하더라도 고객과 함께 있는 것이다. 코치는 그곳에서 고객을 격려하고 지지하고 곤경에 처했을 때 친구가 되어주고, 힘든 과정을 잘 통과할 수 있는 고객의 역량과 성공을 축하해줄 뿐만 아니라, 컴컴한 물속을 잘 통과할 수 있도록 고객을 안내해야 한다. 코칭은 고객이 그들 삶의 모든 영역에서 보다 깊은 관계로 더욱 충만하게 살도록 해준다. 그러므로 코액티브 코칭은 고객의 세 가지 측면, 즉 삶의 충만, 삶의 균형, 삶의 과정 전반을 어우른다. 이것이 코칭 모델의 중심에 있는 핵심 원칙이다. 그 세 가지 원칙이 함께 완전하게 살아 있는 '삶'의 열과 빛을 창조한다.

## 임파워된 코칭 환경을 위한 상호 협력적 관계

코액티브 코칭 모델의 중심에 고객이 있고(<그림 1> 참조), 우리는 고객과 고객의 어젠다를 둘러싸고 있다. 우리는 이와 같은 보호 서클을 상호 협력적 관계라고 부른다. 코액티브 코칭에서 권한, 즉 파워Power는 코치에게 부여되는 것이 아니고, 코칭 관계에 부여되는 것이다. 코치와 고객은 고객의 욕구를 충족시키기 위한 효과적인 코칭 진행 관계 방식을 함께 설계한다. 사실, 고객이 어떻게 코칭받기를 원하는지를 정하는 데 있어서 고객이 중요한 역할을 한다. 고객이 일하고 배우는 스타일에 잘 맞는 강력한 관계를 함께 만든다. 그 관계는 고객을 위해 가장 잘 작동하는 소통 접근법에 맞춰져 있다. 협력적 관계를 설계하는 절차는 고객과 코치의 상호 책임을 정의하는 것이다. 고객은 그들이 그 관계를 통제하고, 궁극적으로는 그들의 삶에서 그들이 만들어갈 변화를 통제한다는 것을 배우게 된다.

# 코칭의 다섯 가지 구성요소

〈그림 1〉의 코칭 모델에서 보듯이 별에는 다섯 개의 꼭짓점이 있고, 그 각각의 꼭짓점에 코치가 코칭할 때마다 사용하는 다섯 가지 구성요소가 있다. 코치는 코칭을 실습하는 과정에서 이 구성요소를 끊임없이 활용해야 한다. 코치는 시대에 뒤지지 않게 코칭 훈련을 받고, 마치 음악가가 음악적 테크닉을 개발하듯이 이런 구성요소를 자신에 맞게 개발시켜야 한다. 다섯 개의 구성요소는 항상 동시에 활용된다. 이 책에서 우리는 일정한 순서로 그것들을 설명하지만, 다섯 구성요소는 차례대로 사용하는 것이 아니라 별 무리같이 뒤섞여 사용된다. 이것은 고객의 삶을 언제나 빛이 나게 하고, 밝게 불을 비춰주는 다섯 개의 스포트라이트처럼 온전한 코칭을 위해 반드시 필요한 요소들이다.

## 경청

물론, 코치는 코칭 대화의 내용을 따라가면서 고객에게서 나오는 말을 경청한다. 그러나 가장 중요한 코칭의 경청은 보다 깊은 수준에서 일어난다. 그것은 이야기 이면에 있는 의미를 듣는 것이고, 저변에 깔려 있는 근원을 듣는 것이고, 학습을 심화시킬 수 있는 테마를 듣는 것이다. 코치는 고객의 비전, 가치, 삶의 목적을 찾아내기 위해 경청한다. 또한 고객에게 있을 수 있는 저항과 두려움, 물러섬을 들을 뿐만 아니라 변화를 거부하고, 고객의 결점을 들춰내고, 온갖 이유를 대며 그 아이디어는 무엇이든지 간에 효과가 없을 것이라고 이야기하는 내면의 방해꾼인 사보투어Saboteur의 소리도 듣는다.

코치는 동시에 여러 단계의 수준에서 경청을 한다. 지금 고객이 삶의 과정 어디에 있는지, 삶에 균형이 잡혀 있는지, 삶의 충만을 위한 여정의 어디쯤 가고 있는지를 듣는다. 코치는 주저함의 뉘앙스를 듣거나 분명히 진실하지 않은 어떤 부정적인 소리를 듣기도 한다.(3장에서 세 가지 단계의 경청에 대해 자세하게 설명한다)

## 직관

수면 아래의 소리를 들음으로써, 코치는 명확하게 귀에 들리는 소리와 귀에 들리지 않는 내용(감정, 느낌 등)을 모두 듣고 파악한다. 직관이란 자주 말로는 표현되지 않지만 내면에 존재하는 것에 대한 일종의 알아차림이라고 할 수 있다. 직관을 신뢰하기란 쉽지 않아서 많은 사람에게는 직관이 그냥 내면에 남아 있다. 결론으로 도출하거나 의사결정을 할 때 우리는 정서적으로 직관을 사용할 수 있는 믿을 만한 정보 소스로 사용하지 않기 때문에 우리의 직관이 시사하는 대로 이야기하기를 주저한다. 또한 바보처럼 보이기 싫어서 멈칫거린다. 그러나 직관은 코치가 코칭의 가치를 더할 수 있는 가장 강력한 도구이자 능력 중의 하나이다.

우리는 코치로서 고객에게서 아주 많은 양의 정보를 받는다. 그리고 코칭하거나 세상일을 관리할 때 그 정보를 이전의 정보나 경험과 결합시킨다. 여기에 추가할 정보가 바로 직관으로부터 얻는 정보이다. 우리는 그것을 직관이라고 부르지 않고 생각Thought이나 예감Hunch 또는 직감이라고 부를 수도 있다. 우리가 그것을 무엇이라고 부르든 간에 그 순간적 정보는 직관에서 온다. 대부분의 코치에게 직관은 훈련하고 개발해야 할 스킬이다. 직관은 우리가 의식적으로 분석할 수 있는 것보다 더 많은 감명과 정보를 계속해서 합성해주기 때문에 매우 가치 있는 것이다.

## 호기심

여러분도 잘 알고 있듯이, 코액티브 코칭의 근본적인 전제 가운데 하나는 "고객은 능력이 있고 잠재력이 풍부하고 스스로 해답을 갖고 있다"는 것이다. 코치가 할 일은 질문을 하고 발견하는 과정을 리드하는 것이다. 호기심이란 항상 사용하는 구성요소로서 해답을 찾아내고 통찰을 이끌어내는 과정에서의 한 가지 틀이다. 호기심은 열려 있고, 마음을 끌고, 여유롭고, 매우 재미있는 것이다. 그러나 또한 그것은 매우 강력한 것이다. 물질, 삶, 우주에 대한 심오한 의문을 탐구하는 과학적 호기심처럼, 코칭에서의 호기심은 고객과 코치가 나란히 고객의 삶 속 깊은 영역으로 들어가게 해주고 고객이 무엇을 발견하는가에 매우 호기심을 갖고 단순히 바라보게 한다.

코치는 심문하는 사람이 아니라 고객 편에 서서 탐구를 하는 사람이기 때문에 코치는 고객의 오래된 방어벽을 부술 수 있는 강력한 질문Powerful question을 할 수 있다. 고객이 그들의 삶에 호기심을 갖게 되면, 탐험에 대한 압박감과 위험이 줄어든다. 또한 그들은 어두운 곳을 바라보려고 하고, 힘든 것도 시도해보려고 한다.

## 행동의 촉진과 학습의 심화

고객과 코치가 함께 작업을 통해서 얻는 결과는 행동Action과 학습Learning이다. 행동과 학습이라는 이 두 가지 요소가 결합해 변화를 만들어낸다. 고객을 앞으로 나아가게 하는 행동이란 개념이 코칭의 목적에 너무나 중요하여, 우리는 자주 '촉진Forward'이라는 동사를 사용하고 코칭의 목적 중 하나가 고객의 '행동을 촉진하는 것Forward action'이라고 말한다.

인간의 변화과정에서 실제로 필요한 다른 요소가 학습이다. 학습은 단지 행동의 부산물이 아니고, 행동과 동등하거나 보완적인 요소이다. 학습은 새로운 잠재력과 확장된 가능성 그리고 변화를 위한 강한 근육을 만들어낸다.

코칭에 대한 흔한 오해 중 하나는 코칭이 '단순히 주어진 일을 좀 더 높은 수준의 성과를 내도록 도와주는 것'이라는 생각이다. 이러한 오해 때문에 코칭은 잠잘 준비를 마쳤느냐, 숙제는 끝냈느냐 등 잔소리를 하는 부모 같은 사람을 고용하는 것으로 비교되기도 했다. 어떤 조직에서는 코칭이 학생의 실수를 찾아내서 벌을 주려고 줄자를 들고 있는 학교 선생님의 이미지이다. 그러나 코칭은 단순하게 일을 잘 끝내기 위한 것이 아니다. 그것은 지속적인 학습을 하는 것이고 특별히 코칭의 결과로 나온 행동이 코액티브 코칭의 세 가지 원칙에 어떻게 기여하는지, 기여하지 않는지를 학습하는 것이다. 행동, 학습, 세 가지 원칙의 연계성이 중요하다. 마하트마 간디Mahatma Gandhi는 "사람의 삶에는 속도를 높이는 것 이상의 그 무엇이 있다"고 했다. 같은 논리로 적어도 코액티브 코칭 모델에서는 "고객의 삶에는 행동을 많이 하는 것 그 이상의 무엇이 있다"고 이야기할 수 있다.

## 자기관리

진정으로 고객의 어젠다에 집중하기 Holding the client's agenda 위해서는 언제나 쉬운 일은 아니지만, 코치는 자기 자신에게서 벗어나야 한다. 자기관리란 코치 개인의 의견, 선호, 자랑, 방어적 태도, 에고를 내려놓을 수 있는 능력이다. 코치는 자신의 생각과 판단을 다루는 '여기 Over here'에 있는 것이 아니라, 고객과 함께 고객의 상황과 어려움에 몰입해 있는 '거기 Over there'에 머물러 있어야 한다. 자기관리는 멋있거나 올바르게 보이려는 생각을 포기하는 것이다. 빛은 코치가 아니라 고객에게서 나야 한다. 자기관리란 남에게 미치는 영향력을 깨닫는 것이다. 코치와의 코칭 관계를 가져가면서 고객도 자신의 삶에서 자기관리에 대해 배우게 된다. 고객은 코치에게서 자기관리의 모델을 경험하고 자기관리의 영향력에 대한 이해를 키워나간다.


# 코액티브 코칭에서 코치의 역할

코치는 어떤 결과가 나올지 모른 채 변화를 만들어내는 일을 하는 일종의 '변화 촉진자 Change agent'이다. 목표, 계획, 새로운 습관, 새로운 시도, 모든 종류의 성취가 고객이 지속적으로 추구하는 것들이고 코칭 상호작용에 의해서 촉진된다. 코치는 변화를 가속화하는 데 중요한 요소인 '촉매제 Catalyst' 역할을 한다.

그러나 이것은 수동적 역할 이상이다. 우리는 코칭을, 특히 이 책에서 이야기하는 코칭을 코치의 존재감과 책임을 요구하는 일종의 서비스 역할이라고 본다. 코치가 개별적인 개인 고객과 일을 하든, 조직 내의 코치로 일을 하든 일종의 목적의식, 심지어 높은 수준의 목적의식을 갖는 것이 기본적인 요건이다. 코액티브 코칭의 세계에서 우리는 코칭을 이렇게도 이야기한다. 코칭은 고객의 높은 수준의 고결한 목적에 기여하기 위해 존재한다. 우리가 이와 같이 높은 수준의 목적을 목표로 할 경우, 고객뿐만 아니라 더 나아가 고객의 가족과 조직에서의 변혁적인 변화를 위한 수단을 창조할 수 있다. 고객의 높은 수준에서의 변화의 물결이 세상으로 퍼지기 때문이다.

그런 변화에 기여하는 그곳에 코치가 고객과 함께 있다는 것은 엄청나게 기쁜 일이다. 그것은 또한 코치의 삶에서 높은 수준의 목적에 대한 욕구를 충족시켜준다. 다른 사람들이 그들의 꿈을 이루고 그들의 무한한 잠재력에 다가갈 수 있도록 도와주는 것처럼 '차이를 만들어내는 것', 이것이 코치가 코칭에 빠져드는 이유이다.

## 2장
# 코액티브 코칭 관계

코칭을 하나의 기술적 방법론이라고 할 수 있지만, 오히려 코칭은 고객과 코치의 관계, 즉 특별한 의미의 관계라고 할 수 있다. 물론, 습득해야 할 스킬과 사용해야 할 다양한 종류의 도구들도 있지만, 효과적인 코칭의 진수는 고객과의 관계 맥락 내에서 코칭을 진행할 수 있는 코치의 능력에 달려 있다. 모든 고객은 다 특이하다. 독특한 환경, 변화에 대한 특이한 목표와 바람, 독특한 능력, 관심사, 심지어 스스로를 파괴하는 생각까지 모두 다르다. 커리어 변경, 삶의 과도기, 성과 개선, 직장 내에서의 리더십, 건강과 행복 이슈 등 고객이 흔히 추구하는 주요 영역에 대해 우리는 일반적인 언어로, 그것도 포괄적으로만 이야기할 수 있다. 여기에 더해 고객의 목표도 고객에게 무엇이 중요한가를 명확하게 하고, 고객에게 동기를 부여하는 것이 무엇인지를 깊이 있게 파고들고, 고객이 행동과 학습의 결과를 만들어가면서 변해간다는 사실이다. 보편적으로 권위를 인정받은 표준화된 진단 방법과 코칭 해결책이 멋지게 정의되어 있는 참고자료는 없다. 코칭은 본질적으로 역동적이다. 그것이 코칭의 가장 근본적인 특성 중 하나이고, 변화를 위한 수단으로써 강한 파워를 갖고 있는 하나의 이유이다. 코칭은 개인적인 고객과 함께 변화를 위해 필요한 독특하고 임파워된 관계를 창조한다.

또한 우리는 코액티브 코칭에서 코치와 고객이 비록 다르기는 하나 동등한 역할을 하는 대등한 관계라고 강조한다. 그들은 그러한 관계 속에서 상호 협력적이다. 그래서 그들은 어느 면에서는 함께 창조하고 협업하는 사람들이다.

이러한 관계를 〈그림 2〉에서 보듯이 삼각도로 묘사할 수 있다. 코치는 코칭 관계에 파워를 허용한다. 고객도 코치가 아니라 관계에 파워를 허용한다. 고객은 결국에는 관계에 의해 임파워되고, 그들이 하는 선택과 그들의 삶을 주도하도록 임파워된다. 그림에서처럼 모든 관계의 파워는 고객을 위해 존재한다.

사실, 코액티브 코치는 "나는 강력하다"에서 "코칭 관계가 강력하다"라고 생각을 전환해야 한다. 강력한 코칭은 강력한 코치가 되는 것과는 다르다. 그것은 고객이 경험하는 파워에 관한 것이다. 코칭 관계는 고객이 그들의 삶에서 만나는 장애를 극복하기 위해 필요한 에너지의 소스로 활용하는 재충전의 장소이다. 따라서 에너지 레벨이 낮으면 작업을 완수할 수 없다. 그 파워는 코치에게서 직접 나오는 것이 아니고, 고객이 바람과 동기 요인의 형태로 가져오는 에너지와 코치가 인간 변화에 대한 이해, 스킬, 헌신의 형태로 가져오는 에

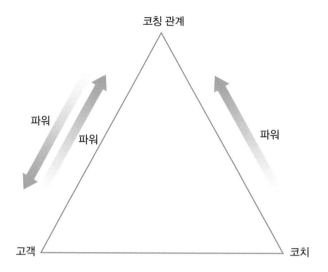

| 그림 2 | **코칭의 파워 삼각도**

너지의 시너지, 즉 관계로부터 나오는 것이다.

## 코칭 환경

　가장 근본적으로 보면 코칭 세션은 코치와 다른 한 사람, 팀 코칭이나 관계 코칭의 경우에는 둘 또는 그 이상의 사람들과의 대화이다. 그러나 코칭 세션은 통상적으로 일어나는 매일매일의 그런 대화는 아니다. 효과적인 코칭 대화는 중요한 문제의 핵심을 다룬다. 그것은 고객이 선택을 명확하게 하거나 변화를 만들어가는 것을 지원하기 위해 설계된, 초점이 명확하고 흐트러지지 않은 대화이다. 그래서 대화가 일어나고 있는 환경이 매우 중요하다.

환경이라 함은 물리적인 환경Physical environment과 코칭의 기본 규칙Ground rules, 기대치와 합의사항으로 구성된 관계적 환경Relationship environment 둘 다를 의미한다. 코액티브 코칭에서는 효과적인 코칭 환경의 두 가지 핵심 특성을 이야기한다. 하나는 그 환경이 고객이 필요로 하는 모험을 감수하기에 충분히 안전한가이고, 다른 하나는 고객이 그들의 삶과 그들이 하는 선택을 동기, 호기심 그리고 창의성을 가지고 접근할 수 있는 대담한 환경인가 하는 것이다. 그런데 안전하다는 것이 반드시 편해야 한다는 것을 의미하지는 않는다. 중대한 변화는 매우 편하지 않을 수 있으나 그것을 경험하는 것을 안전하게 할 수 있는 여러 가지 방법은 있다. 예를 들어, 산 정상에 오르겠다는 일념으로 가파른 절벽을 올라가는 암벽타기 등산가처럼, 고객은 암벽타기를 유쾌하지만 힘이 빠지기도 하고, 겁나는 과정으로 이해할 수 있다. 그러나 밧줄을 단단하게 잡아주어 안전을 보장해주는 지지자가 있다는 사실을 알게 되면 계속해서 올라갈 수 있는 확신이 생긴다.

이와 같이, 고객에게 안전하면서도 용기를 북돋아줄 수 있는 환경을 가능하게 하는 특성들이 있다. 이러한 특성들이 코칭 관계에서는 고객을 감싸주는 '컨테이너Container'라고 부르는 틀을 만들어준다.

### 비밀유지

변화를 한다는 것은 친숙하고 잘 정리되어 있는 것들을 뒤흔든다는 것이다. 그런 변화를 시작한다는 것은 매우 만족스럽기도 하고 아마도 흥분되는 일일 수 있지만, 한편으로는 위험하다고 느낄 수도 있다. 고객과 고객 주변의 모든 사람이 그 변화를 완벽하게 지지하고 그 변화에 헌신을 한다 하더라도, 변화란 그 속성상 어떤 결과가 나올지 아직 모르는 것이다. 고객이 위험을 무릅쓰고라도 중대한 변화를 감행하겠다고 작정한다면, 코치와 자유롭게 그 위험을 이야기할 수 있는 용기를 내야 한다. 행동을 취하기 위해 필요한 발견Discovery 프로세스로 가려면 고객이 속내를 털어놓는 것은 매우 중요하다. 비밀유지Confidentiality가 된다는 안전망이나 확신이 없다면 코칭은 일시적인 것이 되고, 무엇인가가 감춰져 있지는 않은가 하는 의심이 저변에 언제나 있을 것이다.

조직 내에서 코치로 일하고 있는 경우에는 더 복잡한 환경을 잘 다루어야 한다. 코치와 내부 고객과의 비밀유지가 안전하고 대담한 대화를 위한 주요 조건이지만, 조직에서는 코칭 결과에 관심이 많아 어떤 형태의 코칭 결과를 보고하도록 요구한다. 흔히 코칭 작업의 성격과 결과를 보고하는 사람들이 주로 고객이라서, 그들은 그들과 코치 사이의 비밀을 유지하면서 코칭의 어떤 부분이 어떻게 조직에 가장 관련성이 있는지를 보고한다.

### 신뢰

코칭 대화 내용을 비밀로 유지하겠다는 약속은 서로 간의 신뢰Trust를 형성하는 데 필요한 중요 요소 중 하나이다. 고객과 코치가 서로를 믿을 수 있게 되고, 그 관계가 결과를 도출해낸다는 것을 고객이 알게 되면서 신뢰는 서서히 형성된다. 신뢰는 코칭 세션에 지각하지 않고 시간을 잘 지키는 것과 같이 일련의 신뢰를 주는 행위 등 작은 것으로부터 만들어진다. 신뢰는 쌍방향으로 작동하기 때문에 신뢰란 고객에게 중요하듯이 코치에게도 중요하다. 코치는 믿을 수 있는 행동을 해야 한다.

또한 코치가 고객을 단순히 믿는다는 사실만으로도 관계는 형성되고 신뢰가 확장된다. 우리는 대부분 어떤 사람들을 받아들이기 전에 그들이 주어진 기준에 따라 제대로 일을 수행하여 가치를 보여주고, 그들 자신을 증명하도록 요구하는 문화 속에 살고 있다. 그런 문화는 증명하고, 설명하고, 정당화하는 것을 강조하는 관계를 창조한다. 고객이 본래 창조적이고, 잠재력이 풍부하고, 전인적이고, 최상의 선택을 할 수 있는 능력이 있다는 전제하에 만들어진 코칭 관계는 고객의 능력과 온전함에 대한 신뢰를 바탕으로 만들어진 것이다. 고객은 그들의 삶에서 그들이 할 수 있다고 말하는 것을 할 수 있다고 믿고, 그들이 되고 싶다고 한 사람이 될 수 있다고 믿어주는 한 명의 사람을 갖고 있다는 것을 알게 된다.

코치가 고객을 완전하게 믿는 동시에 고객에게 책임을 지게 한다는 것은 일견 역설적으로 보일 수 있다. 그러나 책임을 지게 한다는 것이 '나에게 증명해봐' 같은 판단의 의미는 아니고, 단순히 행동하기로 한 것과 배우겠다고 한 약속에 대해 책임을 지게 하는 것을 의미한다. 고객은 코치가 그들 편에 서서 진정으로 그들의 비전과 행동 계획을 존중해줄 뿐만 아니라 그들을 위해서 직설적이고 정직한 피드백을 해줄 수 있을 것이라고 믿는다.

## 진실 말하기

우리는 또한 코칭 관계에서의 이러한 특성을 '진실해지는 것Getting real'이라고 부를 수 있다. 변화를 위한 안전하고 대담한 공간은 원래 진실을 말할 수 있는 장소여야 한다. 그 공간은 코치가 무엇이라고 말할 것인지에 대한 걱정 없이, 고객이 무엇을 했고 무엇을 못 했는지에 대한 모든 진실을 말할 수 있는 장소이다. 이것은 판단이 배제된 환경이다. 그리고 진실은 배움, 발견, 새로운 통찰 이외의 다른 결과를 수반하지 않기 때문에 코치가 고객에게 진실을 기대할 수 있는 장소이다. 고객 또한 그런 이유로 코치를 채용한 것이기 때문에 코치에게 진실을 기대한다. 고객은 흔히 자신의 상황에 너무나 몰입해 있고, 자신의 과거 이야기와 습관적인 패턴에 휩싸여 있어 때때로 진실을 정확하게 볼 수 없다. 이것이 코칭을 찾는 이유 중 하나일지도 모른다. 그들은 코치에게 혼란과 안개 속을 꿰뚫어볼 수 있는 날카로움을 기대한다. 이런 관계 속에서 고객은 코치와의 진실하고 정직한 상호작용을 믿게 된다.

진실을 말하는 것이 비록 고객의 의견에 대립하는 경우가 있다 하더라도 고객과 충돌까지 할 필요는 없다. 예리하고 부드럽게 진실을 말해야 하며 고객의 설명을 묵묵히 받아들여서는 안 된다. 진실 말하기는 옆으로 물러서거나 간과하는 것을 거부한다. 예를 들어, 황제가 황제 옷을 입지 않을 때 과감하게 지적하는 것과 같다. 진실을 말하는 데 타고난 판단력이 필요한 것은 아니다. 코치는 단지 보이는 것을 말하는 것이다. 진실을 말하지 않고 감추는 것은 고객이나 코칭 관계에 도움이 되지 않는다. 진실한 관계는 좋게 보이려는 것으로는 가능하지 않고, 진실해질 때 가능하다. 코치가 용기를 내서 진실을 말할 때, 고객은 코치로부터 진실함의 진정한 의미를 배우게 된다. 그리고 그러한 과정에서 코치와 고객 사이에는 더 많은 신뢰가 형성된다.

### 개방성과 여유로운 공간

코칭 관계를 작동하게 하는 요소 중 하나는 바로 여유로운 공간이다. 이 공간은 고객이 숨 쉬고, 실험하고, 꿈을 꾸고, 제한 없이 전략을 짜는 그런 장소이다. 그곳은 눈을 크게 뜨고 꿈을 꾸게 하는 다른 세상이고, 고객이 분노, 걱정거리, 원한, 불공평 같은 생각을 배출할 수 있는 공간이다. 또 실패가 학습의 수단으로 인정되는 장소이고, 반드시 그래야 한다는 절대 규정이 없는 장소이다.

또한 코치에게 여유로움Spaciousness이란 고객이 이루고자 하는 결과나 특정한 일련의 행동에 완전히 얽매이지 않고 떨어져 있다는 것을 의미한다. 코치는 고객, 고객의 어젠다, 고객의 건강과 성장에는 지속적으로 신경을 쓰지만, 고객이 원하는 결과를 향해 앞으로 나아가는 한, 그들이 원하는 곳으로 가기 위해 어느 길로 가야 하고, 어떤 속도를 내야 하고, 가다가 언제 방향을 바꿔야 할지에 대해서는 신경을 쓰지 않는다. 궁극적으로 코칭은 코치가 무엇을 도와주는가에 관한 것이 아니라, 고객이 스스로 무엇을 창조하느냐에 관한 것이다. 코치가 고객이 원하는 결과를 얻기 위해 필요한 일련의 행동을 제안할 수도 있다. 예를 들어, 브레인스토밍Brainstorming은 코치가 고객의 여정에 중요한 기여를 할 수 있는 코칭의 일부이다. 그러나 코칭 관계의 개방성을 유지하기 위해서 코치는 고객이 본인의 제안을 받아들이든 안 받아들이든 신경을 써서는 안 된다. 코칭 관계에서 공간적 여유로움이란 고객은 창의적 영감을 가져올 수 있는 여러 가지 채널에 열려 있어야 하며, 아무리 멋지게 들리고 경험상 확실하다 하더라도 코치의 좋은 아이디어에 제약을 받아서는 안 된다는 것을 뜻한다. 이런 식으로 고객은 광범위한 가능성을 탐색할 수 있는 것이다.

## 상호 협력적 관계

지금까지 우리는 고객과 코칭의 이러한 관계를 마치 그것이 개념적인 것처럼 이야기해왔다. 실제로 우리는 고객과 코치가 의식적으로 그리고 신중하게 둘 사이의 업무 관계를 설계하고, 또한 지속적으로 코칭 관계를 마칠 때까지 필요한 대로 재설계를 하는 것이 중요하다고 믿는다. 〈그림 1〉에서처럼 상호 협력적 관계는 코치와 고객을 둘러싸고 있고 함께 일할 수 있는 공간, 즉 컨테이너를 대표한다.

설계의 형태는 코치마다 다르고, 코치와 고객의 관계마다 특이할 것이다. 협력적 관계를 설계할 때의 대화는 코치와 고객의 가정 Assumption과 기대 Expectation에 중점을 둔다. 이와 같은 의도적인 대화의 목적은 코칭 프로세스와 기대효과를 명확하게 하고 고객과 코치 모두에게 강력한 관계를 설계하기 위해 필요한 협의하는 공간을 제공하는 것이다.

간단하게 이야기해서, 상호 협력적 관계를 설계한다는 것은 다음과 같은 질문들을 검토하는 것이다. "우리 둘이 효과적으로 일하기 위해서 사전 검토해야 할 조건들이 무엇이 있을까요?" "현재 또는 예상되는 장애요소가 무엇인가요?" "코칭으로 최상의 결과를 얻기 위해 근본적으로 질문하고 답을 해야 할 것이 무엇인가요?" 등이다. 그리고 코칭을 진행하면서 다음과 같은 질문들이 계속 발생할 것이다. "무엇이 잘되고 있고 무엇이 잘 안 되고 있나요?" "우리의 코칭 관계에서 보다 효과적이고, 보다 나은 결과를 얻기 위해 변경해야 할 것이 무엇인가요?"

의도적으로 효과적인 상호 업무 관계를 만들기 위한 이런 초기 대화는 시작에 불과하다. 지속적으로 서로 마음을 열고, 일을 잘할 수 있는 새롭고 보다 효과적인 방법을 찾는 것은 코액티브 코칭 관계에서 계속 필요한 부분이다. 어떤 의미로는 고객이 그들의 일과 삶에서 변할 수 있는 능력의 강도Strength를 통해 코치와 고객의 관계가 얼마나 강한지를 알 수 있다. 그리고 그 관계의 강도는 서로의 협력적 관계를 열린 마음으로, 두려움 없이, 그리고 지속적으로 진화시키겠다는 의지로 측정된다.

## 코칭 형식

지난 십여 년 동안 코칭은 하나의 기술로 그리고 하나의 직업으로서 아주 많은 형태로 자리를 잡아왔고, 코칭과 코칭 스킬이 이용되는 다양한 환경들이 계속 확장되어왔다. 오늘날 여러분은 집과 공공기관, 그리고 조직 내에서 일하는 코액티브 코치를 발견할 것이다. 또한 교도소와 대기업 임원 회의실에서 코칭하는 코액티브 코치도 발견할 것이다. 어떤 코치는 종종 코칭 이외의 다른 책임을 추가로 맡아 조직 내에서 직원으로 일을 한다. 지속적인 실행의 지원과 사후 지원 서비스를 제공하기 위해 코칭과 컨설팅을 통합해서 서비스를 제공하는 코치도 있다. 많은 코치가 개인 고객과 개별적으로 일을 한다. 어떤 코치들은 팀이나 특별한 관계의 사람들과의 코칭을 전문으로 한다. 오늘날 코칭은 전 세계적으로 그리고 다문화적으로 일어난다. 코치와 고객은 나이, 수입, 교육, 인종적 배경, 직급과 같은 다양한 인구통계학적 범주를 다룬다. 많은 코치가 특별한 관심 영역이나 커리어 영역을 전문으로 하고, CEO, 이민자나 외국인, 예술가와 음악가, 부모나 십 대에 초점을 두고 코칭을 한다.

코칭이 일어나는 환경도 매우 다양하다. 여러 가지 형태가 있지만 많은 코치가 흔히 주간 단위의 정기적인 약속으로 고객과 전화로 코칭을 한다. 일부 코치와 고객들은 고객 장소, 코치 사무실이나 제3의 다른 장소에서의 대면 코칭을 선호한다. 코치는 3개월, 6개월, 1년 등 일정 기간으로 고객과 코칭 계약을 할 수 있다. 다른 코치들은 고객과 계약 기간이 없는 지속적인 코칭 관계를 갖는다. 코칭은 장식된 임원 회의실, 번잡한 도심의 집과 산속의 리조트에서도 일어난다.

그런 코칭의 장으로 코치는 매우 다양한 코칭 도구 및 검사 방법과 함께 그들이 교육에서 배운 것과 실제 코칭 경험을 가져온다. 코치의 상상력과 고객의 관심에 힘입어 코칭 형식과 환경은 계속 변한다. 그러나 코칭이 어떤 형태로 일어나든, 우리는 코칭이 코치와 고객이 작업을 위한 안전하고 대담한 공간을 만들어낼 때, 그리고 코치와 고객이 의도적으로 상호 협력적 관계에 있을 때 가장 효과적이라는 것을 믿어 의심치 않는다.


## 시작하기

코치는 고객 오리엔테이션과 고객을 위한 자아발견Self-discovery 같은 초기 프로세스로 고객과의 코칭 관계를 시작한다. 이와 같은 기본적인 초기 관계 구축 프로세스Foundation-setting process는 고객에게 코칭 프로세스를 이해하게 하고, 상호 협력적 관계를 설계할 기회를 주고, 고객의 이슈나 목표를 명확히 하여 코칭 작업을 시작하도록 한다. 어떤 표준화된 형식은 없다. 일부 코치들은 간단한 인터뷰를 하거나, 고객으로 하여금 한두 페이지의 질문지에 답변을 하도록 하는데, 모두 초기 세션에서 이를 다룬다. 다른 코치들은 여러 차례의 세션, 여러 종류의 진단, 고객과 함께 일하는 사람, 부하 직원 또는 가족과의 인터뷰를 이용하기도 한다. 또한 이런 발견 프로세스는 연수원에서 일종의 비전 찾기 작업 같은 것으로 진행될 수도 있다.

이 초기 세션은 고객이 코칭을 통하여 기대할 것들을 파악하게 해준다. 또 고객의 현재 상태와 원하는 목표가 무엇인지, 자신의 장점과 장애물이 무엇인지를 명확하게 해주는 시간이기도 하다.

코치가 초기 발견 프로세스에서 주로 다루는 네 가지 영역은 다음과 같다.

- 세부사항 준비.
- 당신의 현재 상황.
- 미래 설계.
- 코칭에 대한 소개.

### 세부사항 준비

코칭을 시작하기 위해 처음으로 먼저 해야 할 것은 기본 규칙과 행정적 절차에 대한 커뮤니케이션과 합의이다. 코칭 일정, 취소 규정, 코칭 요금의 지급 방법(필요한 경우)과 같은 세부 원칙들을 정하는 것은 코칭을 진행하는 데 필요할 뿐만 아니라 코칭 관계를 만들어가는 데 또한 매우 중요한 것들이다. 고객은 이러한 행정적 절차들을 처리하는 코치의 역량을 보면서 코치와 코칭에 대한 기대치를 설정하기 시작한다. 코치가 얼마나 이러한 세부 원칙들을, 특히 합의를 이끌어내는 영역에서 일을 잘 처리하는가가 코칭의 분위기와 독특한 코칭 환경을 만든다.

### 당신의 현재 상황

초기 발견 프로세스에서는 고객이 오늘 어디에 있고, 그곳에 어떻게 왔는지에 중점을 둔다. 그것은 고객이 지금 어디에 있고, 현재의 이슈는 무엇이고, 지금 중요한 것은 무엇이고, 그들에게 동기를 부여하는 것은 무엇이고, 또 방해하는 것은 무엇인지에 대한 대화이다. 또한 고객의 삶의 목적, 사명, 가치, 원칙이나 개인적 믿음과 같은 것도 다룰 수 있다. 흔히 코치는 '삶의 수레바퀴Wheel of life'(《그림 3》)나

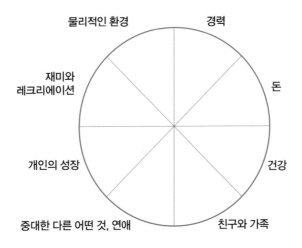

물리적인 환경　　경력

재미와
레크리에이션　　　　　돈

개인의 성장　　　　건강

중대한 다른 어떤 것, 연애　　친구와 가족

| 그림 3 | **삶의 수레바퀴**

고객의 상황에 맞게 조정된 다른 형태의 수레바퀴 같은 도구를 이용해 고객 삶의 중대한 영역에서의 전반적인 만족도를 조사한다.(이 '삶의 수레바퀴'의 사용법과 발견을 위한 다른 도구에 대해서는 Coach's Toolkit online: www.coactive.com/toolkit을 참조)

고객과 코치는 고객이 이전에 경험했던 성공과 실패에 대한 이야기를 통해 고객에게 무엇이 좋았고 좋지 않았는지, 고객은 어떤 경우에 삶의 충만함을 느끼는지 그리고 장애요소가 무엇인지, 정상 궤도에서 이탈했을 때 어떻게 대처하는지를 파악할 수 있다. 이 단계에서 고객과 코치는 고객의 밝은 면, 어두운 면, 효과적인 면과 그렇게 효과적이지 않은 면 등 고객을 내면으로부터 진정으로 이해하는 과정을 시작한다.

코치는 진단 도구나 연습문제를 사용할 수 있으나 발견 프로세스의 핵심은 간단하고 강력한 질문에 대한 답변이다. "당신은 인생의 어떤 면에서 차이를 만들기를 원하나요?" "다른 사람들과의 관계에서 당신은 무엇을 가장 가치 있게 생각하나요?" "변화를 성공적으로 만들어낼 때 당신에게 가장 효과적인 것은 무엇인가요?" "통상 어디에서 꽉 막히나요?" "무엇에 동기부여를 느끼나요?" "실망이나 실패에 어떻게 대처하나요?" "당신이 하겠다고 이야기한 것에 대해 보통 어떻게 하나요?"

이 질문에 대한 답이 가장 효과적인 코칭 관계를 설계하는 데 분명 도움이 된다. 예를 들어 "어디에서 주로 막히나요?"라는 질문 다음에는 "당신이 막힐 때 제가 어떻게 당신을 코칭해주기를 원하나요?"라는 질문이 자연스럽게 이어진다. 이런 대화를 통해 고객은 새로운 경험을 하고 상호 협력적 관계를 설계하는 데 기여한다.

### 미래 설계

이와 같은 작업의 세 번째 영역은 고객이 코칭을 통해서 얻고자 하는 결과와 바람이다. 여기서 중요한 것은 고객으로 하여금 그들이 달성하고자 하고 바꾸고 싶어 하는 것이 무엇인지를 설명하도록 하는 것이다. 대부분의 고객은 한두 가지의 중요한 관심사를 갖고 있다. 고객이 한두 가지 중요한 변화 영역에 집중할 때 성공 가능성이 높으므로, 초기 대화는 그런 중요 관심 영역을 명확히 하도록 설계한다. 이러한 미래의 결과들은 목표를 달성하고, 약속을 이행하고, 습관을 바꾸고, 인생에서 반드시 달성해야 할 비전을 만드는 것 등이다. 초기 대화는 또한 그러한 새로운 미래를 창조하기 위해 고객이 어떤 사람이 되어야 하는가도 탐험하게 된다.

### 원하는 성과 및 목표

고객은 변화를 위한 바람으로 코치를 찾는다. 그들이 마음속으로 그리는 변화의 결과들이 애매하게 정의되어 있거나 명확하게 정의되어 있을 수 있다. 그러나 어떤 경우이든 고객은 그들이 원하는 결과를 아직 이룰 수 없다. 고객이 바라는 결과는 특정한 목표처럼 구체적인 것, 즉 '균형' 있는 삶, 생명을 위협하는 지병과도 잘 살아갈 수 있는 방법 혹은 본인이 하는 일에서 좀더 충만함을 느끼고 싶은 것처럼 현재보다 더 나은 상태로 나아가고 싶은 것일 수 있다. 초기 발견 프로세스의 일부는 고객이 원하는 성과를 명확히 하는 것과 많은 경우에는 고객의 광범위한 소망을 "무슨 일이 일어나게 될까요?" "언제까지 할 것인가요?" "고객이 원하는 결과를 달성한 것을 어떻게 알 수 있나요?"처럼 구체적인 목표로 세분화시킨다. 코치와 고객은 고객이 목표를 명확하게 하도록 할 뿐만 아니라 달성할 수 있는 전략도 함께 만든다. 좋은 성과를 내는 것만큼 새로운 시도들을 시작하는 것도 중요하다. 지속적이고 생명에 활력을 주는 습관들을 만들어가는 것이 코칭 프로세스의 또 다른 중요한 점이듯이, 활기를 소모시키는 습관들을 제거하는 것도 매우 중요하다.

### 강렬한 비전

우리는 마감일Deadline과 기대하는 것들, 해야 할 일To-do list에 질질 끌려다닐 수 있고, 돈과 성취에 대한 욕심 그리고 우리가 한 약속에 이끌려 살 수 있다. 또는 내리막길을 빠르게 흘러가는 물처럼 강렬한 비전Compelling vision이라는 중력에 이끌리는 삶을 살 수도 있다. 여러분은 이 두 가지 힘의 차이를 알 수 있을 것이다. 하나는 밀려서 어쩔 수 없이 사는 삶이고 다른 하나는 저항할 수 없는 힘에 의해 살아가는 삶이다. 우리를 끌어당기는 그 무엇을 발견하면, 무기력과 두려움의 단단한 고리를 극복할 수 있는 힘이 생긴다. 강렬한 비전을 찾게 되면 어떠한 목표나 행동, 결과를 만들어낼 수 있고, 새로운 힘으로 그것에 임할 수 있다. 바로 고객과의 초기 발견 세션의 중요한 요소가 이런 비전을 발견하거나 비전에 불을 지피는 것이다.

### 당신은 어떤 사람이 되어야 하는가

'Crazy'의 고전적 의미는 똑같은 방법으로 일을 하면서 다른 결과를 기대하는 것이다. 진실은 아무것도 다르게 하지 않으면 아무것도 바뀌지 않는다는 것이다. 매우 흔히 '새로운 결과'와 같은 외부적인 목표가 사람의 내면에 어떤 새로운 힘과 변화를 만들어내기도 한다. 원하는 결과를 성취하기 위해 고객은 그들의 자세, 사고방식이나 내적인 신념 등을 바꿀 가능성이 매우 높다. 그래서 새로운 코칭 관계를 시작하는 것이 고객의 내면에 존재하는 진정한 인간다움을 찾아내기 위하여 겹겹이 쌓인 정체성과 예전의 모습을 벗겨낼 수 있는 이상적인 시간이 된다.

### 코칭에 대한 소개

초기 관계 구축 프로세스의 또 다른 성과는 고객에게 코칭에 대한 소개를 하는 것이다. 이전에 코칭을 경험한 고객이라도 이 프로세스를 통해 코칭과 코치-고객 관계에 대한 기대를 자연스럽게 공유하고, 코칭의 가정과 이해관계를 이야기할 수 있는 기회로 이용할 수 있다. 이런 방법으로 코치와 고객 둘 다 코칭 관계를 위한 각각의 입장을 공유한다. 명확하고 솔직한 대화는 정직하고 제한이 없는 즉, 코액티브 코칭의 기초를 강화시켜준다.


## 항상성

코칭을 소개할 때는 '항상성 Homeostasis'에 대한 설명을 반드시 포함해야 한다. 항상성이란 변화에 대해 자연적인, 흔히 무의식적 저항이란 뜻이다. "오래된 습관은 고치기가 어렵다"라는 말이 있다. 또한 오래된 믿음과 다른 사람들과의 예전의 관계맺기 방식도 바꾸기 어렵다. 특히, 옛 방식이 완전히 바뀌지 않고 새로운 방식도 자리를 잡지 못한 변화 도중에는 원하는 결과를 가져다주지 못한다 하더라도, 고객은 익숙하고 잘 알고 있는 과거로 회귀할 가능성이 높다. 변화는 에너지를 필요로 하고, 변화를 계속하려면 지속적인 에너지가 필요하다. 쉬운 변화도 있고 어려운 변화도 있다. 변화에는 흔히 과거로 되돌아가려는 경향 또는 유혹이 있다. 고객이 이런 사실을 알고 미리 준비하는 것이 좋다. 그래야 유혹이 일어나더라도 고객은 실패한다고 느끼지 않는다. 항상성, 즉 현재의 상태를 그대로 유지하려는 자연적 경향은 자연계에서도 고유한 것이다. 개인 고객이든 조직 내에서 코칭을 받는 고객이든 모두 이러한 체계 내에서 살고 있고, 그러한 체계 자체가 자주 변화에 대해 저항을 하게 되는 원인이기도 하다. 다시 이야기하지만, 지연계의 이런 이치를 이해하게 되면 고객의 변화과정에 도움을 줄 수 있다.

그리고 마지막으로 고객에게 상당히 일관되게 나타나는 '저성과Dip'란 변화에 대한 구체적인 방해 사례를 소개한다. 주간 단위로 코칭을 하는 코치에게 변화가 충분히 빠르게 나타나지 않거나, 처음 코칭을 시작할 때 한 다짐에 대한 흥분이 모두 사라지게 되면 저성과 현상이 나타난다. 보통 코칭 시작 이후 약 3주와 8주 사이에 자주 나타나며, 고객은 행동하겠다고 말하는 것과 실제 행동으로 옮기는 것이 매우 다르다는 것을 깨닫게 된다. 그래서 많은 코치는 고객의 이러한 저성과 현상을 극복하기 위해서 3개월 계약으로 코칭을 시작한다.

## 큰 그림

코칭이 제대로 진행되기 위해서는 다음과 같은 고객의 다짐이 있어야 한다. 탐구에 대한 다짐, 변화에 대한 다짐, 배움에 대한 다짐, 모험에 대한 다짐, 코칭이 힘들 때 인내하겠다는 다짐 그리고 시간과 에너지를 투자하겠다는 다짐이다. 고객은 변화를 위해 기꺼이 그들의 안전지대Comfort zone를 벗어나서 미지의 세계로 들어가겠다는 의지가 있어야 한다. 이러한 다짐이 없는 코칭은 표류하게 되고 잡담이나 하지도 못할 일들을 정리하는 것에 지나지 않는다. 다행히도 대부분의 고객은 처음 코칭을 시작할 때 활력과 의지가 넘친다. 이때가 바로 고객이 그들의 다짐을 명확히 하고 공언할 가장 성공적인 시간이다.

코치는 반대로 그들의 고객에 대한 헌신을 명확히 할 필요가 있다. 그것은 깊숙이 그리고 용감하게 고객을 탐험하고, 말한 것과 말하지 않은 것을 주의 깊게 듣겠다는 헌신이다. 이런 수준의 헌신과 약속으로 하는 코칭은 흥분되고 감동적이다. 그런 코칭은 잡담 같은 것이 아니다. 고객과 그들의 목표에 전력을 다하는 코치는 기꺼이 고객에게 도전하고, 고객을 자극하고, 동기를 부여하고, 격려하고, 때때로 고객이 책임질 것을 주장한다. 즉, 네 번째 주춧돌인 '변혁을 일깨워라'를 작동시키는 것이다. 코치가 그들의 노력과 전문성의 100퍼센트를 동원해서 고객의 다짐과 자신의 다짐을 일치시킬 때, 이 코칭의 관계는 진정한 코액티브 관계가 된다. 이와 같은 코치와 고객 상호 간의 다짐과 상호 협력적 관계 설계로 고객은 그들 삶의 중요한 것들을 해낼 수 있는 안전하고 대담한 공간을 창조한다.

# 2부

## 코액티브 코칭
## 구성요소

코칭 스킬이 어떻게 활용되는지를 보고 이해할 수 있는 가장 쉬운 방법 중 하나는 다음에 설명하는 코액티브 코칭 5대 구성요소 관점에서 바라보는 것이다.

- 경청
- 직관
- 호기심
- 실행 촉진과 학습 심화
- 자기관리

다음 다섯 장에서는 구체적인 코칭 스킬의 정의와 더불어 코액티브 코칭 5대 구성요소를 자세하게 설명한다. 또한 각 장에는 당신이 코칭 스킬을 개발하는 데 사용할 수 있는 많은 예제와 함께 실제 그러한 스킬을 활용한 코칭 대화가 포함되어 있다.

# 3장

# 경청

누군가가 내 이야기를 들어준다는 것은 드문 일이긴 하지만 매우 놀라운 경험이다. 다른 사람이 당신을 향해 몸을 기울이고, 당신의 말 한마디 한마디에 관심을 갖고, 적극적으로 공감해주고, 당신과 온전히 함께할 때 당신은 이해되고 인정받는다는 느낌을 갖는다. 또한 사람들은 누군가가 진정으로 자기의 말을 경청하고 있다는 것을 알게 되면 마음을 열고, 확장하고, 더 큰 존재감을 갖는다. 안전하고 안정된 느낌 또한 갖게 되어 상호 간의 신뢰는 증가한다. 이것이 바로 코칭에서 경청이 왜 그렇게 중요한 것인지, 왜 경청을 코액티브 코칭 5대 구성요소 중 첫 번째로 다루는지에 대한 이유이다.

경청은 어느 정도 우리 모두에게 천부적으로 주어진 재능이다. 특히 코치가 된 사람들은 처음부터 타고난 경청자인 경우가 많다. 그러나 경청도 우리가 훈련을 통해 배우고 개발할 수 있는 하나의 스킬이다. 마스터 코치는 풍부한 재능을 부여받고 그 재능을 높은 수준의 숙달된 스킬로 개발한 사람이다. 그래서 그들은 운동선수가 스포츠 경기에서 그리고 음악가가 공연 중에 무의식적으로 보여주는 우아함과 같은 수준으로 경청 스킬을 사용할 줄 안다.

대부분의 사람들은 매우 깊은 수준으로 경청을 하지 않는다. 그들의 일상적인 수준의 일과 몰입상태에서는 최소 수준의 경청으로 충분하기 때문이다. 마치 우리 대부분이 평균 수준 이상의 체력 운동을 하지 않는 것과 같다. 우리는 세계적인 운동선수가 아니어서 그들이 필요로 하는 정도의 근육을 가질 필요가 없다. 일상적인 대화에서 우리는 대부분 귀에 들리는 말만 듣는다. 즉, 우리는 상대방이 한 말과 내가 한 말에 관심을 갖는다. 그간의 다른 사람과의 논쟁 사례를 들여다보면, 그 논쟁의 핵심은 다음과 같은 말들을 사용했기 때문이다. "그건 당신이 한 말이 아니에요." "그게 제 뜻인데요?" "그러나 그것은 당신이 한 말은 아니잖아요?" 또는 상대방이 한 말을 듣고 그 말이 무엇을 의미하는지를 분석하는 동안 대화에서 단절된다. 그리고 다음에 무슨 말을 할 것인가 생각하기 시작한다. 우리는 상대방과 견줄 수 있는 스토리나 조금 더 극적인 스토리를 찾으려고 한다. "당신은 그게 무서웠다는 거네요. 제가 경험했던 이야기를 말해도 될까요?"라고 우리 자신의 감정에 휩싸이게 되고, 상대방의 이야기를 내 관점에서 해석하게 된다. 우리는 상대방이 하는 이야기를 평가하고 판단하면서 피상적으로 듣게 된다.

특히, 직장 내에서 진정한 경청이 일어나지 않는다. 일을 끝내야 한다는 압력으로 알아야 할 것만 듣고 급하게 벌어지는 다른 일을 하게 된다. 그 결과 사람들은 인간이 아닌 회전기계의 단순한 부속품 같은 느낌을 받게 된다. 그래서 직원의 몰입이 오늘날 대부분의 조직에서 중대한 문제라는 사실은 당연한 것이다. 모두가 말은 하고 있지만 아무도 경청은 하고 있지 않다.

대부분의 경우 우리의 친구들은 일반적으로 우리의 이야기를 잘 들어준다고 말한다. 왜냐하면 친구들은 판단을 보류하고, 때로는 우리의 이야기를 조용히 들어주기 때문이다. 그러나 다른 사람이 우리의 이야기를 들어주기를 원할 때, 우리의 가족이나 친구, 동료들은 흔히 가장 좋은 의도를 가지고 우리의 문제를 풀어주려고 하고 우리의 감정상태를 돌보아주려고 한다. 여러분이 훈련받은 코치이든 직장의 관리자이든 효과적인 코칭을 위해서는 집중력 있고 숙련된 효과적인 경청이 필요하다. 최고의 경청자는 어떻게 경청의 상호작용을 극대화시킬 수 있는지 안다. 경청은 단순히 수동적으로 듣는 것이 아니기 때문에 '상호작용'이란 말이 매우 적절하다고 생각한다. 경청에도 능동적인 액션이 있기 때문이다.


## 자각과 영향


코칭에서의 경청에는 두 가지 측면이 있다. 첫 번째는 자각이다. 우리는 귀로 듣는 것을 통해 정보를 얻는다. 그리고 직관과 감각기관을 이용해서도 듣는다. 우리는 소리, 말, 이미지, 느낌, 에너지를 보고 듣고 경험한다. 우리 인간은 정보를 받아들일 수 있는 다양한 감각기관을 갖고 있는 다면적 수용체이다. 우리는 전화로 이야기하는 상대방의 숨소리, 말의 전달 속도, 목소리의 변화를 알아차린다. 또한 말속에 숨어 있는 중압감을 알아차린다. 목소리가 부드러운지 또는 날카로운지, 머뭇거리는지 또는 화가 나 있는지를 알아차린다. 우리는 말하는 상대방을 경청할 뿐만 아니라, 동시에 그 상황에서 일어나고 있는 모든 것을 경청한다. 상대방과 함께 있을 때는 상대방의 신체언어를 본다. 수화기 너머로 상대방의 감정을 느끼고, 꽉 다물어진 턱이나 슬픔으로 고개를 떨군 모습을 상상하기도 한다. 그러한 것들이 모두 정보이다. 우리는 이러한 정보를 자각한다.

경청의 두 번째 측면은 경청 이후에 우리가 무엇을 하는가이다. 우리가 다른 사람의 이야기를 들은 이후 그 다른 사람에게 미치는 영향이다. 특히 코치의 경청이 고객에게 미치는 영향이다. 노련한 코치로서 당신은 그저 듣는 것뿐만 아니라, 경청 이후 당신이 고객에게 보일 수 있는 영향을 자각해야 한다. 대부분의 경우 이러한 자각은 당신이 상대방에게 여전히 주의를 기울이는 동안 수면 아래에서 일어난다.

당신이 펜싱경기를 하고 있다고 상상해보자. 당신은 순간적으로 선택하고, 대응하고, 피하고, 찔러야 하기 때문에 당신의 주의는 온통 상대방에게 집중되어 있다. 당신의 주의는 어떤 선택을 할까에 있지 않다. 왜냐하면 그렇게 할 경우 집중력을 상실해서 결국에는 비참한 결과를 가져오기 때문이다. 일단 경기가 끝나면 그제야 경기 내용을 다시 복습하고 어떤 선택을 했는지 검토하게 된다. 만일 이런 식으로 경청을 한다면, 당신은 대화 도중에 어떤 정보를 취해야 할지 또는 이 정보로 무엇을 해야 할까라는 생각을 하지 않는다. 즉, 당신은 초월적 의식상태와 동시에 무의식적인 상태로 경청을 하고 있는 것이다.

당신이 이러한 경청 이후에 하는 행동과 선택은 상대방에게 영향을 끼친다. 예를 들어, 당신이 사람들로 꽉 찬 방에 있는데 연기 냄새가 난다고 상상해보자. 불이 났을 수 있다. 당신은 연기가 나는 쪽으로 주의를 기울인다. 즉, 주변에서 일어나는 상황을 알아차린다. 그것이 자각의 첫 번째 국면이다. 그러고 나서 당신은 이러한 자각을 바탕으로 무엇을 할 것인가를 결정한다. "불이야!"라고 소리칠 수도 있고 아니면 그저 빌딩 주인에게 상황을 알릴 수도 있다. 또는 소화기를 들고 영웅적으로 불을 끄기 위해 군중 속을 헤치고 나아갈 수도 있고, 조용히 옆문으로 방을 빠져나갈 수도 있다. 이런 각각의 선택은 각각 다른 영향을 끼친다. 상황에 대한 자각을 바탕으로 당신이 한 행위에 대해 각각 다른 결과가 있는 것이다.

경청이 수동적이지 않다는 것은 명확하다. 특히 코칭 관계에서는 더욱 그렇다. 우리가 이야기하는 경청 모델Listening model에는 세 단계의 경청이 있다. 이 세 단계의 경청은 코치에게 엄청난 범주의 능력, 궁극적으로 매우 깊은 수준에서 경청할 수 있는 능력을 제공한다.

### 1단계 경청: 자기중심적 경청

1단계 경청에서 주의Attention는 우리 자신에게 있다. 다른 사람의 말은 듣지만, 그 말이 나에게 어떤 의미가 있는가에 주의를 기울인다. 1단계 경청에서의 스포트라이트는 '나'이다. 나의 생각, 판단, 느낌, 나 자신과 타인에 대해 내가 내린 결론에 집중한다. 다른 사람에게 어떤 일이 일어나든지 그것은 '다이오드Diode(정보가 들어오기만 하고 나가지 않는 에너지 트랩 장치)'를 통해 내게 되돌아온다. 우리는 경청을 통해 정보를 빨아들이지만 에너지 트랩에 넣고 재해석을 한다. 1단계 경청에는 단 한 가지 질문만 있다. "그것이 내게 어떤 의미이지?"

이런 1단계 경청이 적합한 경우도 많이 있다. 혼자서 다른 도시로 여행을 할 때 당신은 대부분 1단계 경청을 하기 쉽다. 공항에 도착하게 되면 어디서 수속을 밟는지, 티켓과 여권은 챙겼는지, 이륙하기 전까지 얼마나 시간이 남았는지, 비행기를 타는 것을 싫어한다는 사실, 기내식에 대한 의견, 당신 뒤에 앉아 있는 사람이 계속 의자를 차지는 않는지 등을 생각한다. 당연하겠지만 당신의 주의는 온통 당신 자신에게 있다. 1단계 경청의 또 다른 예는 더 많은 정보를 원할 때이다. 답, 설명, 세부사항과 데이터를 원하는 경우이다. 당신의 내면에서 다음과 같은 대화가 일어날 것이다. "비행기 출발이 늦어지나?" "내가 늦을 것 같은데." "언제 떠나지?" "언제 먹지?" "내가 늦을지도 모른다고 언제 사람들에게 알리지?" "다른 비행기는 있나?" "읽을거리는 충분히 가져왔나?" 1단계 경청에서 자료를 모으는 목적은 당신의 욕구를 충족시키기 위한 것이다.

1단계 경청의 또 다른 예는 식당이다. 당신의 주의는 자신에게 향해 있고, 1단계 경청의 영향도 당신에 관한 것이다. 그 결과는 당신의 즐거움, 건강, 만족 그리고 당신의 지갑에 영향을 미친다. "음식을 주문하기 전에 음료수를 먹을까?" "오늘의 요리는 뭐지?" "의자는 편안한가?" "통풍은 잘되나?" "자리가 부엌에 너무 가깝지는 않나?" "가격은 어떤가?" "돈은 충분한가?" 당신 자신의 생각과 느낌을 자각하고 있는 것이다. 당신이 하는 결정과 선택 그리고 판단은 모두 당신에 관한 것이다. 어떤 종류의 생선을 좋아한다. 단, 죽은 채 눈을 뜨고 당신을 쳐다보는 생선을 통째로 가져오지 않는다면 말이다. 줄여야 할 몸무게를 생각하고는 저지방 드레싱을 주문하기로 결정한다. 이때 당신 내부에서는 최고로 많은 잡담이 발생한다. 심지어 식당 테이블 맞은편에 당신이 미치도록 사랑하는 사람이 앉아 있다고 하더라도 당신은 주문을 마칠 때까지 전적으로 1단계 경청을 한다.

1단계 경청은 우리 자신과 우리 주위에 어떤 일이 일어나고 있는지를 알려준다. 그것이 우리가 상황을 감지하고 이해하는 단계이다. 이것도 매우 중요하다. 고객은 1단계 경청을 할 필요가 있다. 그것이 고객이 할 일이다. 자신과 자신의 삶을 들여다보고, 살아가고, 생각하고, 느끼고, 이해하는 것이다. 그러나 코치가 이런 식의 자기중심적인 경청Internal listening을 하는 것은 분명히 적절치 않다. 코치도 사람이기 때문에 당연히 고객에 대한 주의를 잃고 1단계 경청을 할 때가 있다. 그래서 코치가 부단히 훈련을 해야 하는 것은 그런 상황이 발생할 때 가능한 빨리 2단계, 3단계 경청으로 돌아가기 위한 것이다.

### 1단계 경청 대화의 예

**고객** 새집이 정말 엉망진창이에요. 박스가 여기저기 널려 있어서 현관에서 욕실까지 갈 수 없을 정도예요. 그리고 제 인생에서 가장 중요한 제안서를 이번 주 금요일까지는 완료해야 해요.

**코치** 저도 작년에 비슷한 경험을 했습니다. 중요한 것은 고객님이 장기적 안목을 갖고 있어야 한다는 것입니다.

**고객** 그것이 제가 겪고 있는 일종의 딜레마예요. 제가 지난달에 출장으로 여행을 많이 했는데, 제 아내는 이제 참을성의 한계를 넘은 것 같아요. 저는 정말 집에 관한 한 할 말이 별로 없어요.

**코치** 그래요? 그 문제는 일시적인 것이어서 곧 해결될 겁니다. 문제의 핵심에서 벗어나지 않도록 하세요. 추진력을 유지하시고요.

**고객** 그건 단순히 주의력 분산 이상의 문제로 보이는데요?

**코치** 고객님은 왜 그것이 중요한지를 설명할 수 있을 것입니다. 그러면 주제를 바꿔서 고객님의 사업계획에 대해 이야기를 하지요.

**고객** 그렇게 하시겠다면, 그러지요.

분명히 코치는 1단계 경청을 하고 있다. 코치 자신의 판단과 의견에 주의를 기울이고 있고 자신의 어젠다로 대화를 이끌고 있기 때문이다. 이 예제가 전달하고자 하는 포인트는 이 고객을 위해 어떤 종류의 조치가 필요한지에 대한 것이 아니라, 코치가 그의 주의를 어디에 두어야 하는지에 관한 것이다. 이 예제에서 코치의 주의는 현재 딜레마에 빠져 있는 고객이 아니라 고객의 문제와 코치가 생각하는 해결책에 있는 것이다.

### 2단계 경청: 고객 중심의 경청

2단계 경청에서는 상대방에게 주의 깊게 집중Focused listening을 하는 것이다. 때때로 대화를 하는 사람의 자세를 보고 2단계 경청을 알 수 있다. 서로를 향해 몸을 기울이고, 서로 주의 깊게 바라보는 자세를 통해 그 여부를 알 수 있다. 대화 상대에게 온 집중을 하고 그 이외의 외부 세상에는 별로 주의하지 않는다.

다시 연인이 앉아 있는 식당의 장면으로 돌아가 보자. 음식 주문을 마쳤고 메뉴판은 가져갔다. 이제 두 사람의 눈은 서로를 똑바로 쳐다보고 있고 그 이외의 다른 것에는 관심이 없다. 하나가 될 정도로 가까워지기를 바란다. 그들은 외부 세계를 너무나 잊고 있어서, 외부 세계로부터 완벽하게 분리되어 있는 이 사랑스러운 광경은 광고에서 사용하는 만화의 한 장면 같다. 마치 풍선 안에 갇혀서 살고 있는 듯하다.

여러분이 코치로서 2단계 경청을 할 때 당신의 주의는 온통 고객에게 집중되어 있다. 고객의 말과 표정, 감정 그리고 고객이 제공하는 모든 것을 듣는다. 고객이 무엇을 말하고, 그것을 어떻게 말하는지를 알아차린다. 고객이 말하지 않는 것도 알아차린다. 고객이 웃는 모습을 보고 고객의 음성 안에 묻어 있는 눈물도 듣는다. 고객이 가치 있게 생각하는 것을 듣는다. 고객이 세상을 바라보는 그만의 독특한 비전도 듣는다. 코칭 세션을 통해 무엇이 고객을 활기차게 하는지, 무엇이 그들을 맥 빠지게 하고 움츠러들게 하는지를 듣는다.

에너지와 정보는 고객에게서 나온다. 이것은 코치에 의해 만들어지고 반사된다. 2단계 경청에서 경청의 영향은 고객에게 있다는 것을 자각해야 한다. 코치는 고객한테서 나온 빛을 하나도 흡수하지 않고 반사하는 거울과 같은 존재이다. 고객에게서 나온 것은 고객에게 되돌아간다. 2단계 경청에서 코치는 그들의 경청이 고객에게 어떤 영향을 미치는지를 지속적으로 자각한다. 그 영향을 지속적으로 모니터하는 것이 아니라 자각하는 것이다.

2단계 경청은 고객과의 사이에 공감, 명확성, 협업이 일어나는 단계이다. 그것은 마치 코치와 고객이 선으로 연결되어 있는 것과 같다. 이 단계에서 코치는 코치 자신, 자신의 어젠다, 생각이나 의견에 얽매이지 않는다. 이 단계에서 코치는 고객에게 매우 몰입되어 있어서 내면의 잡담이 실제로 사라지고 코칭은 거의 무의식적인 상태로 진행된다. 이렇게 되면 코치로서 당신은 더 이상 다음에 무엇을 해야할지 신경 쓸 필요가 없다. 사실상 당신이 다음에 무슨 말을 할지, 즉 고객에게 던질 멋진 질문과 같은 것에 주의를 기울인다면 당신은 당신 자신의 경험 안에서 1단계 경청을 하고 있다는 단서가 된다.

2단계 경청을 하는 코치로서 당신은 고객이 말하는 것뿐만 아니라 고객의 목소리 톤, 속도, 표현된 감정과 같은 형태로 나타나는 모든 것을 듣고 알아차린다. 당신은 무엇을 말할지, 어떻게 반응할 것인지를 선택한다. 그리고 당신의 반응이 고객에 미치는 영향을 알아채고 그것 또한 정보로 받아들인다. 마치 고객이 다시 반응하기 전에 두 번 듣는 것과 같다. 고객이 처음 말한 것을 듣고 당신의 대답에 대한 고객의 반응을 듣는다. 두 번 정보를 받게 된다. 이것이 2단계 경청이다.

2단계 경청을 설명할 때 흔히 한 명의 코치와 한 명의 고객을 예로 드는 경향이 있으나, 2단계 경청은 주의를 어디에 집중하느냐에 관한 것이다. 여러 명의 파트너, 부부 또는 심지어 팀과 일하는 코치, 한 명 이상의 고객과도 2단계 경청이 전적으로 가능하다.

**고객** 새집이 정말 엉망진창이에요. 박스가 여기서기 널려 있어서 현관에서 욕실까지 갈 수 없을 정도예요. 그리고 제 인생에서 가장 중요한 제안서를 이번 주 금요일까지는 완료해야 해요.

**코치** 집 안이 잘 정리되어 있는 것은 매우 중요하지요? 지금은 고객님이 사업을 시작한 이래 가장 잘되고 있는 시점인데요.

**고객** 잘 알지요. 그러나 제가 짐을 정리하는 것을 도와주지 않으면 아마 저는 혼자 살아야 할지도 몰라요. 제가 무슨 말을 하는지 이해하시지요? 사실 제가 출장을 간 동안 제 아내가 이삿짐을 거의 다 쌌거든요.

**코치** 새로운 사업에 대한 현재의 상황을 유지하면서 집 안의 이런 문제를 어떻게 다룰 수 있나요?

**고객** 제가 두 명이면 좋겠는데요.

**코치** 예, 정말 어려운 상황으로 보이네요. 고객님은 여러 가지 중요한 삶의 영역에서 소중하게 지켜오는 가치를 갖고 있습니다. 다른 대안을 한번 들여다보지요. 도움이 될까요?

**고객** 감사합니다. 솔직히 말해서 저는 출구가 안 보이는 것 같아 어떻게 해야 할지 모르고 있었거든요.

여기서 코치는 고객의 대화를 따라가면서 적극적으로 경청하고 확인하는 2단계 경청을 하고 있다.

## 3단계 경청: 총체적 경청

3단계 경청을 할 때 당신은 마치 고객과 함께 우주의 중심에서 모든 곳에서 발생하는 정보를 받아들이는 것처럼 경청Global listening한다. 그것은 마치 당신과 고객 그리고 정보의 환경을 포함하는 어떤 힘의 영역으로 둘러싸여 있는 것 같다. 3단계 경청은 당신의 감각으로 관찰할 수 있는 모든 것, 즉 감정적인 것뿐만 아니라 촉각적으로 보는 것, 듣는 것, 냄새 맡는 것, 느껴지는 것을 모두 포함한다. 또한 활동, 무활동Inaction, 상호작용에 관한 것을 포함하는 단계이다.

2단계 경청을 비유적으로 표현해서 선Hardwire으로 연결된 것이라고 한다면, 3단계 경청은 전파Radio wave와 같은 것이다. 전파는 눈에 전혀 보이지 않지만 우리는 라디오로 음악을 듣기 때문에 전파가 존재한다는 것을 믿는다. 3단계 경청은 전파를 듣는 것과 같다. 전파는 우리의 안테나를 지나면서 우리가 사용할 수 있는 정보가 된다. 그러나 3단계 경청을 위해서는 특별한 수신기가 필요하다. 그리고 대부분의 사람들은 코치처럼 3단계 경청에 익숙하지 않기 때문에 연습을 필요로 한다. 이것은 많은 사람에게 새로운 영역의 경청 스킬이다.

3단계 경청 스킬을 배움으로써 얻을 수 있는 이점 중 하나는 당신의 직관에 더 접근할 수 있다는 점이다. 직관을 통해서 직접적으로 눈에 보이지 않는 정보를 얻고, 그 정보를 마치 고객의 입을 통해서 얻은 말과 똑같이 사용할 수 있다. 3단계 경청에서 직관은 단지 더 많은 정보를 의미하는 것이 아니다. 코치로서 당신은 정보를 받아들이고 대응하는 것이다. 그리고 그 영향을 알아차린다. 당신의 반응이 고객에게 어떻게 전달되었는가? 그리고 당신이 그것에 대해 무엇을 알아챘는가?

3단계 경청은 때로 환경적 경청Environmental listening이라고도 한다. 말 그대로 또는 비유적으로 온노, 에너지 수준, 밝기와 어두움을 지각한다. 고객의 에너지가 활기 넘치는가 또는 가라앉았는가? 차분한가, 가벼운 상태인가 또는 무엇인가에 컨트롤되고 있는가? 당신은 3단계 경청을 통해 이를 알 수 있다. 당신의 감각을 믿을 수 있게 되고 어느 시점에서는 다음과 같이 말할 수 있다. "저는 당신이 지금 난처한 입장에 있는 것처럼 보이는데요. 맞나요? 무슨 일인가요?" 단독으로 연기하는 코미디언, 음악가, 배우, 연수교육 강사 같은 공연 연주자들은 강력한 3단계 경청감각을 개발한다. 그들 모두는 즉각적으로 공연장의 분위기를 파악하고 그들의 공연에 따라 그 분위기가 어떻게 변하는지를 모니터할 수 있는 능력을 갖고 있다. 이것은 경청이 다른 사람에게 미치는 영향을 지각하는 매우 좋은 사례이다. 다른 사람에게 영향력을 성공적으로 행사하는 사람들은 모두 3단계 경청에 익숙하다. 그들은 자신이 만들어내는 영향을 읽어내고 그에 따라 자신의 행동을 적절하게 조절할 수 있는 능력을 갖고 있다.

3단계 경청을 하기 위해서 당신은 마음을 열고, 부드럽게 집중하고, 갑작스러운 자극에 민감하게 반응하고, 당신 자신의 세상, 당신을 둘러싼 세계와 고객을 둘러싸고 있는 세계 속에서 모든 감각을 통해 들어오는 정보를 받아들일 줄 알아야 한다. 환경 자체는 당신이 즉각 그것이 무엇인지 잘 알 수는 없을 때라도 코칭에서 사용할 수 있는 정보를 제공해준다. 때때로 이런 환경이 당신에게 소리를 치기도 하고 어떤 때는 속삭이기도 한다.

### 3단계 경청 대화의 예

**고객** 새집이 정말 엉망진창이에요. 박스가 여기저기 널려 있어서 현관에서 욕실까지 갈 수 없을 정도예요. 그리고 제 인생에서 가장 중요한 제안서를 이번 주 금요일까지는 완료해야 해요.

**코치** 집 안이 잘 정리되어 있는 것은 매우 중요하지요. 하지만 지금은 고객님이 사업을 시작한 이래 가장 잘되고 있는 시점인데요.

**고객** 잘 알지요. 그러나 제가 짐을 정리하는 것을 도와주지 않으면 아마 저는 혼자 살아야 할지도 몰라요. 제가 무슨 말을 하는지 이해하시지요? 사실 제가 출장을 간 동안 제 아내가 이삿짐을 거의 다 쌌거든요.

**코치** 이것은 단지 짐을 정리하는 것 이상의 중요한 이슈로 들립니다. 고객님이 박스처럼 꽉 막혀 있는 것 같은데요.

**고객** 그렇게 보여요?

**코치** 지금 고객님은 제가 늘 대화하던 스티브, 그 사람처럼 보이지 않아요. 꽉 막혀 있어 보입니다.

**고객** 예, 그게 제가 지금 느끼는 감정상태예요. 출구가 안 보이고요. 아내와의 관계, 일 모두에서 궁지에 몰려 있는 것 같아요.

**코치** 이러한 상황에서 무엇을 할 수 있을까요?

**고객** 지금까지 문제를 피해 가거나 그냥 넘어가려고 했는데 효과가 별로 없어 보여요. 차분히 앉아서 문제를 풀어야 할 시간이 왔다고 생각해요. 예를 들어, 모든 짐을 푸는 것이지요.

이 경우에 코치는 표현되거나 표현되지 않은 감정과 에너지를 포함해서 말 이상의 것, 코치와 고객 사이 공간의 뉘앙스 등을 파악하는 3단계 경청을 하고 있다.

지금까지 우리가 검토한 세 가지 대화의 예는 세 단계의 경청이 어떻게 다른지를 설명하기 위해 만든 대화이다. 물론, 실제 코칭 대화에서 코치는 2단계와 3단계 경청을 지속적으로 넘나들게 된다. 그리고 1단계 경청으로 빠지게 되면 가능한 빨리 그로부터 벗어나야 한다.

### 코칭에서 경청이 핵심이다

코칭에서의 모든 것은 경청, 특히 고객의 계획과 목적을 명심하면서 듣는 경청에 달려 있다. 고객이 자신의 비전에 따라 잘 살고 있는가? 그의 가치대로 살고 있는가? 지금은 어디에 있는가? 코치는 고객의 삶에서 나타나는 모든 신호, 즉 고객이 내리는 결정, 그러한 결정이 고객을 삶의 균형에 가까이 가도록 하는지 아니면 멀어지게 하는지에 대해 듣는다. 코치는 또한 그러한 과정에서 발생하는 저항과 혼란의 소리도 듣는다. 경청은 모든 코칭의 관문이다. 어떤 의미로 모든 다른 구성요소는 2단계, 3단계 경청에 달려 있다고 할 수 있다. 그래서 경청을 모든 코칭이 통과하는 일종의 관문이라고 하는 것이다.

코치는 경청을 하면서 코칭의 초점과 방향을 변경하는 결정을 하게 된다. 그것이 우리가 소위 경청의 '영향'이라고 하는 것이다. 코칭 대화 도중 다음에는 어떤 코칭 스킬을 사용할지를 무의식적으로 결정하는 것이 이러한 영향이 나타나는 여러 가지 방식 중 하나이다.

# 코칭 스킬

다음에 설명하는 코칭 스킬Coaching skill은 일반적으로 경청과 연관이 있다. 물론, 효과적인 경청이 모든 코칭 스킬을 사용하기 위한 전제조건임에는 틀림없다. 이 장에서는 특히 경청 환경에 적합한 반응들로 보이는 스킬들을 선택해서 설명한다.

## 명료화

이 스킬은 또한 진행상황 명료화Articulating what's going on(AWGO)로 불리기도 한다. 코치가 2단계, 3단계 경청으로 충분히 경청을 하면 강화된 자각감각을 갖게 된다. 고객에게 지금 바로 이 순간, 무슨 일이 일어나고 있는지에 대한 그림이 그려진다. 고객에게 지금 일어나고 있는 것에 대한 느낌과 이미 알고 있는 것을 조합하면 코치는 고객에 대한 엄청난 정보를 보유하게 된다. 명료화는 현재 무슨 일이 일어나고 있는지를 간단명료하게 묘사할 수 있는 능력이다. 고객은 자주 그들 자신이 무엇을 보고 있는지, 무슨 말을 하고 있는지 스스로 알 수 없을 때가 있다. 또는 아마도 자세한 것은 볼 수 있으나 큰 그림을 보지 못할 수도 있다. 이 명료화 스킬을 이용해서 코치는 본인이 느끼고 관찰한 것(판단이 아니다)을 고객과 공유한다. 코치는 고객이 무엇을 하고 있는지 보는 대로 말한다. 때때로 명료화는 엄연한 사실을 말하는 형태로 표현되기도 한다. 다음과 같이 고객에게 직면할 수도 있다. "제가 보기에 고객께서는 저녁과 주말을 가족과 보내기 어렵도록 일정을 잡고 있습니다. 일전에 고객께서는 가족이 가장 중요한 우선순위라고 하셨는데, 야간근무 일정이 이러한 약속과는 일치되지 않아 보입니다. 무슨 일인가요?" 코치가 길에 놓여 있는 쓰레기 더미를 피하지 않는 것이 바로 코치의 행동 방식이다. 쓰레기 더미를 명료하게 지적하는 것은 코치가 할 일이고, 그것을 깨끗하게 치우는 것은 고객의 몫이다.

명료화는 고객이 여러 생각들을 이어서 볼 수 있도록 도와주는 스킬이어서, 고객이 스스로 취한 행동이나 행동의 부족으로 그리고 있는 그림을 볼 수 있게 된다. 코치는 본 것을 명료화할 책임을 갖고 있다. 그러나 동시에 다른 모든 코칭 스킬처럼 본인이 본 것이 옳다는 생각을 가져서는 안 된다. 코치가 본 것이 옳다는 생각을 하지 않고, 다른 반대 제안이나 해석에 대한 충분한 여지를 주면서, 코치가 본 것을 대담하게 이야기할 수 있는 이런 능력이 코액티브 코칭 스킬의 핵심이다. 코치가 항상 맞아야 한다는 압박감이나 필요를 떨칠 수 있다면, 코치는 사실처럼 보이는 것을 말할 수 있는 엄청난 자유를 갖게 된다. 그리고 그러한 말을 듣는다는 것은 고객에게 커다란 선물이기도 하다.

**대화의 예**

**고객** 아, 그래서 제가 이와 같은 대안을 준비한 것이에요. 이것이 괜찮은 대안이라고 생각하고요. 그들이 요구하는 마감일을 맞출 수 있을 것으로 생각합니다.

**코치** 고객님, 저에게 그 말씀이 어떻게 들리는지 제 생각을 이야기해도 괜찮을까요?

**고객** 그럼요. 뭔가 문제가 있어 보이나요?

**코치** 아, 그렇지는 않아요. 그 계획은 괜찮아 보입니다. 그런데 아직도 다른 사람의 요청(아무리 그것이 비합리적이고 개인의 희생을 치르는 일이더라도)을 그대로 수용하는 예전의 경향이 다시 보여서요. 그것이 고객님이 바꾸고 싶어 했던 것 중의 하나였거든요. 다시 예전으로 돌아가는 것 같습니다.

## 명확화

대부분의 사람들은 모호하거나 불완전한 생각과 해결되지 않은 감정상태로 살아가는 경향이 있다. 우리는 쉽게 결론으로 넘어가거나 불확실한 정보를 바탕으로 결론을 도출하기도 한다. 고객은 장황하게 말하거나 그들 자신의 이야기에 휘말리는 경우가 있다. 그들은 안개 속을 표류하며 길을 찾으려고 헤매기도 한다. 애매한 생각에 빠져서 진부한 시각으로 세상을 바라보기도 한다. 오래된 지도를 보고 있을 수도 있다. 이런 경우에 코치는 고객이 좀더 명확하게 볼 수 있도록 도와주는 역할을 하는 것이다.

명확화Clarifying 스킬은 경청, 질문, 재구성Reframing의 조합이다. 때로 그것은 단순히 다른 관점을 시도해보는 것이기도 하다. "제가 듣기에는 …인데요." "이것이 맞나요?" "고객께서는 …을 찾고 있는 것처럼 들리네요." 명확화 스킬은 이미지를 좀더 선명하게 만들고, 그것에 자세한 사항을 추가한 이후, 고객의 생각을 확인하기 위해 잠시 멈추기도 한다. 그래서 고객으로 하여금 "예! 바로 그거예요!"라는 반응을 얻어낸다. 명확화 스킬은 고객으로 하여금 안개 속을 빠져 나와 원래의 길로 다시 돌아가게 할 수 있는 방법이다.

**고객** 만약 그가 뉴욕으로 간다고 결정하지 않는다면, 저는 이곳에 좀더 남아 있을 거예요.

**코치** 고객님께서 결정해야 할 것이 두 개, 어쩌면 세 개가 있는 것 같습니다. 그리고 그것들은 고객님이 원하는 것보다 그가 하는 결정에 더 달려 있어 보입니다. 좀더 명확하게 해주세요.

**고객** 제가 결정하기 전에 그가 이사할 것을 기다려야 한다는 것처럼 들리네요.

**코치** 그리고 고객님이 다음을 결정해야 할 것으로 보입니다. (a)당신이 그 일을 정말 원하는지, (b)그 일을 하는 것이 당신의 인생을 통째로 바꿀 정도의 가치가 있는지, (c)그와의 관계가 지속적일 수 있는지…. 뭐, 이러한 것들이지요.

**고객** 어떤 조건하에서 그와의 관계가 정말로 지속적일 수 있는지…. 좋아요, 제가 좀 검토해야 할 일이 있네요.

## 통합적 시각

고객과 함께 가상의 헬리콥터를 타고 5천 피트 상공으로 올라가서 고객의 삶을 내려다보자. 이것이 통합적 시각Meta-view 코칭 스킬이다. 이 스킬은 고객이 틀에 박힌 생활을 하고, 매우 편협한 시각을 갖고 있을 때 특히 유용하다. 통합적 시각은 큰 그림을 보여주고 다른 관점을 가질 수 있는 여지를 제공해준다. 코치는 다음과 같이 질문할 수 있다. "여기에서 무엇이 보이나요? 이 높은 지점에서 내려다보면 당신이 밑에서는 볼 수 없었던 어떤 진실을 볼 수가 있나요?" 통합적 시각 스킬은 고객으로 하여금 그들의 비전과 충만한 삶으로 살아갈 수 있는 통로를 제공해준다. 그들이 산 아래에서 고군분투할 때, 해야 할 일이 엄청나게 많을 때, 통합적 시각은 그러한 것들을 초월하여 새로운 관점을 갖도록 도와준다.

통합적 시각을 이해할 수 있는 다른 방법은 그것을 일종의 '높은 연단Elevated platform'으로 보는 것이다. 바로 코치가 고객이 처한 모든 환경적인 요소, 이슈, 고객의 삶을 올라서서 바라볼 수 있는 장소이다. 이 높은 연단에서 코치는 고객이 볼 수 있는 것보다 더 많은 것을 볼 수가 있다. 사실상 고객의 관점을 명확하게 해주고 큰 그림을 볼 수 있도록 해주는 것이 코치가 할 일이다. 이 높은 연단에서 코치는 당장 일어나는 대화의 세부사항 이상의 것을 말할 수 있게 된다. 예를 들어, 고객이 회사의 동료와 갈등하고 있다면 코치는 이렇게 말할 수 있을 것이다. "그 이야기는 예전에 당신이 이전 상사와 나누었던 대화와 당신의 누나와 있었던 상황을 떠오르게 하는데요? 같은 일이 되풀이되는 것인가요?" 또 다른 예는 열심히 노력은 하나 원하는 결과를 얻지 못하는 고객의 경우인데, 코치는 이렇게 말할 수 있을 것이다. "매우 힘들어하고 계신 것으로 보이네요. 결국에 이런 고통을 통해 얻을 수 있는 것이 무엇인가요?" 이 예에서 통합적 시각은 저변에 깔려 있는 주제를 끄집어내는 고차원적인 수준에서 비롯된 것이다.

통합적 시각은 우리 인생을 파노라마식으로 볼 수 있게 해준다.

또한 통합적 시각은 특히 문제의 세부사항으로 빠지기 쉬운 상황에 전체 맥락을 보여줄 수 있는 매우 유용한 방법이다. 예를 들어, 앞으로 해야 할 팀원의 해고에 대해 해당 직원이 어떻게 반응할지를 고민으로 고객이 코칭을 받으러 왔다고 생각해보자. 코치는 고객이 그 상황을 통합적 시각(고통스러운 감정이나 분노의 시각이 아니고), 즉 조직문화를 만들어간다는 시각에서 볼 것을 요청할 수 있다. 다음과 같이 말이다. "그 직원을 해고하지 않을 경우 조직에 미치는 기회비용은 얼마인가요?" "그 해고가 길게 보면 동료들 사이의 신뢰와 의사소통에 어떤 영향을 미칠 것이라고 생각하나요?"

## 은유

은유Metaphor는 이미지와 경험을 도입해서 고객이 좀더 빠르고 쉽게 이해할 수 있도록 도와주는 스킬이다. "안개 속을 헤매시나요?"라는 질문은 "혼란스러운가요?"라는 고객의 지성에 호소하는 질문보다 매우 다른 수준으로 고객을 생각하게 하는 이미지와 경험을 창조해준다. 고객은 안개 속에서 밀려가는 이미지를 떠올리게 되고, 그것이 어떤 모습인지 어떤 느낌인지를 알 수 있게 된다. 그것은 대단한 경험이다. 은유는 탐색을 위한 풍부한 이미지를 제공해준다. 그리고 만일 특정 은유가 고객의 통찰력을 끌어내지 못한다면 코치는 항상 다른 은유를 시도해야 한다.

## 인정

　인정Acknowledgement이라는 코칭 스킬은 고객의 기초를 견고하게 해준다. 고객은 진정한 인정을 받은 이후에 더욱 똑바로 설 수 있다. 이 스킬은 고객이 어떤 존재인지를 설명해준다. 이와는 대조적으로 칭찬과 찬사는 고객이 한 행위를 강조하는 것이다. "재닛, 리포트를 잘 작성했어요" 또는 "당신의 프레젠테이션은 사려 깊었고 저에게 매우 감동적이었어요"라고 하듯이 칭찬하는 사람의 의견을 강조하거나, 찬사를 보내는 사람에게 미친 영향을 강조한다. 그러나 인정은 고객의 내적 성품을 인정하는 것이다. 즉, 고객이 이룬 것 또는 고객과 대화를 하는 사람에게 의미 있어 보이는 것 이상으로 인정은 고객의 존재 자체를 강조한다. "재닛, 학습에 대한 당신의 열정을 정말로 보여주었네요." "큰 위험을 감수했어요." "당신에게 아름다움을 사랑하는 마음이 있다는 것을 알았어요." 인정은 또한 흔히 고객이 실제로 일상에서 실천하고 존중하고 있는 가치를 강조한다. 고객이 재미를 가치 있게 생각할 경우에는 "그것을 정말 재미있게 만들었네요. 축하해요. 나는 당신이 그것을 하기 위해 위험을 감수했다는 것을 잘 알아요" 또는 고객이 정직을 중요하게 생각한다면 "잘했어요. 당신은 정직과 진정성을 보여주셨네요. 쉽지 않았을 텐데요"라고 말이다.

　인정은 코칭에서 없어서는 안 될 스킬이다. 코칭이 진행되는 과정에서 코치는 고객이 원하는 변화를 가능하게 하기 위해서 고객이 어떤 존재여야 하는지를 항상 지원해주어야 한다. 고객은 용기가 있어야 하고, 두려움에 맞설 의지가 있어야 하고, 인간관계를 위해서 집요해야 한다고 말이다.

인정 스킬은 코치로 하여금 고객 내면의 강점을 칭찬하도록 도와준다. 또한 인정은 고객이 잘못된 겸손함으로 인해 때때로 잊어버리는 것이나 단순히 전혀 보지 못하는 것을 볼 수 있도록 도와준다. 고객의 강점을 인정함으로써 코치는 고객이 그 강점을 더욱 활용할 수 있도록 해준다. 그런 인정이 정직하고 진실하다면 고객도 알 것이다. 고객은 코치가 확실하게 해준 진실을 깨달았기 때문에 미래에는 더욱 풍부한 자원을 갖게 된다.

인정은 다음과 같은 형태로 표현될 수 있다. "와, 이제 당신의 상사에게 말할 수 있게 된 것을 보세요. 당신이 무엇을 원하는지 명확히 알고, 무엇을 질문해야 하는지를 아는 능력이 매우 좋아졌어요. 당신은 두려움에 맞서 진실을 말할 수 있다는 것을 정말로 보여주었어요." 인정은 고객이 성장하고 더욱 강해지고 있는 곳(자주 확신을 필요로 하는 감정)의 핵심을 찌르는 말을 해주는 것이다. 여러분이 이렇게 인정하면, 고객은 계속 성장할 수 있는 힘을 얻게 된다. 코액티브 코칭에서 말하는 모든 인정에는 실제로 두 가지 측면이 있다. 첫째는 우리가 이미 이야기한 것처럼 인정을 하는 것이다. 둘째는 그 인정이 고객에게 미치는 영향이다. 이것은 인정이 정말로 원하는 대로 잘 사용되었는지를 확인하는 한 가지 방법이다. 고객의 반응을 보라. 3단계 경청을 통해서 코치인 당신은 그 상황에서 고객이 어떤 존재여야 했는지를 잘 묘사했는가 여부를 알 수 있을 것이다. 인정은 코치가 듣고, 느끼고, 볼 수 있는 방식으로 분명히 고객에게 전달될 것이다. 이런 식으로 고객을 바라보고, 알게 된다는 것은 드문 일이지만 엄청 감동적인 일이다. 이것이 인정이 갖는 강력한 힘이다.

**고객** 제가 입을 다물고 있어야 했어요. 오히려 어렵게 되었어요.

**코치** 고객님이 하신 행동은 사람들을 언제나 올바로 대하겠다는 고객님의 입장을 취한 것이에요. 그리고 심지어 그렇게 할 경우 대가를 치를 것을 알면서도 말을 하셨어요. 그게 바로 당신이라는 사람이에요!

**고객** 감사합니다. 저는 팀에서 인기상은 결코 받지 못하겠네요. 그러나 최소한 깨끗한 양심으로 밤에 잘 수 있게 되었어요.

### 1. 1단계와 2단계 경청

이 연습의 목표는 완전하게 1단계 경청을 연습하는 것이다. 즉, 자신의 생각과 의견에 전적으로 집중하는 것이다. 이 연습을 하기 위해 친구나 동료에게 30분 정도의 시간을 내달라고 요청을 해서 1단계와 2단계 경청 게임을 해보자.

#### 1단계 경청(Level I)

1단계 경청이 무엇인지 당신의 파트너에게 설명을 해주고, 그가 경험한 여행에 대해 좋았던 일과 그렇지 않았던 일을 포함해서 이야기하도록 요청하라. 파트너가 여행에 대해 이야기하는 동안 당신이 해야 할 일은 전적으로 당신의 경험 관점에서 그가 하는 말이나 이야기를 듣고 해석하라. 당신의 의견을 자주 이야기하라. 당신이라면 그 여행을 어떻게 달리했을까? 파트너가 이야기를 더 잘할 수 있도록 무엇을 도와줄까? 다른 사람이 이야기하는 동안 당신 내부에서는 무슨 일이 일어나고 있는가? 그가 하는 이야기가 당신 삶에 있었던 어떤 일을 생각나게 하는가?

15분 정도 후에(그렇게 오래 걸렸다면), 1단계로 듣는 것이 어떠했는지 그리고 상대방이 자신의 이야기를 1단계로 들어주는 것이 어떤 기분이었는지 서로 이야기해보라.

### 2단계 경청(Level II)

동일한 파트너와 동일한 이야기를 약 15분 동안 나누어보라. 그러나 이번에는 2단계 경청에 대해서 상대방에게 설명하지 말고, 호기심을 갖도록 하자. 질문을 하고, 명확하게 정리하고, 당신이 느끼는 것을 명료하게 하라. 그의 이야기에서 그가 중요하게 생각하는 것에 주의를 기울여라. 2단계로 듣고 반응함으로써 당신의 파트너에게 완벽하게 몰입하라.

2단계로 경청하는 것이 어떤 것인지 그리고 상대방이 내 이야기를 2단계로 들어주는 것이 어떤 기분이었는지 서로 이야기해보라. 그 경험이 1단계 경청과는 어떻게 달랐는가?

### 2. 3단계 경청(Level III)

3단계 경청활동을 관찰할 수 있을 만한 장소를 찾아보자. 예를 들어 도서관, 호텔 로비, 응급실의 대기실, 공항의 바Bar 같은 곳을 찾아가보자. 3단계 경청을 하기 위해 주의를 기울여서 사람들이 어떤 기분인지를 알아보라. 분노, 좌절, 즐거움, 지루함, 평화로움, 걱정스러움 중 어느 것인가? 그 외 주변 환경에 대해서는 무엇을 느끼는가? 그 공간에서 웅성거리는 소리는 무엇을 의미하는가? 그 공간에서 느껴지는 에너지는 어디에 있으며 사람들이 들락거릴 때 에너지는 어떻게 이동하는가? 당신의 느낌을 적어보라. 그리고 눈을 감고 3단계 경청을 시도해보라. 어떻게 다른가? 눈을 뜨고 있을 때 느끼지 못한 것이 무엇인가? 성당과 패스트푸드 식당을 비교해보라. 3단계 경청 측면에서 무엇이 다른가?

환경 변화: 친구로 하여금 매우 화가 나고 분노한 상태로 방에 들어오라고 해보라. 그 방의 분위기가 3단계 경청 측면에서 어떻게 반응하는지 살펴보라. 또는 두 명의 친구를 방으로 들어오게 하고 시끄럽고 거친 대화를 시작하도록 하라. 그리고 방 안의 3단계 경청 에너지가 어떻게 변하는지를 살펴보라.

### 3. 통합적 시각

통합적 시각은 큰 그림을 보여주는 것이다. 부분적으로는 일종의 테마이고, 적절한 선언이고, 일종의 비전을 보여주는 것이다.

- 새로운 삶을 시작하는 것.
- 과도기를 겪는 것.
- 변화를 겪는 것.
- 바다에서 표류하는 것.
- 고속으로 작동하는 기계.
- 편안하게 털어놓고 이야기하는 것.

오늘 현재 당신 삶에 대한 통합적 시각은 무엇인가? 당신의 가까운 친구나 동료 열 명의 이름을 적어보라. 지금 현재 그들 각각의 통합적 시각은 무엇인가?

### 4. 은유

다음 각각의 상황에 대해 적절한 은유를 만들어보라.

- 두 가지 매력적인 선택 사이에서 어찌할 바를 모름.

- 미지의 세계로 흥분된 여정을 막 시작하려고 함.

- 오랫동안 아무것도 일어나지 않다가 동시에 모든 것이 일어남.

- 혼란스러운 작업 환경.

- 두 명과의 로맨틱한 관계.

- 잘못 관리함으로 인한 비용 손실.

- 운동을 거의 하지 않다가 과도하게 함.

- 문제가 발생하기 전까지는 사업을 매우 잘 일굼.

- 성공.

- 슬픔.

- 계속된 횡재.

- 육체적, 정신적 탈진.

- 거절.

## 5. 인정

다섯 명의 친구나 동료의 이름을 적어보라. 그들이 현재에 이르기까지 한 노력과 존재 가치에 대해 인정하는 글을 써보라. 또한 당신 자신을 인정하는 글도 써보라.

# 4장

# 직관

아마도 당신은 이런 경험을 해본 적이 있을 것이다. 도로 표지판이 잘 설치되어 있지 않은 시골길을 운전하다가 두 갈래 갈림길을 만났을 때 자신의 방향감각을 믿고 본능적으로 오른쪽으로 선회를 했던 경험 말이다. 또는 이런 일이 일어났을 수도 있다. 친구를 만나 저녁을 먹고 있는 중이다. 모든 것이 평소와 다름없이 정상적이고 대화도 평상시와 같다. 그런데 갑자기 당신이 질문을 한다. "무슨 일이 있어? 나에게 뭔가 이야기할 게 있어?" 당신은 방금 뭔가 정상적이지 않은 것을 감지했기 때문이다. 직관이었을지 모른다. 아마도 여러분은 어떤 사람에게 갑작스럽게 전화를 걸거나 친구에게 즉흥적으로 카드를 보낸 적이 있을 것이다. 그 당시에는 왜 그렇게 했는지 확신이 없었으나, 나중에야 그때 그렇게 한 것이 어떤 이유에서든 중요했다는 것을 발견한 적이 있을 것이다. 어떤 사람들은 투자에 대한 매우 뛰어난 감각을 갖고 있다. 또 어떤 사람들은 잘 알지 못하는 질문에 대해서도 답을 찾아내는 뛰어난 감각을 갖고 있다. 그들은 어떤 경우에는 데이터보다 느낌이 더 강한 그들의 본능을 더 신뢰한다.

이것들이 통상 표현되거나 표현되지 않은 질문에 대한 반응으로 비경험적 정보를 모으는 사례들이고, 직관이 사용되는 사례들이다. 어느 쪽으로 갈까? 그녀에게 무슨 일이 일어나고 있을까? 어디에 투자할까? 어떤 일이 나에게 더 적합할까? 왜 그 고객이 우리와의 대화에 나오지 않았을까? 직관은 이런 의문에 적절한 반응을 제공해준다.

직관을 근거로 이야기하는 것은 코칭에서 지극히 가치 있는 일이다. 이것은 깊이 있게 그리고 능숙하게 듣는 능력에서 나오는 것이다. 그러나 그 직관을 말로 표현할 수 있다고 하더라도 직관을 경험하는 것을 설명하기는 때론 어렵다. 바로 이 점이 어떤 사람들에게는 직관을 받아들이는 것이 어려운 이유이다. 많은 사람에게 직관이 문제가되는 것은 그 직관의 사실 여부를 증명하기가 어렵기 때문이다. 때로는 결과를 증명할 만한 객관적 증거가 없을 때가 있다. 심지어 직관을 통해서 도출한 결론이 객관적인 증거와 정반대일 경우도 있다. 직관에 의지하여 일을 하는 사람들은 이렇게 이야기할 것이다. "저의 직관이 대부분 맞아떨어지기 때문에 저는 직관을 신뢰합니다."

직관을 신뢰하지 않는 사람들은 흔히 직관을 일종의 추측이나 어쩌다 운이 좋았던 것으로 간주한다. 그들은 그냥 직관을 이해하지도, 신뢰하지도, 믿지도 않는다. 측정할 수 있고, 기록될 수 있고, 증명할 수 있는 사실들, 이것들이 그들이 의사결정을 내릴 때 그들에게 필요한 것이라고 흔히 이야기한다. 그것은 분명히 많은 사람이 지지하는 어떤 과학적 연구 모델이나 방법론 같은 것을 필요로 하는 것이다. 사람들은 때로는 그들이 직관을 이용했다는 사실을 인정하는 것을 부끄러워하기도 한다. 심지어 직관이 풍부한 사람들도 직관을 활용하거나, 그것을 사용했다는 사실을 인정하는 것을 꺼린다. 그래서 우리 안에 있는 직관의 능력이 퇴화한다. 매우 아쉬운 일이다. 직관은 코칭에서 강력한 자산인데도 말이다.

## 알려진 세계와 미지의 세계

우리 대부분은 '알려진 세계'를 우리의 손이 미치는 영역 내에 존재하는 것이라고 믿어왔다. 즉, 알려진 세계란 우리가 눈으로 볼 수 있고, 귀로 들을 수 있고, 오감Five senses으로 느낄 수 있는 세계이다. 우리는 어떤 상황에 대해 여러 사람들이 확인하고 동일한 결과의 데이터를 제시할 때 그 사실을 믿게 된다. 그러나 직관이란 비록 직관이 만들어내는 결과는 볼 수 있지만, 직관 그 자체를 눈으로 볼 수 있는 것은 아니다. 나무에 부는 바람처럼 우리는 바람을 볼 수 없지만 바람이 만들어내는 효과는 보고 들을 수 있다. 그래서 때로는 직관을 '여섯 번째 감각Sixth sense'이라 부르기도 한다. 직관은 물리적인 세계를 초월하는 어떤 감각이다.

예를 들어, 어떤 사람이 "오늘 비가 오겠는데"라고 이야기한다고 하자. 당신은 그러면 "그것을 어떻게 아나요?"라고 질문할 것이다. 그러면 아마도 다음과 같은 답변이 나올 수 있을 것이다.

"라디오로 기상청의 일기예보를 들었어요."

"오늘 아침 하늘에 검은 먹구름이 있었어요."

"오늘 아침 내내 벽에 걸려 있는 기압계의 눈금이 빠르게 떨어졌거든요."

"내 몸의 관절이 비가 온다고 하네요."

"그냥 알아요."


물론, 어떤 사람들은 정말로 몸의 관절의 느낌으로 비가 다가오고 있다는 것을 느낄 수 있다. 중요한 것은 여러 가지 방법으로 알 수 있다는 것이다. 과학적으로 입증이 가능한 증거로도 알 수 있지만, '그냥 아는 것 Just knowing'도 있다. 앞에 열거한 답변을 보고 이렇게 질문할 수 있을 것이다. "어느 것이 맞는 거지?" 또는 "어떤 것을 믿어야 해?"라고 말이다. 대부분의 사람들은 그들이 관찰한 것을 신뢰할 때 비로소 그것을 이해할 수 있다고 이야기한다. 이런 사람들에게는 구체적으로 경험한 것만이 신뢰할 수 있는 것이다. 그들이 직관을 신뢰하려고 한다는 것은 말도 안 되고, 심지어 그들은 직관의 신뢰도를 0퍼센트라고 말한다.

그러나 사물을 인식하는 방법이 한 가지밖에 없다고 주장하는 대신 두 가지 방법이 있다고 생각하자. 전통적인 인식 방법인 관찰을 통해 알 수 있는 것이 그 하나이고, 다른 하나는 직관이다. 이 두 가지를 잘 활용하면 어떤 이슈에 대해서도 보다 깊고 넓은 관점을 가질 수 있다.

## 직관이 올바를까

직관을 사물 인식의 한 가지 방법으로 설명하는 데 있어서 어려움 중의 하나는 '인식'을 어떻게 정의할 것인가이다. 직관을 바라보는 한 가지 방법은 직관이 옳은 것도 아니고 잘못된 것도 아니라는 것이다. 그것은 오히려 우리가 느끼는 감각에 가까운 것이다. 예를 들어, 이런 질문에 답을 해보기 바란다. "내일은 이번 주의 몇 번째 날이지?" "내일은 며칠이지?" "내일은 어떤 계절에 속하지?" "이 특정한 해의 특정한 계절의 날씨는 어떨까?" "이 특정한 해, 당신 인생의 계절에 당신이 갖고 있는 주요 과제는 무엇인가?" 각 질문의 답이 각각 다른 장소에 있다는 것을 알아차려라. 하나는 기억, 다른 것은 논리적 사고, 그리고 직관이라는 장소에도 있을 것이다. 직관이 우리가 익숙하게 드나들던 장소가 아니고 단순히 기억처럼 우리에게 답을 제공해주고, 우리가 찾아갈 수 있는 그런 장소라고 생각해보라. 그런 곳에서 우리는 그냥 작은 자극을 받게 되면 그것을 말로 표현하는 것이다.

직관을 말로 표현하기 위해서 우리는 해석을 먼저 한다. 그것은 직관적인 자극을 해석하는 것이어서 틀릴 수도 있다. 직관적 충동 그 자체는 옳지도 않고 그르지도 않다. 다음의 시나리오를 생각해보자. 당신의 고객이 지난주에 실천한 것에 대해 이야기를 하고 있다. 잇따라 성공한 대단한 이야기이다. 그녀는 자신이 하기로 약속한 것을 모두 완수했다. 그러나 당신은 직관적으로 그녀가 무엇인가를 감추고 있다는 것을 알아차렸다. 완벽한 성취를 이루었다는 증거가 압도적임에도 당신은 이렇게 말한다. "제 직관에 따르면 당신은 무엇인가

지난주에 있었던 것에 대해 이야기하지 않은 것이 있는 것 같아요. 사실인가요?" 즉, 당신의 직관이 무엇인가를 당신에게 알려주었다. 그래서 당신은 고객이 무엇인가를 감추고 있다고 해석을 한 것이고 또 그렇게 말한 것이다. 당신의 해석이 옳은지 그른지는 중요하지 않다. 만약 고객이 무엇인가를 감추고 있었다면 당신은 고객이 감춘 이야기를 말하도록 문을 열어준 것이므로 아주 잘한 것이다. 그러나 고객이 감춘 것이 아무것도 없다고 해도 잘한 것이다. 당신은 그저 고객의 성공을 축하해주면 된다. 직관과 코칭에서 특기할 만한 것은 직관이 아름다운 소리를 내지 못하고 땡그랑 소리를 낼 때조차 고객으로 하여금 코치에게 말한 것을 실행해서 앞으로 나아가게 하고, 학습의 깊이를 더해준다는 것이다.

직관은 코칭 대화 중 예기치 못한 형태로 자주 나타난다. 때로 그것은 예감이다. 또는 시각적 이미지나 설명할 수 없는 감정 혹은 에너지의 변화 형태로 나타난다. 코칭을 할 때 반드시 기억해야 할 것은 직관에 마음을 열고 직관을 신뢰하고 알아차리되 그것의 해석에는 지나치게 집착하지 않아야 한다는 것이다. 결국 직관은 고객으로 하여금 실행하게 하고 보다 깊은 학습을 하도록 할 때 가치 있는 것이다. 여러분의 직관이 '옳은' 것인지 '그른' 것인지와는 정말로 관련이 없다.

## A. 고객이 뭔가를 간과할 경우

**고객** 이젠 더 이상 제게 다른 대안이 없어 보입니다. 지쳤고요. 계속 같은 일을 되풀이하고, 똑같은 사람들에게 이야기하고, 똑같은 오래된 이력서를 보여주고 있어요. 얼굴이나 이름이 바뀌더라도 모두 같은 일을 반복하고 있습니다.

**코치** 아, 그래요? 그런데 제 직관에 따르면 간과하고 있는 무엇인가가 있어 보입니다. 바로 당신 앞에 있는 것 같은데 당신은 보지 못하고 있어요. 그게 무엇일까요?

**고객** 모르겠어요. 저는 이 길을 오랫동안 다녀서 이제는 새로운 것이 없는 것 같아요.

**코치** 길은 좋은 이미지입니다. 좀더 작업을 해볼까요? 이 길을 따라 계속되는 담장이 있고 그 담장에 문이 있다고 상상해보세요. 그 문은 무엇인가요?

**고객** 그것은 가지 않은 길인데요.

**코치** 그리고 그 길은 어디로 이어지나요? 만약 그곳에 무엇인가를 만든다면, 그게 무엇일까요?

**고객** 사실 그것은 코네티컷에 있는 제 할아버지의 집을 연상시켜요. 할아버지는 제 가족들 중 유일하게 자수성가하신 분이에요. 저는 할아버지가 생존해 있는 사람들 중 그것을 할 수 있는 가장 현명하신 분이라고 생각했어요. 저는 그분의 독립성을 정말로 존경했거든요.

코치 그 문이 당신 삶에서 어떤 의미인가요?

고객 그 문은 언제나 그곳에 있었지요. 제가 안전한 삶을 원했기 때문에 언젠가 그 문을 지나치곤 했지요. 저는 지금이 저 자신의 진정한 안전한 삶을 제 스스로 창조한다는 것이 어떤 것인지를 심각하게 들여다보아야 할 때라고 생각해요.

## B. 고객의 관심사를 따를 경우

고객(회사 직원) 3분기 말까지 작년 대비 두 배의 결과를 만들어야 해요. 정말로 두 배를 넘기고 싶어요. 정말로요. 그런데 어떻게 해야 할지 모르겠습니다.

코치(회사 내) 마라톤을 하는 사람은 그럴 때 어떻게 하지요?

고객(회사 직원) 어? 제가 마라톤을 한다는 것을 어떻게 알았나요?

코치(회사 내) 직관이지요. 언제인가 저에게 마라톤을 한다고 하지 않았나요? 그렇지요?

고객(회사 직원) 예, 맞아요. 이렇게 바쁜 일을 하기 전에요.

코치(회사 내) 마치 그 일을 장거리 경주라고 생각한다면, 당신이 해야 할 것이 무엇이라고 생각하나요?

고객(회사 직원) 그거야 쉽지요. 장거리 마라톤 훈련계획을 세울 때처럼 시간을 갖고 꾸준하게 스케줄을 짜야지요.

# 직관적 지혜

직관을 이해할 수 있는 또 다른 방식은 그것을 지능의 한 종류로 보는 것이다. 음악적 지능이나 시각적 지능처럼 말이다. 시각장애인이나 색맹이 아닌 모든 사람은 색을 구별할 수 있다. 유치원에서부터 시작해 시간이 가면서 색에 대한 어휘를 점점 늘려간다. 그래서 색을 인식하는 데 아주 능숙해진다. 예술가들은 색깔과 색조를 구분하는 법을 배우고 그들에게 이름을 붙인다. 그들은 수많은 색조의 미묘한 차이를 그림으로 표현해낼 수 있다. 직관이란 그와 같은 것이다. 모든 사람이 어느 정도는 태어날 때 다 갖고 있는 지능이고, 예술가와 음악가들이 그들의 재능을 계발하듯이 직관은 계발할 수 있는 것이다.

직관에 대해 흥미 있는 점 중 하나는 그것을 포착하는 것이 어렵다는 것이다. 직관을 너무 신중하게 찾으려 하면 그것은 더욱 찾기 어려워진다. 당신이 직관을 발견하려고 너무 열심히 노력하면, 당신의 주의는 온통 당신 자신과 자신의 노력에 있게 된다. 당신의 주의를 질문이나 다른 사람에게로 돌리고 마음의 통로를 열게 되면, 당신은 오히려 더욱 쉽게 답을 찾을 수 있다. 중요한 것은 부드럽게 주의를 기울이고 마음을 여는 것이다. 바로 그곳에 당신의 직관이 있고 더 나아가 수면 아래에 있는 메시지와 단서를 제공해준다. 손을 펴면 잡을 수 있고 주먹을 쥐면 빠져나가 버리는 것, 바로 그것이 직관의 역설적인 면이다.

# 관찰과 해석

직관은 어떤 작은 자극, 일종의 느낌으로 작동된다고 설명했다. 또한 관찰이라고도 할 수 있다. 비록 어떤 구체적인 것을 관찰했다고 명확하게 설명할 수 없다 하더라도 말이다. 관찰이라고 부르는 것은 중립적인 입장을 말하는 것이다. 예를 들어, 당신이 "이런 느낌인데요" 또는 "저는 이렇게 보았는데요" 또는 "직관적으로 이렇게 느끼는데요?"라고 이야기하면 어느 누구도 그 말에 이견을 제시하기는 어렵다. 왜냐하면 그것은 당신만의 느낌이고, 관찰이고, 직관이기 때문이다. 이후에 일어나는 것은 그런 느낌, 직관, 관찰한 것에 대한 해석이다. 이런 주관적으로 느끼는 자극을 무엇이라고 이름 부를 것인지를 결정할 필요가 있다. 직관에 무엇인가 의미를 부여하는 것은 자연적인 일이나 원래의 의미와는 다른 해석일 수도 있다.

예를 들어, 고객의 이야기를 들을 때, 고객이 무엇인가 말하지 않고 있음을 느꼈다고 하자. 그것은 마치 조율이 안 된 소리를 듣는 것과 같다. 당신은 "무엇인가 좀 앞뒤가 맞지 않는 것처럼 들려요. 제가 오해하고 있는지 도와주세요. 그리고 무엇인가를 감추고 있는 것처럼 보여요. 중요한 것을요. 어떻게 생각하세요?"라고 질문할 수도 있다.

이 예에서는 고객이 하는 이야기가 무엇인가 맞지 않는다는 느낌, 즉 관찰한 것과 무엇인가 숨기고 있다는 '해석'을 이야기하고 있다. 만일 느낌을 이야기하지 않고 곧장 해석을 이야기하게 되면, 그것은 코치가 결론이나 비판, 판단을 자주 이야기하는 것이 될 수 있다. 고객은 코치의 직관으로부터 얻은 정보를 본인의 상황에 적용한다. 즉,

무엇이 맞는 거지? 무엇이 맞지 않는 거지? 결국 결론을 도출하는 것은 고객이 하는 일이다.

여기서 명심해야 할 짐은 당신이 직관을 효과적으로 이용하려면 당신의 해석에 집착해서는 안 된다는 것이다. 사실 본인들의 해석이 올바를 것이라고 믿고 싶은 욕망 때문에 오히려 사람들은 자신의 직관을 사용하기를 주저한다. 왜냐하면 본인의 해석이 틀리거나 멍청하게 보일까 두려워하기 때문이다.

마음의 준비를 해야 한다. 당신이 직관을 표현할 때 고객은 동의하지 않을 수도 있다. 그렇더라도 그들은 마치 당신의 직관이 정확하게 맞을 때처럼 배우는 것이 있을 것이다. 무엇인가의 직관을 이야기하는 것은 올바른 일이고, 고객이 직관을 통해 무엇이든 배운다는 것도 맞는 이야기이다. 직관을 이야기하지 않고 감추는 것은 치명적인 정보와 감각 데이터의 소스를 포기하는 것이다. 여기서 중요한 교훈은 아무리 당신이 직관에 대해 확실하게 생각한다 하더라도 당신의 직관에 집착해서는 안 된다는 것이다. 왜냐하면 직관에 집착한다는 것은 당신 자신을 위한 것이기 때문이다. 코칭은 고객을 위한 것이어야 하는데도 말이다.


## 당신만의 직관에 다가가기

우리는 어떤 재능이나 근육을 개발하는 것처럼 직관을 활용하는 방법도 개발할 수 있다. 신체를 단련하는 것처럼 직관을 단련하는 것도 가능한 일이다. 코칭이 바로 직관을 단련할 수 있는 장소이다. 특히 우리가 직관에 다가가는 방법에 익숙하지 않을 경우, 우리는 이런 질문을 할 수 있다. "직관에 다가가는 방법을 어떻게 찾을까?" 그것은 쉽지 않을 수 있다. 예를 들어, 모든 사람에게 위치가 똑같은 삼두근과는 달리 직관은 우리 모두 각기 다른 장소에서 찾을 수 있기 때문이다.

많은 사람은 그들의 직관을 가슴이나 배와 같은 그들의 신체를 통해서 발견한다. 사람들이 직관을 '배짱 반응Gut response'이나 '배짱 느낌Feeling in my gut'이라고 이야기하는 것은 놀라운 일이 아니다. 어떤 사람들은 이마가 타는 듯하거나 손가락이 찌릿한 것을 느끼기도 한다. 또 어떤 사람들은 신체를 통해서는 직관을 전혀 느끼지 못할 수도 있다. 그것은 당신이 모르는 어떤 곳이거나, 당신을 둘러싸고 있는 어떤 공간일 수 있다. 시간을 내서 당신은 직관을 어디에서 느끼는지 알아보아야 한다. 그 직관의 교신이 어디에서 오는지 알기 위해 하던 일을 멈추고 주의를 기울여 여러분의 몸에 귀를 기울이거나, 바로 그 직관의 순간에 여러분이 겪는 경험의 소리를 들어보는 것이다.

당신은 당신의 직관을 시각적으로 볼 수 있거나 감각적으로 느낄 수 있을 것이다. 어떤 사람들은 서 있을 때 그들의 직관에 더 잘 접근한다. 또 어떤 사람들은 그런 느낌을 말로 표현할 때 직관에 잘 연결된다. 직관에 다가가는 방법이 무엇이든지 간에, 결국 여러분은 직관에 의한 자극을 말로 표현해야 할 것이다. 그것을 말로 표현함으로써 여러분이 느낀 감각을 이해하게 된다. 여기서 다음과 같은 사실을 다시 한 번 명확하게 했으면 한다. 코치로서 당신이 해야 할 일은 당신의 직관이 시사하는 바를 말로 표현하는 것이다. 그것이 유용한지 아닌지는 고객이 판단한다는 사실이다.

## 직관의 스위치

직관을 대담하게 이야기한다는 것이 다소 낯설 수도 있다. 직관에 익숙해지고 그것이 사용하기 쉬운 도구 중 하나가 될 때까지 당신은 코칭을 할 때 당신에게 직관을 기억시키는 무엇인가가 필요할지도 모른다. 전화기에 포스트 잇을 붙이거나, 시계를 반대 손목에 찬다거나 하는 식으로 말이다. 또는 늘 앉아서 이야기한다면 서서 이야기하는 식으로 자세를 바꿔볼 수도 있다. 중요한 것은 직관이라는 것이 당신의 코칭에 없어서는 안 될 강력한 자산이고 훈련할 만한 가치가 있다는 것이다. 좋은 소식은 여러분의 직관을 언제나 필요할 때 이용할 수 있다는 것이다. 그것은 당신이 전등을 켜기 위해 스위치를 켜는 정도의 노력만 하면 되는 것이다. 즉, 직관이 필요할 때 단순하게 직관의 스위치를 켠다고만 기억하면 되는 것이다.

## 불쑥 내뱉기

직관의 낌새를 느낀 이후에도 우리는 흔히 숨기려 하거나, 분석하고, 확인하고, 그것이 옳은지 아닌지 또는 지금 이야기하는 것이 맞는지 아닌지를 판단하는 경향이 있다. 그러나 불행하게도 직관에 대해 이런 검증의 시간을 보내는 동안 고객은 완전히 다른 대화의 국면으로 이동해버리게 된다. 여러분은 기회를 잃어버린 것이다. 왜냐하면 직관이란 나타나자마자 사라져버리는 작은 불꽃 같은 것이다. 가장 강력한 순간은 직관을 느끼는 바로 최초의 순간이다. 말하는 것이 두렵거나 겁이 나서 멈칫하고 주저하는 동안 직관은 이미 사라져버린다. 참 안타까운 일이다. 왜냐하면 느끼는 대로 직관을 불쑥 내뱉게 될 경우, 빙빙 돌지 않고 여러 겹을 단번에 뚫고 목적지에 다가갈 수 있는 것처럼 코칭 대화에서 전혀 예상치 못한 지름길을 찾을 수 있기 때문이다.

코치로서 우리는 때때로 고객과 멋진 순서로 질문-답-질문-답이 오가는 논리적인 대화 전개가 필요하다고 생각한다. 이것도 물론 고객과 함께 새로운 배움과 발견을 해나가기 위해 매우 훌륭한 방법이지만 이것만이 유일한 방법은 아니다. 다이빙에 비유해서 이야기를 해보자. 멋진 다이빙이 되거나 혹은 끔찍한 배 치기 다이빙이 되는 것에 개의치 않고 과감하게 직관과 함께 물속으로 다이빙을 감행하게 되면, 여러분은 대화의 순간에 명확하게 정리할 수 없거나 논리적으로 설명할 수 없다고 느끼는 어떤 주제의 핵심으로 갈 수 있게 된다. 만일 실패하게 되더라도 눈웃음을 짓고 앞으로 나아가겠다는 의지를 갖게 되면 당신은 앞으로 직관을 자유롭게 이용할 수 있게 된다.

### 직관의 힌트를 얻기

때때로 직관은 말의 형태로 나타난다. 그러나 느낌이나 신체감각처럼 쉽게 소리나 어떤 형상으로 나타나기도 한다. 또한 중압감, 고통, 분위기를 통해서 당신에게 전해질 수 있다. 어떤 경우에는 대화 중에 직관의 힌트를 얻기도 한다. 환경 속에 있기도 하다. 사무실 창밖의 풍경에서 어떤 직관의 영감을 얻을 수도 있다. 창밖의 풍경은 어떤 이미지를 떠올리게 하고, 그 이미지는 당신에게 직관의 신호를 보내주고, 당신은 그것을 고객과 공유한다. 그리고 그다음에 무엇을 할 것인가를 생각한다. 예를 들어, 당신의 고객이 앞으로 다가올 자기 팀의 조직개편이 파장에 대한 걱정을 이야기한다고 하자. 당신은 창밖을 바라보고 가장 먼저 매우 상쾌한 가을날임을 알게 된다. 강렬한 인상을 받고 다음과 같이 이야기를 한다. "아름다운 가을날이네요. 나뭇잎의 색이 변하고 있고요. 오늘 공기는 더욱 차가워졌네요. 이것이 당신에게는 무슨 의미를 시사하나요?" 아마 그것은 그녀 인생의 계절에 어떤 변화가 온다는 것을 시사할 수도 있고 그녀 앞에 놓인 변화를 차분히 들여다볼 수 있는 수단을 제공할 수도 있을 것이다. 또는 겨울을 대비해서 미리 끝내야 할 일들을 정리하도록 할 수도 있다. 큰 변화를 준비하기 위한 단계로 이용할 수도 있다. 직관의 소스가 어떤 것이었는지는 중요하지 않다. 중요한 것은 고객에게 어떤 영향을 주는가이다.

**말로 표현하기**

다음은 직관을 표현할 수 있는 예문들이다. 직관의 말문을 처음 열고자 할 때 이용할 수 있다. 물론, 이것만이 전부는 아니지만 어떻게 말을 해야 할지 모를 때 아래 예문 중의 하나로 직관의 말문을 여는 것은 좋은 연습이다. 그다음은 대화를 해나가면서 당신의 직관이 채워줄 것이라고 믿으면 된다.

"제 느낌에는…."
"저의 직감을 이야기해도 될까요?"

"제 예감은…."

"한 가지 확인해보아도 될까요?"

"제 생각에는 …가 아닐까 싶은데요."

"이것이 고객에게 맞는 것인지 한번 확인해보지요."

그리고 아마도 가장 좋은 예문은 역시 가장 단순하고 가장 직선적인 다음 표현일 것이다.

"제 직관은 …인데요."

직관은 특히 그 결과가 매우 훌륭하게 느껴진다 하더라도 마법이 아니다. 직관은 경청과 비슷하다. 직관은 고객으로 하여금 실행을 촉진하고 학습을 심화시키는 데 사용할 수 있는 매우 강력한 재능이다.

## 코칭 스킬

다음에 설명하는 코칭 스킬들은 비록 직관에만 국한된 것은 아니지만 직관과 매우 관련성이 높다. 직관을 설명하는 여기에서 다음의 스킬들을 선택한 이유는 이들이 직관으로부터 자연적으로 나오는 스킬이고 직관의 말문을 여는 데 도움을 주기 때문이다. 우리는 경청을 소개하는 장에서 은유를 설명했다. 그러나 은유는 직관으로부터 자주 도출되기 때문에 이곳에도 포함될 수 있다.

## 개입하기

대부분의 코칭 세션은 시간이 짧다. 그렇기 때문에 고객이 길게 이야기하거나 설명할 때 코칭 주제의 핵심에 도달하기 위해서 코치가 대화에 개입하는 것Intruding이 필요할 수 있다. 코치로서 당신은 3단계 경청을 하면서 언제 끼어들 것인지를 결정해야 한다. 대화 중에 예의 바르다고 인정되는 시간 동안 끼어들지 못하고 기다리는 대신, 대화에 개입하여 대화의 방향을 바꾸거나 질문을 해야 한다. 흔히 당신의 직관이 언제 개입할 것인지를 알려준다.

특히 개입이란 행위를 실례라고 생각하는 일부 나라에서는 당신이 개입하는 것을 무례하다고 생각될 정도로 개입할 필요는 없다는 것을 명심하기 바란다. 또한 고객들도 통상 본인이 이야기를 장황하게 하고 있을 때('내가 이야기를 주절거리고 있구나'라고 인식한다는 것을 기억하기 바란다) 코치가 이렇게 두서없이 이어지는 대화의 방향을 바꾸지 않고 내버려두게 되면 고객은 코칭 세션을 그저 이야기나 하는 시간으로 생각하게 되고, 머지않아 코칭에 만족하지 못하여 코칭 관계를 끝낼 준비를 할 수도 있다. 사실 고객도 "그리고 나서 저는요…"라든지 또는 "그 여자가 말하기를…"같이 시작되는 이야기를 하면서 코칭 시간을 허비하고 싶지는 않을 것이다. 어떤 고객은 당신이 무엇인가를 이야기하기 전까지 계속 이야기할 것이다. 좋은 고객이 되고 싶다는 생각과 완전하게 보이기 위해서 고객은 계속 이야기를 이어나간다. 한편으로는 코치가 끼어들어 그들을 구해주고 원래의 코칭 대화로 돌아갈 수 있도록 해줄 것을 기대하면서 말이다.

일반적으로 고객과 코칭 관계를 시작할 때 이러한 개입의 성격에 대해 미리 설명을 해주는 것이 가장 좋은 방법이다. 때로는 대화 중에 코치가 대화에 끼어들어 고객을 놀라게 할 수도 있다는 것을 설명해주도록 한다. 코칭 대화는 친구와 커피를 마시면서 나누는 잡담과는 다르다는 것도 설명하고, 코치는 대화 중에 개입이 필요하다고 판단되면 끼어들 수가 있으며 그것을 감정적으로 받아들이지 않도록 요청해야 한다. 또한 만일 그러한 코치의 개입이 고객의 기분을 상하게 했다면 알려달라고 요청을 하고, 필요하다면 두 사람이 그 사안에 대해 대화를 할 수 있도록 한다. 즉, 코치로서 반드시 고객의 허락을 받고 대화 중 적절해 보이는 시점에 개입을 하는 것이다.

아마도 당신은 아직도 개입하는 것은 "내 스타일이 아니야"라고 하면서 개입하는 것을 주저할 수도 있다. 여기서 반드시 명심해야 할 중요한 것이 있다. 즉, 당신이 개입하는 것은 코칭 주제를 모호하게 하고 흐릿하게 하면서 대화에 장애가 되는 고객의 이야기에 개입하는 것이지, 고객 자체에 개입하는 것이 아니라는 점이다. 당신은 진정으로 고객이 코칭 주제의 핵심으로 다가가도록 개입하기보다는 오히려 그저 공손하고 멋진 코치로 보이기를 원하는가? 다시 강조하건대, 코칭은 고객을 위한 것이지 코치를 위한 것이 아님을 명심하기 바란다. 그래서 배짱이 약한 코치에게 코칭이 적절치 않다고 말하는 것이다.

코치로서 당신이 해야 할 일은 당신의 어젠다와 에고를 내려놓고, 고객에게서 나오는 이야기에 집중하는 것이다. 그러나 코치가 대화에 책임을 질 필요가 있을 때가 있다. 바로 당신의 경험과 코칭 훈련으로 얻은 권위로 고객에게 도움을 줄 수 있을 때이다. 그런 시점에 망설이거나 멋지게 보이려고 하는 것은 고객에게 아무런 도움이 되지 못한다. 코치가 대화에 뛰어들어 이야기를 명확하게 하고, 강력한 요청을 하고, 강력한 도전을 하고, 말하기 어려운 진실을 이야기해야 할 순간이 있을 것이다. 엄격한 규칙이 있는 것이 아니어서 언제 끼어들 것인지에 대한 당신의 직관을 신뢰하는 것이 중요하다.

코치는 때로 코칭 질문으로 개입을 시도하기 전에 고객한테 많은 정보와 배경과 맥락을 듣는 것이 코칭에 필요할 것이라고 믿는다. 하지만 이것 때문에 개입에 실패한다. 물론, 전후 맥락을 파악하기 위해 고객의 이야기를 듣는 것이 때로는 중요하다. 또한 고객과의 코칭 관계를 위해서 코치가 고객의 이야기를 경청한다는 느낌을 고객이 갖도록 하는 것도 매우 중요하다. 그러나 코치는 고객 이야기에 경청을 잘하도록 훈련이 되어 있음을 전제로 한다. 대부분의 코치가 더 훈련해야 하는 것은 개입 스킬이다. 다시 말하지만, 개입 스킬은 불필요한 이야기를 끊을 수 있다. 그런 불필요한 이야기는 좀더 도전적인 이슈를 다루지 못하도록 고객이 쳐놓은 연막 스크린Smoke screen일 수 있다. 개입은 코칭의 핵심인 '실천과 학습'을 더욱 가속할 수 있는 스킬이다.

대화의 예

다음 대화는 관리자와 직속 부하 간의 대화이다.

A. 코칭 스킬을 잘 사용하지 못하는 경우

**고객** 메리에 대한 이야기예요. 그녀는 믿을 수 없을 정도로 모든 사안에 반대를 해요. 제가 동쪽으로 가자고 하면 "아니요, 서쪽으로 가야지요"라고 해요. 마감일을 맞추기 위해 "외부의 도움을 받아야 하지 않나요"라고 하면 "그것은 우리가 해야 할 일이에요. 저희 팀의 팀워크가 더 필요한 게 아닌가요?"라고 해요. 팀워크를 이야기해요! 더 이상 뻔뻔할 수가 없어요. 저는 반복해서 이야기했지요. 팀에 좀더 참여하라고요. 그러면 그 여자는 "저는 시간이 없어요. 이 팀을 운영하는 사람은 당신이 아닌가요?"라고 답을 해요. 당신도 알다시피 변명만 반복해요. 팀워크에 해를 끼치는 사람이에요.

**코치**  그런 사람과 일하는 것이 매우 좌절스러운 일이겠네요.

**고객**  예, 맞아요. 제가 그녀가 최근에 한 일에 대해 이야기했나요?

**코치**  같은 이야기이겠지요. 맞지요?

**고객**  물론이지요. 끝이 없어요. 어쩌고저쩌고….

## B. 코칭 스킬을 잘 사용하는 경우

**고객**  메리에 대한 이야기예요. 그녀는 믿을 수 없을 정도로 모든 사안에 반대를 해요. 제가 동쪽으로 가자고 하면 "아니요, 서쪽으로 가야지요"라고 해요. 마감일을 맞추기 위해 "외부의 도움을 받아야 하지 않나요"라고 하면 "그것은 우리가 해야 할 일이에요. 저희 팀의 팀워크가 더 필요한 게 아닌가요?"라고….

**코치**  끝이 안 보이는 전쟁 같네요.

**고객**  그렇지요.

**코치**  어떻게 하면 이런 끝이 없는 게임을 변화시킬 수 있을까요?

**고객** 뭐라고요? 무슨 뜻인지 잘 모르겠는데요.

**코치** 이런 악순환의 고리를 끊기 위해서 무엇이 필요할까요? 이 상황에 당신의 강점을 어떻게 활용할 수 있을까요?

**고객** 아, 그래요. 재미있는 질문이네요. 음, 연민이라는 말이 생각나네요. 그게 제가 갖고 있는 큰 가치 중 하나예요.

**코치** 연민의 정을 느낀다는 것이 그녀와의 전쟁을 끝내는 데 어떻게 도움이 될까요?

## 불쑥 내뱉기

불쑥 내뱉기Blurting의 중요성에 대해 앞에서 다룬 적이 있다. 이상하게 들릴지 모르지만, 불쑥 내뱉기는 개발할 가치가 있는 스킬이다. 우리 대부분은 어떤 사안에 대해 분석하고, 그것이 무엇을 의미하는지를 알아보는 데 시간을 많이 쓰기 때문에 행동으로 옮길 수 있는 기회를 놓치곤 한다.

코칭에서 실제로 불쑥 내뱉기는 고객으로 하여금 일을 먼저 정리하지 않고 곧바로 혼란스러운 문제로 뛰어들도록 도와준다. 좀 서툴러 보인다 하더라도 다이빙을 하듯 문제에 그냥 뛰어드는 것이 더 좋다. 이렇게 하는 것이 세련되게 보이고, 전문가로 보이고, 언제나 스스로를 절제하고 있는 것처럼 보이는 것보다 오히려 고객과의 신뢰를 쌓는 데 도움이 된다. 서툴러 보이고 정돈되어 보이지 않는 코치의 모습이 더욱 인간적이고 진정성 있게 보이기도 한다. 당신이 좋게 보일 필요가 없다면 고객도 좋게 보일 필요가 없다. 예를 들면, 코치로서 이렇게 말할 수 있다. "음, 여기서 어떤 말을 해야 할지 잘 모르겠는데요. 그러나 이런 것이 아닐까요?" 또는 "1분 동안 제가 큰 소리로 말하게 해주실래요? 제가 여기서 무슨 말을 하고 싶은지 정확히 모르겠네요."

## 고객과 그들의 직관

코치가 직관을 이용해서 코칭하는 것을 보면서 고객 본인도 자신의 직관을 실험해보고자 한다는 것은 특기할 만한 가치가 있다. 사실 고객이 코칭 원칙, 5대 코칭 구성요소, 코칭 스킬을 배운다는 것은 자신에게 매우 유익한 일일 수 있다. 예를 들어, 고객이 2단계, 3단계 경청에 능숙해지면 직장이나 가정에서 보다 효과적인 관계를 만들어갈 수 있는 기회를 갖게 된다. 그들의 삶에서 명료화 스킬과 통합적 시각을 배우는 것은 엄청 유익할 것이다.

고객에게 직관을 활용할 수 있는 방법을 가르치려면 다음과 같은 질문을 해보라. "단순히 시간을 갖고 본인의 직관을 느끼고 그것을 활용해보세요"라고 말이다. 직관에 접근하는 데 익숙하지 않은 고객에게는 그냥 실험해보고 활용해보라고 하고, 그것을 "제대로 활용해야지"라는 생각에 집착하지 말라고 해보라. 그리고 고객으로 하여금 직관을 활용하다 보면 외부의 회의적인 소리뿐만 아니라 내면의 회의적인 소리도 만날 수 있음을 미리 말해두어라.

## 1. 직관

직관은 우리가 어떤 질문에 대답을 하는 데 도움을 주는 여섯 번째 감각이다. 때때로 질문은 명백하게 주어지기도 하지만, 때로는 대화 배경의 한 부분일 수도 있다. 코칭에서는 고객의 삶에 대한 질문이 항상 있게 마련이다.

직관을 실습해보기 위해 잠시 동안 방해를 받지 않을 수 있는 장소에서 친구나 동료를 만나보라. 그 사람에게 자신의 인생에 대한 일련의 호기심 어린 질문을 적어보라고 하라. 그리고 다른 사람에게 질문 중 하나를 선택하게 하고 반복해서 그 질문을 크게 읽어달라고 하라. 각 질문 사이에 약간의 시간 간격을 두고 한 번 이상 읽으라고 하라. 그리고 여러분은 약 3~5분 동안 대화를 하지 말고 그 질문에 집중하라. 당신의 목표는 그 질문에 집중력을 높임으로써 당신의 직관이 제기하는 모든 것에 마음의 문을 여는 것이다. 시간이 끝나면 상대방에게 마음속에 일어난 모든 것에 대해 이야기하라. 예를 들어, 이런저런 생각, 느낌, 시각적 이미지, 소리, 냄새, 촉감 등 지각할 수 있었던 모든 것과 그 밖에 당신이 느낀 것이나 당신의 주의를 산만하게 한 모든 것을 이야기하라. 당신의 직관을 통해 느낀 것 중 어떤 것은 상대방에게 분명히 연관성이 있을 것이다. 그런 직관적 연관성을 발견하는 순간 그것이 무엇인지를 물어보고 더 큰 자각을 위한 탐색을 해나가라.

다르게 시도해볼 수도 있다. 상대방으로 하여금 종이에 질문을 쓰게 한 후 볼 수 없도록 접게 하라. 그리고 당신이 그 종이들 중 하나를 선택하고 역시 질문이 보이지 않도록 하라. 그다음에는 당신이 그 질문을 소리 내 읽지 못했다고 하더라도 선택한 질문에 약 3~5분 동안 집중하라. 다시 당신의 직관으로부터 떠오르는 것을 그대로 말하라. 그러고는 질문을 읽고 상대방에게 의견을 말해보라고 하라. 어느 부분에 연관성이 있었는가? 직관이 당신을 어디로 이끄는가?

## 2. 개입

친구와 마주 앉은 다음, 개입 스킬을 훈련하기 위해 그가 이야기하는 동안 대화를 차단할 것이라고 알려주어라. 그리고 친구에게 자신의 삶에서 가장 의미 있었던 시절의 이야기를 하게 하라. 학교 다닐 때 겪었던 배움에 대한 이야기이거나 최고의 친구를 만났던 이야기일 수도 있다. 친구에게 가능한 길게 이야기할 수 있는 것을 고르도록 하라. 당신의 친구가 이야기를 하는 동안, 당신이 할 일은 코칭 스킬을 이용해 끼어들며 이야기의 진행 방향을 바꾸는 것이다.

- "그 이야기가 너에게 무슨 의미가 있어?"라고 친구에게 대화를 요약해 달라고 요청하라.
- "그것을 통해 무엇을 배웠어?"같이 도발적인 질문을 하면서 대화를 차단하라. 이것은 더 많은 정보를 얻기 위한 질문은 아니다.
- 대화 순간에 이야기를 분명히 하는 스킬인 진행상황 명료화AWGO를 이

용해서 이야기를 차단하라.

- 요청을 하면서 차단하라.
- "내가 여기서 끼어들어야겠는데…"라고 말하며 이야기를 차단하겠다는 의지를 보이면서 개입하라.
- "미안하지만, 너는 그저…" 또는 "물어볼 것이 있어"와 같은 문장을 사용해서 차단하라.

# 5장
# 호기심

코칭의 5대 구성요소 중 하나인 호기심은 코칭 프로세스를 시작하게 하는 질적인 요소이며 코칭 프로세스를 지속하게 하는 에너지원이다. 가장 효과적인 코치는 본래 호기심이 많이 있으며 고객의 마음의 문과 창문을 열 수 있는 형태로 그들의 호기심을 개발한다. 진심으로 호기심을 갖고 있고, 대화 중 나타나는 모든 것에 자연스럽게 대처하는 것이 바로 코액티브 코칭 관계의 핵심이다.


## 다른 식으로 질문하기

호기심은 질문으로 시작된다. 질문은 우리로 하여금 자동적으로 뭔가를 찾도록 한다는 점에서 흥미롭다. 예를 들어, 만일 당신이 "오늘 밖이 추운가요, 더운가요?"라는 질문을 읽게 되면, 즉시 여러분이 살고 있는 지역의 날씨를 생각하게 된다. 우리는 이렇게 질문에 조건반사적인 반응을 한다. 질문은 거의 언제나 우리를 질문이 제시하는 방향으로 나아가게 하고 질문에 답을 찾도록 한다. 단순하게 질문을 하는 것만으로도 대화의 초점이 이동하게 된다. 호기심을 갖는 것도 이와 똑같은 효과가 있다. 코치는 자연스럽게 코치와 고객이 호기심을 갖게 되는 그런 것들(고객이 가장 열심히 하는 것이나 매일 하지 못하도록 방해하는 것들)에 고객의 주의를 끌어당긴다. 그러나 고객 삶의 이러한 측면에 호기심을 갖는다는 것은 정보를 수집하는 것과는 다르다. 호기심은 발견의 다른 형태이다.

우리는 학교에서 대답을 추론할 수 있는 구체적인 질문을 함으로써 정보를 수집할 수 있다는 사실을 훈련받아왔다. 질문은 구체적인 답(사실상 올바른 답)을 갖고 있다는 것도 배웠다. 심지어 주관식 질문에도 구체적이고, 실질적이고, 측정 가능한 답이 있다고 배웠다. 또한 질문이 가능성을 좁혀가는 데 사용될 수 있다고도 배웠다. 바로 이것이 연역적 방법론이다. 우리는 빈칸을 채우는 법을 배웠고 올바른 답을 찾아내는 능력을 점수로 평가받는 법도 배웠다.

고객의 정보를 수집하는 통상적인 질문과 개인적 탐구를 가능하게 하는 호기심 어린 질문 사이에는 엄청난 차이가 있다. 다음 예문들이 이러한 둘 사이의 차이를 설명해준다.


정보를 수집하는 질문Information gathering question
• 당신은 보고서에 어떤 주제를 넣을 것인가요?

- 매주 어느 정도의 운동이 필요한가요?
- 어떤 훈련 방법이 있나요?

### 호기심 어린 질문 Curious question

- 이 보고서를 끝내는 것이 당신에게는 무슨 의미인가요?
- 당신에게 '건강한 몸'이란 어떤 모습인가요?
- 현재 알지 못하는 것에 대해 알고 싶어 하는 것은 무엇인가요?

그리고 정보를 수집하는 질문 중 가장 치명적인 질문은 "예"나 "아니요"를 요구하는 닫힌 질문이다. 이러한 질문은 대화 도중에 갑자기 커다란 '정지 Stop' 신호를 드는 것과 같다. 길이 불시에 끝나고 코치는 처음부터 다시 시작해야 한다. 그러나 호기심 어린 질문은 열려있다. 그런 열린 질문은 고객으로 하여금 생각의 여행을 떠나게 해주고 갑작스러운 '정지'를 피할 때 자주 인용된다. 아래 예문들이 끌어낼 수 있는 답변의 차이를 느껴보기 바란다.

### 닫힌 질문 Closed question

- 이것이 당신에게 효과적인 전략인가요?
- 여기에서 더 배울 것이 있나요?
- 당신은 두 가지 선택 중에 막혀 있는 것 같네요. 사실인가요?

### 열린 질문 Open question

- 이 전략을 효과적으로 만들려면 무엇이 필요한가요?

- 이번 경험에서 배움을 배가시키려면 어떻게 해야 하나요?
- 당신 앞에 놓인 두 가지 선택 이외에 당신이 선택할 수 있는 것이 무엇인가요?

닫힌 질문의 다른 형태로 '유도신문Leading question'이 있다. 유도신문은 올바른 답이 있고, 그 결론이 이미 질문 속에 녹아 있다는 것을 암시하는 질문이다. 유도신문은 진정한 선택의 여지를 남겨두지 않는다. 그런 질문은 학생이 선생님에게 찾고 있는 답을 도출해내도록 상당히 압박하는 질문이다.

## 호기심의 가치

코칭에서 가장 이상적인 것은 호기심 어린 마음을 갖고 진정으로 호기심 어린 질문을 하는 것이다. 호기심이 많은 코치는 모든 해답을 갖고 있을 필요가 없다. 당신이 호기심을 느낄 때는 더 이상 전문가의 영역에 있을 필요가 없다. 대신 당신은 그저 고객과 함께 고객에게 무슨 일이 일어나고 있는지를 알아보려고만 하면 된다. 당신은 고객과 함께 그들의 세계를 탐험하는 것이지 그들의 세계에 당신의 세계를 덧붙이는 것이 아니다. 그것은 호기심이 많은 어린아이의 눈을 통해 그들의 세계를 들여다보는 것과 같다.

컨설턴트라면 당신은 정보를 수집해서 고객에게 적절한 제안을 할 수 있다. 컨설턴트는 전문성을 갖고 있어서 수집한 정보를 이용해 고객이 다음에 어디로 가야 하는지를 결정해준다. 컨설턴트는 자재를 이용해서 무엇인가를 건설하도록 고용된 건설 현장의 건설업자와 같다. 이와는 대조적으로 코액티브 코칭에서의 코치는 호기심을 갖고 있는 사람이다. 코치는 건설 경험과 전문성을 겸비하고 있는 조력자로, 이미 그곳에 있는 자재를 이용해서 무엇인가를 건설하는 사람이다. 모든 정보는 고객 내부에 있는 것이다. 코치의 호기심은 고객으로 하여금 스스로를 더 탐구하고 발견할 수 있게 한다. 호기심은 보다 유연해서 더 폭넓은 가능성을 열게 해준다. 또한 호기심은 고객으로 하여금 해답을 찾도록 인도해준다. 코액티브 코치는 고객이 적절한 답을 알고 있으며 그 답을 도출해낼 수 있는 내적 자원들을 갖고 있다고 전제한다.

고객은 코치에게 있는 답을 찾는 것이 아니라 그들 자신 안에 있는 답을 찾음으로써 더욱 내적 잠재력이 풍부한 사람이 된다. 스스로 답을 찾는 것은 그 과정에서 중요한 학습이 일어나기 때문에 매우 에너지가 넘치는 효과 있는 일이다. 호기심은 어떤 것을 탐색하도록 만들고, 탐색을 정의하고, 탐색의 방향을 제시해준다.

그러나 학습을 만들어내는 것은 탐험이다. 그런 학습은 고객의 내부로부터 도출된 것이어서 오래 지속되는 배움이다. 올바르거나 순전히 사실적인 답을 시사하는 질문으로 우리는 내면의 파일을 뒤져서 최적의 답을 찾게 된다. 호기심을 갖게 되면 우리는 탐구하고, 발견하고, 깊이 파헤치고, 사색하고, 성찰하는 경험을 하게 된다. 이러한 학습이 고객을 지속적인 변화와 성장으로 이끌어주는 것이다.

## 관계 구축하기

진심에서 우러나온 호기심은 강력한 관계를 구축하는 데도 도움을 준다. 이것은 코칭에서 매우 가치 있는 호기심의 다른 측면이다. 예를 들어, 디너파티에서 옆에 앉은 낯선 사람이 당신의 삶, 당신의 일, 당신의 관심사, 당신을 움직이게 하는 것, 당신을 화나게 하는 것과 같이 당신에 관해 끝이 없는 호기심을 갖고 있다고 상상해보라. 이와 같은 호기심은 당신을 우쭐하게 할 수도 있지만 고무적이다. 그런 호기심은 당신이 자연스럽게 당신 자신에 대해 많은 것을 드러내게 하여, 힘들이지 않고 관계를 구축하게 한다. 다시 한 번 동일한 디너파티에서 동일한 낯선 사람이 질문을 한다고 상상해보라. 그러나 이번에는 호기심이 없이 그저 질문만 한다고 상상해보라. 그것은 예비 시어머니가 심문조로 질문하는 것과 같을 것이다. 질문은 똑같다 하더라도 정황은 매우 다를 것이다. 호기심은 관계를 구축하지만 심문은 상대방으로 하여금 방어태세를 갖추도록 한다. 코칭 관계에서 안전한 탐색을 허용하는 한 호기심은 고객으로 하여금 스스로를 탐구하고 드러내도록 해준다.

## 호기심으로 길 찾아가기

코치가 하는 질문은 탐구를 위한 방향을 제시해준다. 고객의 주의는 자연적으로 그 방향으로 기울게 된다. 새로운 질문을 통해 코치는 고객이 길을 따라가면서 추가적인 탐구를 하도록 격려하고, 또는 가는 길을 변경하게도 한다. 이때, 호기심이 탐구의 길을 찾아가는 것을 도와준다. 코칭에서는 호기심을 두 가지 측면으로 이야기한다. 하나는 특정한 길이나 목적지에 집착해서는 안 된다는 것이고, 다른 하나는 의도적으로 의미를 찾고, 중요한 통찰을 발견해내고, 고객을 위한 학습을 발견해야 한다는 것이다. 호기심은 목적 없이 배회하는 것이 아니다.

여기에서 다음과 같은 사실을 강조하고자 한다. 우리는 고객의 발견과 의사결정을 도와주기 위해 호기심을 이야기하고 있는 것이지, 코치 자신의 발견이나 문제해결을 위해 호기심을 이야기하고 있는 것은 아니다. 이것은 중요한 차이이고 선명하게 구분되어야 한다. 물론, 코치가 고객과 협의 중인 이슈와 고객의 욕구를 이해하기 위해서 고객의 정보를 수집하고 배경을 이해하는 것은 중요하다. 그러나 실제로 코치는 본인이 필요하다고 생각하는 것보다는 통상 훨씬 적은 양의 정보를 필요로 한다. 특히, 배경에 관한 정보인 경우는 더욱 그렇다. 코치는 고객의 일이 어떻게 그렇게 되었는지 거의 알 필요가 없으며 또한 문제를 풀기 위해서 자세한 정보를 알 필요도 없다. 고객이 이런 사실을 알 필요가 있으며 코치는 고객의 발견과 학습을 안내할 때 고객에게 가장 큰 도움이 될 수 있다.

## 호기심이란 재능 개발하기

경청과 직관처럼 호기심도 재능이다. 어떤 사람들은 다른 사람들보다 태어날 때부터 더 강한 호기심을 갖고 있는 경우가 있다. 그러나 경청과 직관처럼 호기심도 훈련을 통해 개발될 수 있다.

첫 번째 단계는 '주의'를 기울이는 것이다. 즉, 단순히 호기심을 갖도록 주의를 기울이는 것이다. 우리는 질문하기 전에 답을 알아야 한다는 느낌에 너무 익숙해져 있다. 때때로 우리는 답을 알지 못하고 질문을 하는 것이 거의 불가능하다고도 생각한다. 그러나 코칭에서는 전문가가 하는 것과 같은 질문을 해서는 안 된다는 것을 알아야 한다. 전문가들은 차후에 사용하기 위해 선별하고, 분석하고, 분류하겠다는 의도로 질문을 하기 때문이다. 코치는 단순히 호기심에서 질문하는 것이다.

코치가 '정확한' 답을 마음속에 갖고 있으면서 질문을 하면 고객은 이를 알아차린다. 이런 경우 고객은 두 개의 선택이 있다고 느낀다. 하나는 그 질문에 답하기를 거절하는 것이고 다른 하나는 코치가 찾고 있는 답을 찾으려고 하는 것이다. 고객은 또한 질문이 호기심에서 나온 것인지 아닌지도 알아차린다. 그들은 자신 안에 있는 답을 찾기 위해 코치가 질문을 하고 있다는 것을 알게 된다.

호기심을 개발할 수 있는 하나의 방법은 질문을 하기 전에 "저는 궁금한 것이 있는데요"라는 표현을 이용하는 것이다. 그러한 표현이 탐구의 속성을 어떻게 변화시키는지 주목해보기 바란다. 또한 그러한 표현이 탐구의 프로세스를 어떻게 고객 쪽으로 전환시키는지, 동시에 통상 답을 도출할 때 수반하는 위험을 어떻게 줄이는지도 살펴보기 바란다. 고객은 처음에는 "저도 몰라요"라고 하지만 결국에는 답변을 한다. 호기심에는 장난스러운 면도 있다. 또한 그 답이 고객이 한 것이므로 대화 중에 도출된 답은 언제나 옳다는 무조건적인 생각도 있다. 이렇다고 해서 코치가 그 답에 대해 문제제기를 할 수 없는 것은 아니다. 그러나 그 답은 코치의 것이 아니고 고객의 것이므로 옳다고 할 수 있다. 물론, 그 답도 추가적인 코칭을 받을 수 있는 여지는 남아 있는 것이다. 당신이 고객에게 "판촉전화 건은 어떻게 되고 있나요?"라고 질문을 하면 고객은 "하루에 네 번씩 하고 있는 것에 만족합니다"라고 답을 한다. 그러면 당신은 "처음 계획은 여덟 번이었는데요. 무슨 일이지요?"라고 질문할 수 있다.

호기심을 적용하는 다른 방법은 3단계 경청 스킬을 이용해서 고객의 답변에 에너지의 전환Energy shifts이 일어나는지를 주의 깊게 알아보는 것이다. 만일 당신의 감각 레이더가 고객이 주저하고 있다는 것을 감지하면, 그것에 대해 호기심을 가져보라. 분노나 저항을 감지하면 그것들에 대해 질문을 해보라. 고객과의 대화에서 말의 속도 등에 변화가 있는지를 호기심을 갖고 살펴봐라. 예를 들어, 활력이 더 넘치는지, 농담을 더 하는지, 더 많이 웃는지를 보는 것이다. 이러한 단서들을 신호로 해서 당신의 호기심을 가동하고 직관의 스위치를 켜보라.

## 호기심을 코칭에 이용하기

어떤 점에서 호기심은 다른 사람들을 도와주는 직업을 가진 모든 사람들이 공통적으로 사용하는 스킬 중 하나이다. 호기심은 보다 정보의 깊은 근원에 접근하는 것을 가능하게 해주기 때문에 코칭에서는 특히 더 중요하다. 데이터에 대한 질문은 분석, 이유, 논리적 근거, 설명을 요구하게 된다. 이와는 반대로 호기심에서 하는 질문은 느낌Feeling과 동기Motivation에 대한 좀더 깊이 있는, 좀더 진실한 정보를 얻을 수 있게 한다. 호기심을 통해 얻은 정보는 조금 덜 걸러지고, 조금 덜 가공되고, 조금 더 엉성할 수 있다. 하지만 그러한 정보가 더 진실할 수 있다.

코치는 고객과의 첫 만남에서부터 호기심을 표현하게 된다. 아마도 고객과 그들의 가치, 그들이 중요하게 생각하는 것, 그들의 삶에서 잘 돌아가는 것과 잘 돌아가지 않는 것 등에 대한 코치의 솔직한 호기심만큼 예비 고객을 코칭으로 끌어들일 수 있는 것은 없을 것이다. 물론, 호기심은 진행되고 있는 코칭 세션에서도 필요한 것이다. 그것은 고객이 해답을 알고 있다는 전제하에 새로운 답과 탐색할 새로운 영역을 발견하는 수단이기도 하다. 코치가 답을 알 필요는 없다. 코치가 해야 할 일은 호기심을 갖는 것이다.

**대화의 예**

**코치** 저는 고객님이 운동으로 살을 빼고 싶다고 계속 이야기하는 것을 알아요. 방금 같은 이야기를 또 하셨고요. 그러나 매주 아무것도 하지 않는 것으로 보여요. 무엇이 고객님을 방해하고 있는지 궁금합니다.

**고객** 분명히 시간이 큰 문제예요. 지난 몇 달간 저의 스케줄이 어떠했는지를 아시잖아요.

**코치** 예, 고객님이 바쁜 것은 압니다만, 잠시 뒤로 물러서서 볼까요? 운동해서 살을 빼는 것이 그렇게 중요하지 않나요?

**고객** 제가 그것에 개의치 않고 체육관에 다시는 가지 않겠다고 결정할 수 있을 거라고 생각하시는 거예요?

**코치** 그렇게 생각할 수 있겠네요. 그런데 무슨 뜻이지요?

**고객** 저는 체육관에 가기 싫습니다. 냄새도 싫고요. 다른 사람과 비교되는 것도 싫습니다.

**코치** 고객님에게는 무엇이 중요한가요?

**고객** 제 건강이 중요하지요. 제 아버지는 과체중이셨고, 68세에 돌아가셨어요.

**코치** 잠시 고객님이 본인이 원하는 건강한 모습을 이루었다고 상상해 보시겠어요? 어떤 느낌이 드시나요?

**고객** 기분이 매우 좋습니다.

**코치** 운동을 하기 위해 고객님에게 잘 맞는 것은 무엇일까요?

**고객** 저에게 잘 맞는 거요? 이전에 잘 맞는 것이 있었는데요. 운동을 함께 할 친구를 갖는 것입니다. 저와 함께 운동할 사람요.

**코치** 어떻게 하면 그렇게 할 수 있을까요?

**고객** 점심시간에 운동하는 것에 관심이 있는 사람을 회사 내에서 찾을 수 있을 것이라고 확신해요. 회사 게시판에 공지를 해야겠네요.

## 코칭 스킬

다음 단락에서 설명하는 두 스킬은 호기심이 만들어낼 수 있는 정황을 보여주는 가장 이상적인 사례들이다. 이 두 가지 스킬은 고객으로 하여금 새로운 발견을 할 수 있도록 도와주는 도발적이고 열려 있는 질문을 포함하고 있다. 이 스킬은 호기심의 핵심적인 기능을 더 강화시켜준다. 또한 더 많은 정보를 얻기 위한 것이 아니고 고객으로 하여금 그들의 마음뿐만 아니라 가슴, 영혼과 직관을 이용해서 그들을 익숙하지만 새로운 시각으로 볼 수 있는 곳으로 이끌거나, 이전에 탐색해보지 못한 곳으로 이끌어주는 스킬이다.

### 강력한 질문

특정한 형태의 호기심은 소위 우리가 '강력한 질문'이라고 부르는 형식으로 나타난다. 말하기보다 질문하는 것이 코액티브 코칭의 기본이고, 강력한 질문이 그 토대를 이룬다. 무엇보다도 당신이 질문을 강력하게 만드는 것이 무엇인지를 이해하게 되면 그 이유를 알 수 있을 것이다. 어떤 사람이 당신에게 질문을 할 때, 특히 개인적인 질문을 할 때 그것은 당신으로 하여금 답을 찾기 위해 특정한 방향으로 나아가도록 한다.

만약 코치가 이렇게 질문을 한다고 해보자. "당신이 중요한 프로젝트를 수행하고 있을 때, 당신이 지속적으로 프로젝트의 성공적인 완료를 방해할 수 있는 행동을 한다면 그게 무엇인가요?" 이 질문은 고객으로 하여금 어떤 특정한 방향으로 생각을 하도록 한다. 또는 누군가가 "세계의 열대우림을 보호해야 할 이론적 근거가 무엇인가요?"라고 묻는다면, 어떤 사람들은 열대우림 지도를 보았던 기억을 회상해볼지도 모르고, 어떤 사람들은 열대우림의 이미지를 생각해보거나 열대우림을 방문했던 경험을 기억해볼지도 모른다. 어떤 사람들은 그 질문을 환경적인 관점에서 바라보거나 열대우림의 이슈에 대해 그들이 읽었던 기사를 떠올릴 수도 있다. 이런 간단한 질문이 모든 사람을 어딘가의 생각의 장소로 데려다주는 것처럼 보인다.

질문을 나침반이 가리키는 방위라고 생각해보라. 결국 강력한 질문을 한다는 것은 고객을 특정한 목적지로 떠나게 하는 것이 아니고 잠재적 발견과 신비로 가득한 방향으로 안내하는 것과 같다. 강력한 질문은 고객의 성찰을 이끌어내고, 추가적인 해법을 제시해주고, 고객을 커다란 창의성과 통찰력으로 이끌어준다. 고객으로 하여금 내면을 들여다보도록 하거나("고객께서 진심으로 원하는 것이 무엇인가요?") 미래를 주시하도록 한다.("6개월 이후의 오늘이라고 생각해보세요. 어떤 결정을 내리시겠습니까?") 강력한 질문은 고객의 생각을 확장시켜주고 고객을 위한 미래의 전망을 크게 열어준다.

강력한 질문은 사람들로 하여금 가던 길을 멈추게 하는 경향이 있어 자주 갑작스러운 침묵이 일어나기도 한다. 고객으로 하여금 곰곰이 생각해보고 답변할 수 있는 시간을 주어야 한다. 그런데 마치 그 침묵을 그냥 아무 의미 없는 빈 시간인 것으로 생각해서 그 순간적인 침묵의 공간을 메우려 하거나, 고객이 질문을 제대로 이해하지 못했다고 생각하는 유혹에 빠지기도 한다. 사실, 그런 침묵의 순간은 발견을 위한 사색의 시간일 수가 있는데도 말이다. 그저 들어주고 기다려라. 고객은 그들이 알고 있는 것과 이미 생각해본 것에 대해 이야기하는 데 익숙하지, 이전에 가보지 못한 곳으로 데려다주는 정말 강력하고 도발적인 질문을 하는 사람들에게는 익숙하지 않다. 여러분이 강력한 질문을 하고 있는지는 고객이 답을 준비하기 위해 사려 깊은 생각을 하고 있는가를 보면 알 수 있다. 실제로 전체 코칭 세션을 강력한 질문만으로 진행하는 것도 가능하다.(다음 웹사이트에 가면 여러분에게 도움이 되는 다양한 종류의 강력한 질문들을 참조할 수 있다. www.coactive.com/toolkit)

고객  저는 일터에서 그냥 행복하지 않아요.

코치  "행복하지 않아요"라는 것이 무슨 뜻인가요?

고객  일이 지루하고, 제가 하는 일이 의미 있다고 느껴지지 않아요.

코치  우선 '지루하다'는 것에 대해 이야기하기로 하지요. 그것이 싫다는 것이지요? 그러면 고객님이 원하는 것은 무엇인가요?

고객  저는 흥분된 마음으로 아침에 일어나고 싶어요. 좀더 창의적이고도 싶고요. 에너지 그리고 동료들과의 협업이 그리워요.

코치  그렇다면 일터에서 어떻게 해야 그것이 가능할까요?

고객  잘 모르겠어요. 저는 그것이 가능하다고 생각해본 적이 없습니다.

코치  고객님은 할 수 있습니다. 한번 해보세요. 무엇이 가능할까요?

### 강력한 질문의 활용

코칭에서 강력한 질문은 코치와 고객 사이의 초기 발견 세션부터 마지막 코칭 세션까지 언제나 필요한 것이다. 강력한 질문을 강력하게 사용하기 위해 코치는 우리가 앞에서 다루었던 개입 스킬을 활용할 수 있어야 한다. 어떤 상황에서는 틈이 날 때까지 기다려서는 안되고 비집고 들어가야 한다. 예를 들어, 당신의 고객이 반복해서 또이렇게 불평을 하기 시작한다고 하자. "아, 제 작업 환경에서는 제가원하는 것을 이루기가 불가능해요. 그리고 무엇인가를 바꾸기에는제가 너무나 무기력해요"라고 말이다. 코치인 당신은 즉각 이런 불평이 상습적인 버릇이라는 것을 알아차린다. 그래서 그 여자가 잠시 숨을 고르는 동안 이렇게 질문을 한다. "고객께서 참고 지내는 것이 무엇인가요?" 또는 "이렇게 함으로써 고객이 얻을 수 있는 것은 무엇인가요?" 또는 "이것을 가능하게 할 수 있는 다른 방법이 있을까요?" 강력한 질문을 하기 위해서 코치는 고객을 위해 호기심을 많이 가져야 하고, 매우 용감해야 한다. 그리고 코치는 고객이 더 어렵고 직설적인 질문이라도 다룰 수 있는 수단을 갖고 있다고 생각해야 한다.

### 강력한 질문과 당혹스러운 질문

때때로 가장 강력한 질문은 가장 당혹스럽게 들릴 때가 있다. 간결하면서도 심오하게 들리는 그런 질문들이다. 그런 질문은 레이더망을 피해서 고객에게 다가간다. 고객은 원래 복잡한 공격을 방어하는 데는 훈련이 매우 잘되어 있다. 설명을 하고 자기합리화를 하는 데 능숙하다. 그러나 당혹스러운 질문Dumb question은 이런 모든 상황에도 불구하고 폭탄처럼 고객에게 던져진다. 다음과 같은 상황을 상상해보자. 당신의 고객이 자신의 성공을 제한하는 것들과 이 사람 저 사람에게서 협조받는 것의 어려움에 대해 이런저런 변명을 하면서 왜 현재 상황이 그렇게 복잡한지를 설명할 수 있는 완벽하게 짜인 시나리오를 갖고 있다고 하자. 대화 도중 당신이 이렇게 질문을 한다. "그럼 고객이 진정으로 원하는 것은 무엇인가요?" 순간 고객은 '쾅' 하고 폭탄을 맞은 것처럼 멈칫하게 된다. 당신은 논리적 근거로 더 시험해볼 수도 있었을 것이고, 관점을 확장하는 방법도 찾아볼 수 있었을 것이고, 다른 식으로 표면을 벗겨내는 작업을 했을 수도 있다. 그러나 가장 간결한 질문, 당혹스럽게 하는 질문이 문제의 핵심에 접근하게 만든다.

여기 당혹스럽게 하는 질문 몇 가지를 예로 들었다.

- 고객이 원하는 것은 어떤 모습인가요?
- 다음은 무엇인가요?
- 그것과 관련하여 무엇이 중요한가요?
- 그 밖에 또 무엇이 있을까요?
- 무엇을 배웠나요?
- 무엇을 할 것이며 언제 할 것인가요?
- 어떤 사람이 되어야 한다고 생각하나요?

어떤 때는 당신의 질문이 너무 당혹스러워 보여서 질문하기에는 어렵겠다고 생각한 적도 있을 것이다. 그러나 그렇게 생각하지 말고 그냥 질문하라. 당신 자신을 놀라게 하라. 당신이 원하는 답을 얻는다 하더라도 질문을 하는 이유는 당신이 답을 듣기 위한 것이 아니라, 고객이 스스로의 답을 듣고 그것을 통해 학습을 하기 위한 것임을 기억하기 바란다. 당혹스러운 질문을 하는 이유는 고객으로 하여금 진실, 새로운 발견 또는 그들이 스스로에게 계속해서 해왔던 거짓말 같은 것을 스스로 듣도록 하기 위함이다. 그것은 강조하는 것과 같은 것이다. 질문을 하는 것은 고객이 행동을 하기 전에 고객의 학습을 강화시켜주는 것이다.

## 그렇게 강력하지 않은 질문과 예외

"어떻게 하면 질문을 강력하게 만들 수 있을까"라는 질문에 가장 좋은 답은 질문은 간결하면 간결할수록, 직선적이면 직선적일수록 더 좋다는 것이다. 복합적이고 복잡한 질문은 고객으로 하여금 답변을 하기 전에 우선 그 질문의 핵심을 생각하게 한다. 그래서 그들은 그것을 생각해내려 하다가 그만 길을 잃어버리게 된다. 강력한 질문이 강력한 이유는 이슈의 핵심으로 곧바로 접근할 수 있도록 하기 때문이다. 짧을수록 좋은 것이다.

"예" "아니요"라는 대답을 요구하는 닫힌 질문은 통상 갑자기 길이 끝나버리는 비좁은 터널로 고객을 인도한다. 더 이상 탐색을 할 깊이가 없는 질문이어서 우리는 닫힌 질문을 가능한 피하라고 하는 것이다.

이런 질문을 생각해보라. "모험이 당신에게 중요한가요?" 이 질문에 대한 답은 "예" "아니요" "매우" "때때로" 중 하나일 것이다. 다음 질문과 비교해보라. "당신은 당신 삶의 어느 부분에서 보다 많은 모험을 원하나요?" 예, 아니요 질문에도 예외가 있다는 것을 이해하기 바란다. 때로 코치는 명확하게 하기 위해 질문을 한다. 위 첫 번째 질문에서 코치는 모험이 고객의 가치인지 아닌지를 물어보려고 그렇게 질문할 수 있다. 코치와 고객이 같은 생각을 하고 있는지를 확실히 할 필요가 있기 때문이다.

'왜Why'로 시작하는 질문도 강력한 질문이 아닌 예이다. 왜냐하면 그런 질문은 고객으로 하여금 설명이나 분석을 하도록 하기 때문이다. "왜 당신은 델라웨어로 이사할 것을 결정했나요?"처럼 말이다.

'왜'로 시작하는 질문은 의도하지 않았다 하더라도 자주 고객을 방어적으로 만든다. 그런 질문을 받으면 고객은 그들의 결정이나 관점에 대해 설명하거나 정당화해야 한다고 느끼게 된다. 이와 같은 상황에서의 좀더 강력한 질문은 다음과 같을 수 있다. "어느 쪽으로 이사를 하려고 하시나요?" "어떤 동기로 이번 이사를 델라웨어로 가기로 하였나요?"

우리가 '예, 아니요' 또는 '왜' 질문의 이런 부정적 경향을 지적하는 것은 당신이 절대로 그러한 질문을 하지 않을 것을 원칙으로 하라는 것이 아니라, 당신이 하는 질문이 가져올 수 있는 영향에 주의를 기울이라는 것이다. 예를 들어, 다음의 '예, 아니요, 왜' 질문들은 강력할 수 있다. "분석을 그만하고 이제는 행동할 때입니다. 그렇지 않나요?" "왜 그에게 예라고 말을 해서 자신과의 약속을 어기시나요?" 상황에 맞게 잘 활용하면 '예, 아니요' 또는 '왜' 질문도 고객에게 극적인 효과를 가져다줄 수 있다. 왜냐하면 그런 질문들은 고객으로 하여금 자신의 약속을 지키도록 하기 때문이다.


### 성찰질문

성찰질문Homework inquiry은 또 다른 특별한 질문의 하나이다. 표현상으로 보면 강력한 질문과 거의 같은 것이다. 차이점이 있다면 성찰질문은 보통 코칭 세션의 말미에 주어지는 것으로, 고객으로 하여금 코칭 세션 이후에 충분한 시간을 갖고 지속적으로 탐색과 성찰을 하게 한다는 것이다. 예를 들어, 여러분의 고객이 돈 문제로 고민하고 있다고 하자. 그래서 고객은 일을 더욱 많이 하게 되어 가족과의 시간이 줄어들게 된다. 그러나 언젠가는 부자가 되겠다는 일생의 결단으로 괴로워하고 있다. 그럴 경우 코치는 고객에게 그 주의 성찰질문을 다음과 같이 할 수 있다. "부자가 된다는 것이 고객님에겐 어떤 의미인가요?"

성찰질문은 또한 고객 삶의 현재 시점에서의 이슈나 코칭 세션에서 나온 어젠다하고는 완벽하게 연관성이 없을 수도 있다. 성찰질문은 불현듯이 나오기도 하기 때문에 이런 질문은 전혀 기대하지 않은 심오한 결과를 가져올 수도 있다. 예를 들어, 세션 말미에 "요즈음 자주 느끼는 감정상태는 무엇인가요?"라고 고객에게 질문을 하고, 그 다음 주에 이 질문에 대한 고객의 설명을 들은 후 다음과 같은 질문을 해보라. "어떻게 그런 감정상태가 습관적이 되었나요? 그것이 고객에게 어떤 도움을 주나요?"

성찰질문은 자기성찰과 반성을 끌어내기 위해서 하는 질문이다. 다른 강력한 질문과 마찬가지로 성찰질문에 정답은 없다. 성찰질문이 다른 질문과 다른 점은 고객으로 하여금 여러 가지 각도에서 심도 있는 성찰을 하도록 한다는 것과 그 질문을 생각하는 데 상대적으로 시간을 더 사용해야 한다는 점이다. 모든 질문에는 정답이 있다고 생각하는 경향이 있으므로, 코치는 고객에게 질문의 목적은 고객으로 하여금 스스로에게 호기심을 갖도록 하는 것이라고 상기시킬 필요가 있다. 시간이 지나면서 그런 질문은 고객으로 하여금 이슈에 대해 보다 깊은 이해를 하게 하고, 새로운 시각에서 이슈를 바라보도록 할 뿐만 아니라 실행의 가능성을 더욱 높여준다.

다음에 성찰질문의 몇 가지 예를 들었다.

- 진심으로 원하는 것은 무엇인가요?

- 존재 이유가 무엇인가요? 무엇인가를 창조하기 위해서인가요?

- 저항하고 있는 것은 무엇인가요?

- 영감을 받는다는 것이 무슨 의미인가요?

고객으로 하여금 질문을 계속 생각하도록 하기 위해 코치는 고객에게 특정한 행동을 요구할 수 있다. 예를 들어, 성찰질문을 그 주 내내 쉽게 볼 수 있는 특별한 장소에 부착하도록 하는 것이다. 달력이나 자동차의 계기판에 붙여둘 수도 있고, 컴퓨터나 욕실 거울, 지갑에 넣고 다니는 카드에도 붙일 수 있다. 중요한 것은 매번 새로운 방식으로 그 질문을 들여다보고, 신선한 관점을 발견하기 위해 매일 다른 시간대에 그 질문에 지속적으로 몰입할 수 있게 하려는 점이다. 이 외에도 그 질문에 대한 생각을 글로 써보거나 Write in a journal 그림을 그리거나 친구에게 이야기하거나 산책을 하면서 그 질문을 생각할 수도 있다. 코치인 당신은 고객에게 다음 코칭 세션 이전까지 질문에 대한 응답을 전화나 이메일 또는 문자로 보내라고 고객의 책무 Accountability를 요구할 수 있다. 성찰질문은 코칭 세션 이후에도 실제로 코칭이 일어나는 것을 가능하게 해주고 그 질문을 고객의 삶 속으로 통합해주기 때문에 코치가 활용할 수 있는 매우 강력한 툴이다.

대화의 예

지난주의 코칭 세션 말미에서 코치는 고객에게 생각을 하게 하는 질의,

즉 다양한 수준에서 다양한 답이 나올 수 있는 다음과 같은 질의를 했었다. "고객님은 어떤 경우에 본인의 권리나 지위를 포기하나요?"

**고객** 글쎄요. 처음에는 아무것도 찾지 못했습니다. 그런데 점차 제 일정과 관련해서 제가 아무런 대책을 세우지 못하고 무기력하다는 것을 깨닫기 시작했어요. 다른 사람들이 제 일정을 그들과의 약속으로 꽉 채워서 제가 사용할 시간이 결코 충분하지 않았거든요.

**코치** 당신의 시간을 몽땅 다른 사람에게 할애한다는 의미로 "당신의 권리를 포기한다"고 말씀하셨군요. 자신의 시간을 남에게 모두 할애할 때 당신의 모습은 어떤가요?

**고객** 저도 늘 이렇게 이야기하는 습관이 있다는 것을 알았어요. "내 일정이 꽉 차 있어서 아무것도 할 수 없어요"라고요. 그러나 그 일정이 다른 사람의 것이 아니고 제 일정이라는 사실을 깨달았습니다. 제 캘린더에 일정을 기입하는 것도 제가 결정한다는 것이지요.

**코치** 그 외에 당신이 포기하고 있는 것은 무엇인가요?

**고객** 제 인간관계에 대해서도 알아보았습니다. 제 아내가 화를 낼 때면 저는 뒤로 물러서거나, 사라지거나, 항복을 하곤 하지요. 저의 주장을 취하는 데 점점 나아지곤 있지만 옛날 방식이지요.

**코치** 그 밖에 또 발견한 것이 있나요?

**고객** 글쎄요. 계속 들여다봤는데요, 다른 사람들이 그들의 권리를 어디에서 포기하는지도 알았습니다.

**코치** 어떤 부분이던가요?

**고객** 지난주 회의에서요. 저희 사업부의 부사장님이 비즈니스 예상치에 대한 검토를 하기 위해 오셨었는데, 일부 사람들은 교장 선생님 앞에서 어찌할 줄 모르는 아이들처럼 행동했어요. 완전히 자신감을 잃은 모습이었어요. 재미있는 장면이었지요.

**코치** 당신도 그랬나요?

**고객** 예, 저도 그 이상이었어요. 사실 제가 생각한 것보다 더했다고 생각해요.

**코치** 더 검토할 것이 있나요?

**고객** 아니에요. 다 이야기한 것 같아요. 감사합니다.

**코치** 다음 주를 위한 과제 질의를 드리지요. "당신은 어느 부분에서 타협할 수 없는 단호한 입장을 취하시나요?"

**고객** 알았습니다. 곰곰이 생각해보지요.


## 호기심의 위력

코치로서 호기심을 갖게 되면 고객을 내면으로부터 이해할 수 있게 된다. 고객에 대해 배우고, 배운 것에 대해 호기심을 갖고 계속 질문하라. 그러면 고객은 계속해서 자신의 내면을 들여다보면서 당신의 호기심에 대해 답을 찾고, 자신만의 세계와 살아가는 방식, 자신을 움직이는 것과 가로막는 것이 무엇인지를 이해하려고 한다. 시간이 가면서 코치는 고객의 내면에 대해 깊은 이해를 하게 되고, 결국 코치는 고객이 스스로에게 하고 싶은 질문을 대신 할 수 있게 되고 그들의 대변자가 되기도 한다. 코치는 고객보다 좀더 나은 입장에서 고객에게 질문을 할 수 있다. 왜냐하면 코치는 고객 내면의 방해꾼인 사보투어나 고객의 내력, 동료들의 의견, 사랑하는 사람의 감정 등의 기타 요인에 방해받지 않기 때문이다. 그래서 질의는 더욱 흥미로워지고 강력한 질문은 더욱 막강해진다. 그런 과정에서 고객은 코칭이 갖고 있는 일부 강점을 배워 본인 것으로 만들고, 자신의 내공을 강화하는 데 활용할 수 있게 된다. 또한 고객은 호기심을 갖는다는 것이 무엇을 의미하고, 좀 덜 판단적이지 않다는 것이 무슨 의미인지를 배우게 된다.

### 1. 호기심

커피숍에서 30분 정도 시간을 보내면서 그곳에 있는 모든 사람에게 호기심을 가져보라. 처음에는 누구와도 실제로 이야기를 하지 말고 호기심을 갖고 당신 자신에게 이런 질문을 해보라. "이들은 그들 삶의 어느 부분에서 균형을 잃고 있을까? 이들이 가치 있다고 생각하는 것은 무엇일까? 삶에서 잃어버리고 있는 것은 무엇일까? 무엇이 이들을 웃게 만들까? 어느 부분에 스스로의 한계를 설정하고 있을까? 오늘 그들이 좋아하는 것은 무엇일까? 그들의 평생의 꿈은 무엇일까? 그들에게 힘을 주는 것은 무엇일까? 함께 앉아 있는 사람들의 어떤 점을 좋아할까?"

30분이 지나면 함께 시간을 보낼 수 있는 사람을 찾아서 실제로 그 사람에게 호기심의 질문을 해보라. 질문을 하는 동안 상대방에게서 어떤 일이 일어나는지를 주의 깊게 살펴보라. 상대방이 당신이 보여준 호기심에 대해 어떻게 반응하는지를 보라. 그다음에 대화에서 했던 당신의 역할을 들여다보라. 1단계 경청 수준에서 무엇을 느꼈는가? 2단계 경청 수준에서는? 3단계 경청 수준에서는? 이후 당신이 보인 호기심에 대해 호기심을 가져보라. 호기심에 대해 무엇을 배웠는가? 무엇이 쉽고 무엇이 어려웠는가? 무엇이 그것을 쉽거나 어렵게 만들었는가? 어떻게 하면 호기심을 더 가질 수 있을까? 호기심을 통해서 당신이 얻는 것은 무엇인가?

## 2. 강력한 질문

강력한 질문의 위력을 경험할 수 있는 가장 간단한 방법 중의 하나가 또한 가장 도전적인 일 중의 하나일 수 있다. 다음 예제가 목표로 하는 것은 당신이 오로지 강력한 질문만 할 수 있도록 허락된 사람과 10분간 대화를 나누는 것이다. 자신의 의견을 제시하지 말고, 요약도 하지 말고, 조언도 하지 말고, 당신 자신의 이야기도 하지 말고, 결론도 도출하지 말고 오로지 강력한 질문(강력한 질문 리스트는 www.coactive.com/toolkit의 코치 툴킷 참조)만 하는 것이다. 그런 다음 상대방에게 피드백을 요청해보라. 당신이 대화 내내 질문만 했을 때 어떤 느낌이었는가?

그리고 당신이 질문만 하고 다른 것을 못 하도록 강요되었을 때 당신 자신의 느낌이 어떠했는지를 상대방에게 이야기해주어라. 또한 당신에게 가장 효과적인 것은 무엇이었는지, 당신을 어렵게 만든 것은 무엇이었는지도 이야기해보라.


## 3. 성찰질문

성찰질문은 고객이 통상 일주일 또는 그 이상의 기간 동안 자신의 삶에 있어서 중요한 부분을 탐색할 수 있도록 돕기 위해 주어지는 열린 그리고 강력한 질문이다. 이를 연습하기 위해 우선 앞에 언급한 툴킷을 검토해보기 바란다. 그런 다음 당신이 통합적 시각 스킬로 적어놓았던 열 명의 친구나 동료로 구성된 명단을 보라. 통합적 시각과 상대방에 대해 알고 있는 것을 이용해서 각각의 사람에게 성찰질문을 작성해보기 바란다.

# 6장

# 실행 촉진과 학습 심화

　가장 결정적인 코칭의 성과인 '실행'이 고객이 처음으로 코칭을 원하는 이유일 것이다. 고객은 변화를 원하고 성과를 내고 싶어 한다. 또한 앞으로 나아가기를 원한다. 고객마다 원하는 실행은 모두 다를 것이다. 어떤 고객에게 실행이란 구체적인 목표를 달성하거나 보다 높은 수준으로 일을 진행하는 것이고, 다른 고객에겐 새로운 시도들을 통합하거나 습관으로 확고하게 만드는 것이다. 또 다른 사람들에겐 그들 삶의 보다 주관적인 요소에 주의를 더 기울이는 것일 수도 있다. 고객이 실행을 어떻게 정의하든지 그것이 코칭의 초점인 것은 확실하다.

　코액티브 코칭에서 두 번째로 돋보이며 앞에서 언급한 실행과 똑같이 중요한 성과는 바로 '학습'이다. 고객이 코칭 과정을 통해서 배운 것이 그들로 하여금 지속적으로 좀더 나은 선택을 가능하게 하고,

결국에는 코칭에서 집중적으로 다루는 과제의 영역에서 보다 더 능력 있고 잠재력이 풍부하게 해준다. 이것이 바로 시간이 지나면서 지속적이고 효과적인 변화를 가능하게 하는 실행과 학습의 사이클Cycle of action and learning이라고 하는 것이다. 즉, 고객이 실행을 하고 뭔가를 배우게 된다. 이후 고객은 배운 것을 바탕으로 또 다른 실행을 한다. 실행과 학습의 사이클이 지속되는 것이다. 코칭은 이러한 과정에 매우 이상적이다. 왜냐하면 코칭 관계는 지속적이고 서로 밀접한 관계인 두 사람에 초점을 맞춰 설계된 것이기 때문이다. 모든 코칭 스킬은 고객의 실행 촉진과 학습 심화를 위해 사용되는 것이다.

앞에서 언급한 것 중 고객의 관점에서 중요한 것은 실행과 학습이다. 그러나 코치는 오히려 '촉진하다'와 '심화하다'에 초점을 두어야 한다. 실행과 학습은 고객이 경험하는 것이고, 코치가 해야 할 일은 실행을 촉진하고 학습을 심화시키는 것이다.

코칭 관계의 안전한 공간 안에서 코치와 고객은 고객을 위해 함께 작업한다. 고객은 변화를 위한 어젠다를 가져온다. 그들이 이루고자 하는 욕구와 함께 깊이 탐험하겠다는 의지, 삶에 대한 다짐과 삶의 목적에 대한 헌신 등과 같은 다짐도 가져온다. 또한 변화를 위해 위험도 마다하지 않겠다는 용기도 가져온다. 가장 이상적인 코칭 관계를 위해 고객은 그들의 100퍼센트를 코칭에 투자하고 앞에서 언급한 요소들을 가져온다. 이와 마찬가지로, 코치도 고객을 위해 호기심을 가져야 하고 또한 고객의 행동을 촉진하고 학습을 심화시키기 위해서 최선의 능력과 고객에 대한 헌신을 가져온다. 가장 이상적인 코칭 관계를 만들기 위해 코치는 다음 네 가지 영역에 그들 자신의 100퍼센트를 가져와야 한다. 바로 진정성Authenticity, 연대감Connection, 생동감Aliveness, 용기Courage이다.


## 진정성

암벽 등반에서 로프를 안전하게 잡아주는 것을 앵커Anchor라고 부른다. 이런 기발한 장치를 바위의 틈이나 금이 간 곳에 설치하고 사용 이후에는 제거한다. 이것은 임시로 사용하는 장치이다. 그러나 암벽 등산가의 무게뿐만 아니라 발을 헛디뎌 떨어질 경우에도 그 무게를 감당하도록 설계되어 있어야 한다. 코치가 바로 이런 앵커 같은 역할을 하는 것이다. 이런 앵커 코치는 고객이 그들의 삶이라는 바위를 등반하기 위해 어쩔 수 없이 만나야 하는 온갖 위험들을 감당할 수 있도록 지지해준다. 고객이 앵커를 믿을 수 있고 그것이 실제로 있다는 것, 충분히 견고하다는 것, 신뢰할 수 있다는 것 그리고 자기를 지켜줄 것이라는 사실을 아는 것이 중요하다.

앵커를 사람으로 비유해서 이야기하자면, 그것이 의미하는 바는 코치인 당신은 진실로 당신 자신이어야 한다는 것이다. 그래서 고객이 당신이라는 존재에 대한 정직성과 성실함을 신뢰할 수 있어야 한다. 당신은 고객에게 위험을 감수하는 것이 어떤 것인지, 진실하고 정직하다는 것이 무슨 의미인지를 보여줄 수 있는 모델이 되어야 한다. 당신이 전문 코치의 역할을 하는 것이 아니라, 진실로 당신 자신의 역할을 할 때 고객은 그들의 삶에서 더욱 열정적인 삶을 살 수 있을 것이다. 때때로 고객은 정말로 코칭 관계에 의지하려고 한다. 그 때 그들은 단단한 벽, 즉 조잡하게 보이는 벽이 아니라 모든 면이 언제나 진실한 벽에 의지하기를 원할 때가 있다.

진실성은 여러 가지 형태로 나타날 수 있다. 개인적 스타일이 그중 하나이다. 개인적 스타일이란 단순하게 이야기하면 당신이 사람들과 함께 있을 때 자연스럽게 나타나는 모습이다. 만일 유머나 별난 행동이 당신 개인 스타일의 진실한 모습이라면, 코칭에서 그런 모습을 보여주면 된다. 때로 코치는 코칭하는 내내 심각해야 한다고 생각하는 경향이 있다. '이것은 심각한 비즈니스야'라고 말이다. 사실 심각한 상황을 심각하게 보고 전문가적인 모습을 보이는 것은 중요하다. 그러나 생동감 있는 모습을 보일 필요가 있을 때가 충분히 있다. 유머가 바로 그러한 순간에 상황을 가볍게 만들고 고객으로 하여금 앞으로 나아가도록 만드는 것이다.


## 연대감


코치와 고객 사이의 연대감, 즉 친밀관계의 강도를 측정할 수 있는 기기가 있다고 상상해보자. 이런 관계는 휴대전화에서 사용하는 전자파처럼 눈에 보이지 않는다. 전자파의 강도가 강해서 대화가 아주 가깝게 들릴 때도 있고, 두 사람이 이야기를 하고 있다 하더라도 전화기 화면에 '신호 없음'이 뜰 때도 있다.

코치가 해야 할 일 중의 하나가 고객과 가능한 강력한 친밀관계를 만들고, 모니터하고, 유지하는 것이다. 이러한 신호의 강도는 특히 고객이 그들의 일터나 삶에서 이전에 해보지 않은 새로운 분야로 움직이려고 할 때 더욱 중요하다. 코액티브 코칭 모델에서 우리는 이것을 2단계 경청의 자각 또는 친밀관계라고 부른다. 코치는 그 연결상태를 유지하기 위해 3단계 경청으로 친밀관계를 모니터하고 필요한 경우 조정을 하게 된다. 코칭을 하는 동안 코치는 고객에게 도전하거나 어려운 진실을 말하는 등의 위험을 감수할 때가 있다. 만약 둘 사이의 친밀관계가 강하다면, 관계에 대한 신뢰가 오히려 고객의 성공을 위한 더 큰 기회를 만들 수 있을 것이다.


## 생동감

코칭의 실행은 모든 코칭 스킬과 방법론으로 이루어진다. 코칭의 존재라는 것도 있다. 즉, 코칭이 일어나는 환경을 말한다. 여기서 말하는 환경은 물리적 환경(코칭에서 중요한 역할은 하지만)을 의미하는 것은 아니다. 코치와 고객 사이의 공간에서 느껴지는 일종의 느낌을 이야기하는 것이다. 즉, 매우 생동감 있는 느낌을 말한다.

코치인 당신은 코칭에 주의를 집중하게 되고 당신의 고객도 그렇다는 것을 느끼게 된다. 그런 분위기에는 슬픔, 차분함, 흥분, 분노와 같은 감정이 존재할 것이다. 생동감이 있다는 것이 반드시 열의가 넘친다는 것을 의미하지는 않는다. 비록 그러한 느낌이 중요한 요소이기는 하지만 말이다. 만약 환경을 일종의 스펙트럼에 비교한다면, 스펙트럼의 한쪽에는 '죽어 있는', '지루한', '서먹한', '무관심한'이라는 단어들을 놓을 수 있고, 다른 한쪽에는 '생동감 있는'이라는 단어를 놓을 수 있을 것이다. '생동감'이라는 것이 매우 극적일 때도 있지만, 매우 조용할 때도 있다는 것을 기억하기 바란다. 매우 위대한 음악에서와 같이 조용함이 극적인 전개와는 대조적이어서 어떤 때는 믿을 수 없을 정도로 생동감을 줄 수도 있다. 코치는 때때로 코칭 대화는 부드럽고, 세련되고, 심지어 스마트해야 한다고 생각하기도 한다. 물론, 그럴 수 있지만 생동감을 희생해서는 안 된다. 우리는 모두 이야기의 주제가 불편하더라도 매우 생동감 있는 대화를 한 적이 있을 것이다. 고객으로 하여금 안전지대를 벗어나도록 하기 위해 코칭이 생동감 있으면서 동시에 매우 불편해질 때도 있을 것이다.

## 용기

불편함과 관련해서 당신은 고객의 대담한 계획과 목표를 지지하기 위해 어디까지 갈 용의가 있는가? 또 고객을 위해 얼마나 용감해질 의지가 있는가? 용감해지겠다는 당신의 의지는 고객에겐 하나의 모델이 되고 거울 같은 역할을 할 것이다. 고객을 위해 용감해질 때, 당신은 고객만큼(어느 때는 고객보다 더) 그들의 성공에 대해 헌신적이라는 것을 보여주게 되는 것이다. 코치는 고객이 포기하려고 할 때 그들을 두려움과 패배의식으로부터 구할 수 있을 정도로 용감해져야 한다. 잔소리를 하거나, 판단을 하거나, 망신을 주라는 것이 아니다.

고객 내면의 방해꾼의 소리를 무시하면서 고객의 용감함에 호소하기 위해 거침없이 말하라는 것이다. 이렇게 하는 이유는 당신 자신의 에고를 위해서가 아니라 고객의 삶과 가능성을 위한 것이다. 이것은 또한 고객한테 미움을 받지 않기 위해서나 호응을 얻기 위해서가 아니고 고객의 어젠다를 위해 헌신하겠다는 두려움 없는 다짐이기도 하다. 고객에게서 지지를 받지 못하거나, 분노를 사거나, 심지어 해고될 수도 있는 크나큰 위험을 무릅쓰고 하는 것이다. 거침없는 용기Fierce courage는 고객과 함께 끝까지 가겠다는 다짐을 보여주는 것이다.

## 책임지기

코치가 해야 할 일은 고객의 행동을 촉진하고 학습을 심화시키는 것이다. 이것은 코치의 선택에 의해서 가능하다. 코치는 어떤 스킬을 사용할지 선택하고, 고객의 삶의 충만, 삶의 균형, 삶의 과정을 향한 방향을 선택한다. 고객은 코칭에서 다룰 어젠다를 선택하고, 코치는 사용할 방법들을 선택하고 코칭 세션의 일정과 형식을 관리한다.

고객은 자신의 행동과 학습에 책임을 진다. 거의 모든 행동과 학습은 코칭 중에 일어나는 것이 아니고 코칭 세션 사이에서 일어난다. 가장 이상적인 코칭 상호작용은 코치와 고객이 함께 춤을 추는 것과 같다고 말할 수 있다. 그 춤에는 춤의 속도, 범주, 오르막과 내리막, 굴곡, 부드럽게 보이거나 서로 연결이 끊어진 것처럼 보일 수 있는 전반적 흐름이 있다. 그러나 코치는 코칭 세션의 방향을 결정하는 주도권을 갖고 있다.

코액티브 코칭 모델에서 고객은 해답을 갖고 있고 코치는 그것에 집착하지 않는다는 것을 강조한다. 또한 고객은 코칭 어젠다에 대한 책임을 갖고 있다고 말한다. 그러나 코치는 고객의 행동을 촉진하고 학습을 심화시키는 데 1차적 책임이 있다는 것을 분명하게 이해하기 바란다. 그것이 바로 코칭의 책임지기Taking charge라는 것이다. 고객은 코치가 이런 역할을 해줄 것을 기대하고 의존하기도 한다. 코치는 여전히 고객이 제시하는 해답과 춤을 추면서 그들을 더욱 촉진하고 심화시키는 방향으로 코칭을 나아가게 해야 할 것이다. 책임지기란 고집을 부리는 것이 아니다. 궁극적으로 고객의 전진을 위한 것이다.

그러한 전진은 그 자체적으로 고객에게 매우 중요한 목적을 갖고 있다. 코치는 고객이 선택한 길에서 앞으로 나아가게 할 수 있는 전문성을 갖고 있어야 한다. 코치가 코칭의 책임지기를 제대로 하지 못하면 코칭은 표류하게 되고 코치는 방향의 주도권을 잃고 그저 오늘의 요리를 먹는 것과 같이 수동적으로 변한다. 고객이 코칭을 찾는 이유는 그들 삶의 중요한 영역에서의 변화나 지지를 받기 위해서이다. 그러므로 코치는 고객 삶에서의 이러한 특별한 기회를 최대한 활용하기 위해 코칭의 책임지기 역할을 제대로 해야 할 것이다.

## 책무

코칭을 차별적인 것으로 만드는 결정적 요소 중 하나가 책무이다.

책무는 고객이 취한 행동을 측정하고 고객이 배운 학습을 보고하는 수단이다. 우선 '책무'란 간단하게 이야기하면 '고객이 그들이 취한 행동과 배운 학습을 설명하는 것'임을 명확하게 하자. 그것에는 어떠한 판단도, 비난도, 잔소리도 없는 것이다. 고객은 그들이 하기로 했던 것에 대해 설명을 하는 것이다. "결과가 무엇인가요? 무엇이 효과적이었나요? 효과적이지 않은 것은 무엇이었나요? 다음에는 무엇을 다르게 해볼 것인가요?"

책무는 고객으로 하여금 그들이 행동을 계획하고, 그것을 하기로 약속하고 그들이 취한 행동, 어떤 경우에는 취하지 않은 행동으로부터 배우는 과정을 순조롭게 해나가도록 도와준다. 또한 책무는 지속적으로 진행되는 코칭에 하나의 틀을 제공해준다. 코치로서 우리는 고객이 책임을 지도록 해야 한다. 코치는 고객이 약속대로 수행을 하는지, 얼마나 잘하는지를 지켜보는 것이 아니라 그들이 이루고 싶은 변화를 실현할 수 있도록 힘을 실어주어야 한다. 코칭을 진행하면서 고객이 이룬 업적을 축하해주고 그들이 마주치게 되는 장애를 깊이 있게 살펴보아야 한다. 책무는 코칭 대화를 지속적으로 진행할 수 있도록 지탱해주는 기초적인 틀이다.

코치와 고객은 행동계획 Action plan이 매우 구체적이든 매우 주관적이든 관계없이 고객이 무엇을 책임질 것인가에 대한 상호 이해를 하는 것이 매우 중요하다. 고객의 다짐을 명확하게 하는 기본적인 질문은 아래 예와 같이 간결하고 명확하다.

- 무엇을 할 것인가요?

- 그것을 언제 할 것인가요?

- 제가 어떻게 알지요?

("구체적으로 진행 현황을 보고할 것인가요? 또는 "진행 현황을 어떻게 추적해서 저에게

알려주실 것인가요?"라고 고객에게 물어보기 바란다.)


목표가 정성定性적일 경우라 하더라도, 여전히 구체적인 책무가 가능하다. 예를 들어, 어떤 고객이 본인의 가치인 창의성을 개선하고 싶어 하고, 다른 고객은 좀더 단호한 매니저가 되고 싶어 한다고 상상해보자. 이 경우의 책무는 매일의 일기Daily journaling를 위해 다음과 같은 성찰질문을 과제로 내줄 수 있다. "창의성이 나의 인생에 어떤 도움이 될까?" "단호한 매니저가 갖는 주요 특성은 무엇일까?" 그리고 다음과 같이 매일의 일기를 쓰는 것이다. "오늘 나는 … 경우에 창의적이었어" "오늘 나는 … 경우에 좀더 단호했었어" 또는 "오늘 나는 … 경우에 단호하지 못했어"처럼 고객에게 이런 매일의 일기를 써서 코치에게 이메일로 보내라고 요청하고 동시에 그 과정에서 얻은 배움도 함께 써서 보내달라고 할 수 있다.


## 실패를 축하하기

'축하'와 '실패'라는 두 단어를 나란히 조합한 것이 좀 이상하게 보일지 모른다. 그러나 이 조합은 코칭에서 가장 중요한 개념 중 하나이다. 실패에 대한 두려움은 원대한 계획과 훌륭한 아이디어를 죽이

는 최악의 요소이다. 지식이나 스킬의 부족함 또는 명확한 전략이나 행동계획의 부족함 이상으로 고객이 앞으로 나아가는 데 있어서 가장 큰 장애물이 바로 실패의 누려움으로 아무것도 못 하는 마비상태가 되는 것이다.

우리의 대부분은 어린 시절부터 실패란 나쁜 것이고 심지어 수치스러운 것이라고 배워왔다. 실패를 숨기고, 변명하고, 무시해버리는 것도 배웠다. 더 심각한 것은 모험을 하려는 것을 중단하고 실패의 낌새만 있어도 그것을 회피하기 위해 더욱 신중해졌다는 점이다. 우리는 성공 가능성이 높은 것에만 선택을 하기 시작해서, 우리의 선택은 제한적이고 우리가 게임을 할 수 있는 운동장도 매우 작아졌다. 이래서는 안 되는데 말이다.

실패는 가장 빠른 학습 방법 중 하나이다. 어린아이에게 물어보라. 어린아이들은 '걷는 방법'이라는 책을 읽고 걷기의 구조를 배우기 위해 밤늦게까지 공부하지 않는다. 아이들은 쿵 하고 넘어지고, 쓰러지고, 기고, 일어나고 또 넘어지고 기는 것을 반복한다. 걷는 데 장애물들도 있을 것이고 통계적으로 보면 성공한 횟수보다는 실패한 횟수가 더 많을 것이다. 그러나 그러한 실패가 아이들이 일어나서 걷겠다는 의지를 꺾지는 못한다. 고객이 그들의 삶에서 일어나서 뛸 수 있게 하는 모험을 하려면 고객은 넘어지고, 쓰러지고, 다시 일어나고 경험으로부터 배우겠다는 의지가 있어야 한다. 여기서 중요한 것은 학습이다. 어떤 행동에서의 실패, 심지어 행동도 하지 못한 실패에는 학습의 기회가 많이 있다. 우리가 고객과 함께 축하하고 탐구하는 것은 바로 이런 배움의 기회를 위한 것이다.

코액티브 코칭 구성요소

행동을 통해서 학습을 하게 된다. 그러나 그 과정에서 고객은 실패의 땅을 통과해야 할 것이다. 여기에 여러분으로 하여금 그 실패의 땅을 통과하는 길을 닦을 수 있도록 하는 분명한 구별이 있다. 어떤 것에 실패한다는 것과 실패자가 된다는 것에는 차이가 있다. 사람은 본질적으로 창의적이고, 잠재력이 풍부하고 그리고 전인적이다. 그래서 그들이 실패하는 경우라도 실패자는 아니라는 것이다.

실제로 고객의 삶에서 의미 있는 변화를 만들기 위해 고객은 자주 그들의 능력이나 재능을 최대한 끝까지 활용해야 한다. 때때로 그들은 너무 멀리 가서 실패를 하기도 한다. 또는 충분히 멀리 가지 않아 기회를 놓쳐 실패를 하기도 한다. 실패를 하든 성공을 하든, 중요한 목표 중의 하나는 언제나 경험을 통해서 얻게 되는 학습에 주의를 기울이라는 것이다. 그것이 우리가 실패는 가치 있는 일이라고 믿는 이유이다. 실패란 모험을 하고 실수를 하겠다는 용기와 다짐을 필요로 하기 때문에 존경할 만한 어떤 것이다. 고객은 자주 일이 잘되는 것보다는 잘 돌아가지 않는 것으로부터 더 많은 것을 배우기도 한다. 바로 이것이 '축하'와 '실패'라는 두 단어를 열정적으로 나란히 사용하는 이유이다.

동시에 실패를 축하한다는 것이 실패가 자주 가져다주는 실망감을 무시하라는 것이 아님을 알아야 한다. 고객은 실패가 주는 실망감을 극복하기 위한 시간을 필요로 할 것이다. 이후 고객은 그 실패에서 배울 수 있는 학습을 하게 된다. 이런 의미에서의 축하란 고객의 경험에 대한 존경과 감사를 표현하는 것과 같다. 그래서 우리는 실패에 대해 높은 경의를 표한다. 왜냐하면 사람들은 스스로를 그러한 실패의 입장에 놓으려 하지 않기 때문이다. 실패란 축하할 가치가 있는 일이다.

## 이끌어내기

코치는 원래의 성격상 고객에게 도움을 주고 싶어 한다. 또한 효과적이고 성공적이고 싶고 아마도 그들이 한 일에 대해 존경받고 싶어 할 것이다. 그러나 그 밑바탕엔 고객을 돕겠다는 욕망이 있다. 이것은 비공식적인 코칭 역할을 하는 사람들에게도 마찬가지이다. 그래서 코치는 기회만 되면 뛰어들어 고객이 문제를 풀 수 있도록 도와주려고 한다는 것이 놀라운 일은 아니다. 도움을 주는 가장 확실한 방법은 문제를 찾아내서 해결하고 그 문제를 없애버리는 것이다. '코칭적 접근 방법Coaching approach'을 배우는 임원과 관리자들은 종종 코칭을 좀더 부드럽게 문제를 푸는 방식이라고 오해한다.(여전히 그들이 문제를 푸는 책임을 진다) 기존 문제해결 방식과 비교했을 때 좀더 간접적인 문제해결 방식이라고 말이다. 이러한 오해는 이해할 만하다. 왜냐하면 오랜 습관과 기대에서 나오는 생각이기 때문이다.

불행하게도 이러한 사고에 젖어 있어서 코치(또는 코치 역할을 하는 관리자)는 문제나 이슈를 이해하는 데 너무 열중하고, 그들의 모든 주의를 고객이 아닌 문제에 두게 된다. 길게 보면 코치는 고객(또는 그들의 직원)이 그들 스스로의 길을 찾아 그들 자신의 선택을 하도록 하는 것이 더욱 큰 도움을 주는 것인데도 말이다. 이런 사실이 코치의 주의를 이슈가 아닌 사람에게로 다시 돌리도록 한다. 코치로서 또는 코치의 역할을 하는 관리자로서 우리는 단지 문제를 풀기 위해 여기에 있지 않다는 것을 기억해야 한다. 우리가 여기에 있는 이유는 고객이나 직원들이 그들이 하는 일이나 삶에 있어서 더욱 잠재력이 풍부하고 능력 있는 사람이 될 수 있도록 도와주기 위한 것이다. 우리가 해야 할 일은 고객에게서 이런 내면의 강점과 능력을 찾아내고 끌어내는 것이다. 우리는 고객과 함께 그들이 겪는 일상의 이슈에서 그들의 행동을 촉진하고 학습을 심화시켜 그들이 좀더 크고 기분 좋은 삶의 만족과 보상을 경험할 수 있도록 해야 한다. 이것이 진정으로 고객에게 도움이 된다는 것의 의미이다.

우리가 고객의 잠재력을 끌어내려면, 우리 자신의 잠재력도 끌어내야 한다. 때로는 망설이고, 조심스럽게 처리하고, 편하게 살고, 적은 것에 만족해서 살아가는 것이 더 쉽고 편할 때가 있다. 만약 코치인 우리가 그렇게 한다면 스스로의 양심을 배반하는 것이다. 오히려 그러한 때가 코치로서 우리가 고객을 위해 용기를 내어 큰 소리로 이야기하고, 주장하고, 도전하고, 요구해서 고객이 그들 속에 원래 존재해 있고 우리가 보고 있는 무한한 능력대로 살아갈 수 있도록 해야 할 때인 것이다. 우리는 사람들 속에 있는 최상을 끌어낼 수 있는 준비가 되어 있어야 한다. 그리고 때때로 그것은 우리 자신부터 시작해야 함을 의미한다. 즉, 우리 자신을 최상으로 끌어낼 준비가 되어 있어야 한다는 것이다.

# 코칭 스킬

다음에 설명하는 스킬은 고객의 행동을 촉진하고 학습을 심화하는 데 사용할 수 있다. 이 스킬은 때에 따라 온순하고 협조적으로 또는 강력하고 단호하게 고객에게 영향을 미친다. 또한 고객으로 하여금 그들이 당면해 있는 이슈를 처리하는 것을 도와준다. 노련한 코치는 언제 창의성을 높여주는 브레인스토밍 스킬을 사용할 것인지, 언제 도전하기라는 다이너마이트를 점화시킬 것인지를 알 수 있을 것이다.

### 목표설정

뚜렷한 목표가 없으면 이런저런 많은 아이디어의 홍수 속에 둥둥 떠다니거나 끊임없이 표류할 수 있다. 목표를 설정함으로써 고객은 무엇인가를 실현할 수 있는 행동계획과 구체적인 방향을 가질 수 있다. 당연히 목표란 고객이 앞으로 나아가는 동안 시간이 지나면서 변할 수 있으나 우선 첫째로 해야 할 일은 목표나 최종 결과에 대한 생각을 명확하게 하는 것이다.

목표설정Goal setting은 크게 두 가지로 분류할 수 있다. 첫째는 미래 특정 시점에 실현할 목표이고, 둘째는 지속적으로 추진하는 목표이다. 예를 들어, 미래 특정 시점에 실현할 목표란 '12월 31일까지 여섯 개의 프로젝트 완료하기' 또는 '다음 6개월 동안 매월 하나씩 프로젝트를 완료하기'와 같은 것이다. 지속적인 목표의 예는 '하루 3시간씩 월요일부터 목요일까지 신규 프로젝트 작업하기'와 같은 것이다.

코치의 역할은 고객으로 하여금 그들의 계획과 의도로부터 목표를 도출해내는 것을 도와주는 것이다. 어떤 고객의 경우에는 우선 그 목표를 관리 가능한 적절한 크기로 분할하는 것이 필요할 것이다. 분할하기 전에는 그들이 볼 수 있는 것은 모두 그들이 건너가야 할 큰 대륙이었지만, 목표를 분할한 이후에는 다수의 작은 여정으로 볼 수 있게 된다.

고객에게 목표를 설정하는 기본적인 방법을 알려주면 그들이 성공하는 데 큰 차이를 만들 수 있게 된다. 가장 좋은 목표는 구체적이고, 측정 가능하고, 결과를 추적하거나 모니터할 수 있어야 한다. 심지어 하려고 하는 바가 정성적이라 하더라도 목표는 행동지향적Action oriented이어야 한다. 예를 들어, '알래스카로 이사하는 것에 대해 생각하기'란 목표는 다음과 같은 행동에 의해 구체화될 수 있다. 알래스카에 대한 책 구입하기, 알래스카를 소개하는 포스터 구하기, 알래스카를 방문했던 기억에 대해 글쓰기, 그곳에 사는 사람과 이야기해보기 등이다. 목표에 언제까지 하겠다는 일정이 함께 있을 경우 고객은 더 많이 행동하는 것 같다.

목표설정이 그것을 당연하다고 생각하고 있는 코치에게는 너무나 기본적이고 당연한 것으로 보일 것이다. 그러나 그것이 기본적인 것이라 하더라도, 그 중요성과 가치를 평가절하해서는 안 된다. 코치인 당신은 목표설정 프로세스를 어떻게 다룰 것인지에 대해 고객과 명확한 이해를 같이해야 할 필요가 있고 각각에게 가장 효과적인 방법을 찾아야 한다.

코칭은 고객으로 하여금 행동을 취하고, 지속적으로 행동하고, 그 행동으로부터 배울 수 있도록 도와주는 강력한 틀을 제공해준다. 때때로 그들이 간절히 바라는 행동은 아무것도 하지 않는 것일 수도 있다.

**코치**  이메일을 받았어요. 계획한 대로 수요일 오후에 쉬셨네요. 잘하셨습니다.

**고객**  그런데 이상했어요.

**코치**  오후 내내 쉬었나요?

**고객**  예, 메시지를 남기려고 전화를 할 뻔했었는데 하지는 않았어요.

**코치**  무엇을 배웠나요?

**고객**  네 시간 동안 자리를 비워도 세상이 무너지지 않는다는 것을 배웠어요.

**코치**  아, 그래요? 좋은 것을 배우셨네요. 또 다른 사항은요?

**고객**  유능한 사람, 즉 제가 믿을 수 있는 사람을 고용했다는 것도 알았지요.

**코치**  또 배운 것이 있나요?

**고객**  훌륭한 직원들을 마이크로매니징Micromanaging하면 그들을 성가시게 하는 것이라는 점과 회사를 새로운 분야로 변화시키는 데는 시간이 좀 걸린다는 것 그리고 어떤 부분에는 제가 통제를 하지 말아야겠다는 것을 배웠어요. 또한 건강을 회복하는 데는 좀 쉴 필요가 있다는 것도 배웠지요. 제가 쉬지 않고 계속 일하면 녹초가 될 것이라는 것도요.

**코치** 그러세요? 이제 무엇을 하실 작정이신가요?

**고객** 기대치를 높이라는 말인가요?

**코치** 맞아요. 휴식의 맛을 조금 보았으니 이제 무엇을 더 하시겠어요?

**고객** 사실 그게 무엇인지 이제는 알아요. 7월에 휴가 갈 계획을 세우고 싶네요. 무려 2주 동안이나요.

**코치** 와, 멋지네요. 그렇게 하기 위해서 다음 주까지 무엇을 할 예정인가요?

**고객** 오늘 오후 저희 빌딩에 있는 여행사를 찾아가서 발리와 브리티시 콜롬비아 여행안내 책자를 가져와야겠어요.

## 브레인스토밍

좋은 의도나 강력한 욕망이라도 단순히 행동을 하기 위한 아이디어의 부족으로 실행하지 못하고 벽에 부딪힐 때가 있을 것이다. 물론, 우리가 앞서 이야기한대로 고객이 해답을 갖고는 있다. 그러나 때로는 펌프에 마중물을 넣는 작업 같은 것이 필요하다. 그때가 바로 브레인스토밍 스킬이 필요한 시점이다. 브레인스토밍이란 순전히 아이디어, 가능성과 대안을 찾기 위한 목적으로 고객과 코치 사이에서 일어나는 창의적인 협업활동이다. 고객은 브레인스토밍을 통해서 발견한 많은 아이디어 중에서 가장 마음에 드는 아이디어를 선택하게 된다.

브레인스토밍을 효과적으로 하기 위한 몇 가지 기본 원칙이 있다. 첫 번째는 나쁜 아이디어는 없다는 것이다. 이 단계에서는 그 아이디어의 실현 가능성에 대해 너무 신경 쓸 필요가 없다. 사실 코치의 역할은 상식을 뛰어넘는 아이디어나 터무니없는 아이디어를 제안하는 것이다. 고객은 그들이 언제나 생각했던 아이디어나 그런 아이디어에 조금의 수정을 가한 아이디어를 제안하는 경향이 있다. 코치는 브레인스토밍 과정을 좀더 창의적이고 재미있게 만들어서 가능성의 폭을 확장시켜야 한다. 두 번째 기본 원칙은 코치는 자신이 낸 좋은 아이디어에 집착해서는 안 되며 더욱이 브레인스토밍을 자신이 생각하는 해답을 고객에게 제시하기 위한 하나의 편법으로 사용해서도 안 된다는 것이다.

브레인스토밍은 무엇인가를 창조하기 위한 활동이어서 단순하게 아이디어 보따리에 새로운 아이디어를 추가하는 것이 아니고 제시된 아이디어를 확대, 발전시킬 수 있는 방법을 찾는 것이어야 한다. 이렇게 하면 평범한 아이디어를 고객을 위해 매우 창의적이고, 고객만을 위한 아이디어로 만들게 된다. 예를 들어, 고객이 중요한 사람들과 함께 반나절 전략회의를 제안한다면 코치는 즉각 외부 휴양지에서 하는 전략회의를 제안할 수 있는 것이다.

**대화의 예**

**고객** 여기서 약간 막막하네요. 저는 지난 15년 동안 이성과 실제로 데이트를 해본 적이 없어서요. 사람들을 만나는 방법을 찾고 싶은데 무엇부터 해야 할지 모르겠어요. 다른 사람들은 어떻게 하나요?

**코치** 고객님은 무엇을 해보고 싶으신가요?

**고객** 모르겠어요. 코치께서는 어떤 아이디어를 갖고 계신가요?

**코치** 브레인스토밍을 한번 해볼까요?

**고객** 예, 저는 필요해요.

**코치** 좋아요. 먼저 시작해보세요.

**고객** 대학생일 때는 선술집에 가곤 했었는데요. 이젠 더 못 하겠어요.

**코치** 예, 아마 그렇게는 못 하시겠네요. 그래도 대안 중의 하나로 남겨 두지요. 지금은 나쁜 아이디어는 없고 가능성만 있다고 생각하지요. 좋아요. 주제는 사회적 관계에 관한 것이네요. 여가활동으로 무엇을 하고 싶으세요? 스키? 인라인스케이팅?

**고객** 하이킹요. 낮에 하는 하이킹요. 자연과 함께하는 것은 무엇이든 좋아요.

**코치** 와, 좋아요. 그러면 하이킹 클럽에 가입할 수도 있고, 싱글들을 위한 클럽을 만들 수도 있겠네요. 또 무엇이 있을까요?

**고객** 온라인 데이트 서비스는 어떨까요?

**코치** 봉사활동은 어때요? 고객님은 지역사회 봉사에 높은 가치를 두고 있잖아요. 어떤 부분에 봉사활동을 하실 수 있을까요?

**고객** 제 아이들이 다니는 학교요. 아이들과 좀더 많은 시간을 보냈으면 해요.

**코치** 사람들을 만날 기회를 만들게 되면 다른 어떤 가치를 활용하고 싶으신가요? 고객님은 자연에 대해 이야기하셨고요. 지역사회 봉사에 대해서도 이야기하셨지요.

**고객** 코치님께서 자연을 이야기했을 때 생각난 것이 있어요. 정원 가꾸기요. 거기에 가능성이 보이네요.

## 요청하기

우리는 그간 반복해서 코칭의 어젠다는 고객의 것이고, 고객은 잠재력이 풍부하고, 해답을 알고 있거나 어디에서 해답을 구할지를 알고 있다고 강조해왔다. 그러나 어떤 경우에는 코치인 당신이 고객의 행동을 요청하는 것Requesting이 적절할 때가 있다. 코치로서 그간 받은 훈련과 경험 그리고 고객에 대한 지식을 바탕(통상 고객이 이미 고려하고 있는 행동)으로 당신은 최대의 학습을 위해 고객이 어떤 방향으로 가야 할지에 대한 느낌을 가질 수 있을 것이다. 그때 코치는 단순하게 고객이 취해야 할 행동을 요청의 형태로 제시해서 그 행동을 명확하게 고객이 책임지도록 해야 한다.

예를 들어, 당신이 고객의 가족 재정문제를 함께 들여다보고 원칙을 만드는 작업을 하고 있다고 하자. 당신은 고객에게 이렇게 말할 수 있다. "이번 주, 저는 고객께서 고객과 가족의 비용 지출에 대해 세부적인 월별 예산을 만들어볼 것을 요청합니다. 그렇게 해주시겠어요?" 요청을 할 때 사용하는 언어는 구체적인 형식을 취해야 한다. 구체적이고 측정 가능한 식으로(고객이 실제로 그런 것에 책임을 질 수 있도록) 언급을 해야 하고, 끝으로 고객의 약속을 확인하는 질문("그렇게 해주시겠어요?")이 있어야 한다. 이렇게 하는 것이 단순히 고객으로 하여금 "이번 주에 재정문제를 들여다보실 것을 요청합니다"라고 하는 것보다 훨씬 강력하다. 그러한 언어는 모래에 선을 긋는 것처럼 명확하게 하는 것이고 고객으로 하여금 그것이 매우 중요한 과제라는 것을 알리는 것이다. 이러한 형식을 이용하게 되면서, 때가 되면 고객은 요청을 받아들이는 것이 코치로부터 단순히 과제를 받는 것이 아니라 개인적인 약속의 행위라는 것을 알게 된다.

요청을 성공적으로 만들기 위해 가장 중요한 것은 그 요청에 집착하지 않는 것이다. 코치 자신이 낸 아이디어의 대단함에 집착하거나, 그 아이디어가 고객이 결과를 얻기 위해서 옳은 길이라고 생각을 하는 순간, 그것은 고객의 어젠다가 아니라 코치의 어젠다가 되는 것이다. 요청에는 언제나 세 가지 가능한 답이 있다.

"예" "아니요" 또는 "대안"이다. 즉, 고객은 코치의 요청에 동의하거나 거절하거나, 아니면 다른 대안을 협의할 수 있는 것이다. 만일 당신의 아이디어가 거절당하게 되면 조금은 그 아이디어를 옹호하려 하는 것은 괜찮다. 즉, 왜 그것이 효과적인지 그리고 그것의 가치가 무엇인지를 설명할 수 있다. 아마도 고객이 처음엔 그 아이디어를 완전하게 이해하지 못했을 수도 있기 때문이다. 심지어 "아니요"란 답이 두려움에서 나온 것은 아닌지를 좀더 확인해볼 수도 있다.

만일 고객이 당신의 요청을 거절하면, 대안Counteroffer을 찾아보기 바란다. 이렇게 질문해보라. "그러면 고객은 무엇을 하고 싶으신가요?" 코치인 당신이 결국 중요하게 생각해야 하는 것은 어떤 형태로든 '행동'이나 '학습'이 일어나야 하는 것이다. 그러한 행동과 학습이 일어나는 한 누구의 요청으로 행동계획이 만들어졌는지는 중요하지 않다.

**대화의 예**

**고객** 10년 만의 동창회에 나온 다른 친구들과 똑같다고 생각해요. 5킬로그램 정도만 뺐으면 해요.

**코치** 운동 프로그램은 어떻게 진행되고 있나요?

**고객** 일주일에 한 번 헬스클럽에 갑니다. 충분하지 않다는 걸 알아요.

**코치** 이전에도 이야기한 적이 있지요. 수영을 좋아한다고 하셨지요?

**고객** 예, 저는 수영 팀에 1년 있었어요.

**코치** 좋아요. 요청을 드리지요. 일주일에 최소 30분씩 네 번 수영을 하시라고요. 그렇게 해주시겠습니까?

**고객** 그런데요. 저는 일주일에 40분씩, 세 번만 하고 싶습니다. 그렇게 하면 헬스클럽에 한 번 덜 갈 수가 있고요. 실제로 운동량은 같잖아요.

**코치** 그렇게 하고 있다는 것을 제가 어떻게 알 수 있나요?

**고객** 시작하자마자 주간 단위 체크용 통계표를 만들지요.

**코치** 더 이상 추가하고 싶은 것이 있나요?

**고객** 일요일에 아내 혹은 아들과 자전거를 타거나 산책을 하겠습니다.


## 도전하기


도전Challenge은 고객으로 하여금 스스로 정한 한계를 벗어나도록 요구하는 것이다. 즉, 도전을 받는 순간 고객이 자세를 곧바로 하면서 "그건 도저히 안 되는데요"라고 외칠 수 있도록 강력해야 한다. 만일 당신이 그런 답변을 듣는다면 도전을 제대로 한 것이다. 당신은 고객의 잠재력을 그들 스스로 생각하고 있는 것보다 더 크게 생각하고 있다. 고객은 자주 두 가지 반응을 보인다. 엄청난 도전을 받고 분노를 느끼든가 아니면 다른 누군가가 그들을 더 믿어주어 대담해지기도 한다. 대부분의 고객은 처음 도전을 받았을 때 단호하게 당신의 도전을 거절하지만, 곧 그들은 처음 생각했던 것보다는 더 높은 수준으로 대안을 제시할 것이다.

코치로서 당신이 고객에게 "이번 주에는 하루에 20번 '아니요'라고 말할 것을 도전합니다. 아니, 30번요"라고 말하면, 고객은 "안 돼요. 그것은 불가능해요. 그러면 저는 일주일 이내에 해고당하고 이혼당할 거예요. 대신 하루에 10번 하지요. 그게 저의 한계입니다"라고 답변할 것이다. 그래서 당신의 고객은 일터에서나 가정에서 "아니요"라고 말하지 않을 수 없고, 하루에 10번씩 이 필수 스킬을 연습하게 되는 것이다. 이것이 도전의 위력이다.


### 대화의 예

**코치** 고객님이 말해왔던 것으로 보아서는 먹구름 정도가 아닌 것 같은데요. 지난 몇 주 동안 어두운 분위기였어요. 맥이 풀린 것 같고 잘 먹지도 못한다고 말씀하셨잖아요. 이 모든 것이 마쳐야 할 그 원고 때문이라고요.

**고객** 조사 보고서예요. 사실 조사는 끝났고 보고서만 쓰면 되거든요.

**코치** 언제 그것을 끝내실 것인가요?

**고객** 이런 상태로는 잘 모르겠어요.

**코치** 몇 시간 정도 걸릴 것으로 보이나요? 한번 최대한으로 예측해보시겠어요?

**고객**  말씀드리기 어려워요. 대략 30시간 내외 정도요?

**코치**  제가 한 가지 도전 과제를 드리고 싶은데요. 다음 주에 저희가 통화하기 전까지 그 보고서를 끝내는 것입니다. 그렇게 하시겠습니까?

**고객**  다음 주요? 말도 안 돼요.

**코치**  일주일 정도면 하실 수 있겠어요?

**고객**  글쎄요. 그것만 한다고 하면요.

**코치**  이제 무엇을 하시겠습니까?

**고객**  개략적인 초안을 만들어보지요.

**코치**  훌륭합니다. 만일 일주일 후에 '야, 드디어 끝냈어!'라고 말한다고 가정해보세요. 어떤 느낌일 것 같으세요?

**고객**  말로 표현할 수 없을 정도로 매우 좋겠지요.


# 상기 구조물 활용하기

코칭 관계에서의 책무는 일종의 상기 구조물Structure 역할을 한다. 책무는 우리로 하여금 집중하게 하고 훈련하게 하는 일종의 수단이다. 사실 구조물이란 고객으로 하여금 그들이 하기로 약속한 영역에 실제 행동을 할 수 있도록 상기시켜주는 어떤 장치를 의미한다. 구조물은 고객의 일상적인 삶에 개입하고, 고객의 눈에 띄고, 고객의 주의를 끌어내고, 고객이 계속 행동을 취할 수 있도록 도와주는 장치이다. 구조물은 아주 다양한 형태로 나타난다. 아침에 일어나기 위해자명종을 맞추는 것도 간단한 구조물의 예이다. 왜냐하면 일어날 시간을 상기시켜주기 때문이다. 집중력을 기르고 행동을 하도록 만들 수 있는 구조물은 너무나 다양하고 많다. 각각의 구조물은 고객의 다른 감각에 각각 호소한다. 촉각에 호소하는 구조물의 예로는 '이사회에 위엄을 느낄 수 있는 정장Power suit을 입고 가는 것', 시각에 호소하는 구조물의 예로는 '꿈꾸는 집이나 가고 싶은 휴양지의 그림을 책상 위에 붙여놓는 것', 청각에 호소하는 구조물의 예로는 '프로젝트의 완료를 도와주거나 운동할 때 즐길 수 있는 음악을 개인적으로 녹음해서 듣는 것' 등이다.

고객은 주어진 과제에 대해 행동을 하겠다는 다짐을 하지만 종종 매일의 삶이 장애물이 된다. 익숙한 매일의 삶, 가족과 일에서의 갑작스러운 요구사항들, 심지어 변화에 대한 고객 자신의 저항 같은 장애물로 인해 훌륭한 의도와 개인적인 약속들을 실행하지 못하게 된다. 바로 이때 고객으로 하여금 그들이 한 다짐을 상기시켜주고 기억시켜주는 구조물의 위력이 필요한 것이다.

다음에 상기 구조물의 몇 가지 예를 들었다.

- 컴퓨터 화면에 특별한 시각적 이미지나 테마를 보여주는 스크린 세이버Screen saver 설치하기.
- 사무실이나 집 안 곳곳에 확인과 기억을 상기시키기 위한 포스트 잇 부착하기.
- 벽면에 차트를 부착해서 주요 목표의 일간 또는 주간 단위 진행 현황 파악하기.
- 명상 테이프나 오디오 북Audio book(책 내용을 낭독하여 녹음한 것)처럼 개인

적 동기부여를 위해 직접 만든 오디오 파일 듣기.

- 고객사에 영업 목적으로 전화를 할 때 (마술 갑옷Magic armor 같은) 특별한 복장 일부를 선택하기.
- 양초를 켜거나 향을 피우기.
- 주머니 속에 작은 돌이나 인형 같은 것을 넣기.
- 방 안의 전등 밝기를 밝게 하거나 어둡게 하기 또는 불빛의 색깔을 변경하기.
- 마감일 정하기(예를 들어, 파티를 위해 사람들을 집으로 초대함으로써 그간 완료하지 못한 방 안 칠하기나 집 안 청소 끝내기).
- 창의적인 결과나 보상을 정하기.

상기 구조물은 코칭 세션 사이에 고객의 행동과 학습을 지속적으로 유지할 수 있게 하는 수단이다. 고객마다 좀더 민감하게 반응하는 다른 감각 영역이 있을 것이다. 어떤 상기 구조물이 고객에게 효과가 있는지를 실험해보고 그 구조물을 계속 재미있게 활용해보기 바란다. 여기서 중요한 것은 '재미있게 활용하는 것'이다. 상기 구조물은 고객이 제 궤도를 유지하기 어려워하는 분야에 집중력과 학습을 제공하기 위한 것이다. 코치는 상기 구조물을 재미있게 만들어서 고객으로 하여금 약속한 것을 끝까지 완수할 수 있는 가능성을 높여주게 된다.

## 1. 요청하기

불만을 요청의 형태로 표현할 수 있지만 대부분은 그렇게 하지 않는다. 만약 식당에서 당신 머리 위에 있는 에어컨의 바람이 당신에게 불어오는 것에 대해 불만이 있을 경우 당신은 그냥 참고 앉아 있거나 조치를 취해달라고 요청할 수 있다. 불만스러운 것에 대해 요청을 적절하게 잘하면 개선이 이루어지고 그 불만은 사라진다.

이런 연습을 해보라. 당신의 삶에 있어서 생각대로 잘되고 있지 않은 25가지로 구성된 불만 목록을 작성해보라. 반드시 합리적인 것들일 필요는 없다. 예를 들어, 날씨에 대해 불만이 있다면 그것을 적어라. 불가항력적인 것들도 불만이나 요청의 대상이 될 수 있다.

이 불만 목록을 완성하면 각각의 불만을 처리할 수 있는 요청의 문장을 작성해보라. 요청의 타깃Target을 가능한 특정한 사람, 즉 그 요청을 처리해줄 수 있는 위치와 능력을 갖고 있는 사람으로 하라. 그러고 나서 목록에 있는 25가지 불만 요소의 거의 전부를 대상으로 실제 앞에서 작성한 대로 요청해보기 바란다. 기억해둘 것은 요청에 대한 답변은 항상 세 가지라는 것이다. 바로 "예" "아니요" 그리고 "대안"이다.

## 2. 도전하기

3장에서 통합적 시각 스킬로 작성했던 열 명의 친구나 동료로 구성된 명단을 들여다보라. 다음 실습의 목적은 각각의 사람에게 도전의 문장을 써보는 것이다. 그들의 기대 수준을 극적으로 높일 수 있는 방법으로 그들 각각의 통합적 시각을 시도해볼 수 있는 도전이 되어야 한다. 이렇게 하는 것은 그들을 앞으로 나아가게 하고, 그들이 특별한 학습을 할 수 있도록 하기 위한 것이다. 그리고 당신 생각에 그들이 스스로 안전지대를 벗어나 자신을 확장시킬 수 있는 진정한 도전이 되어야 한다. 그래서 그들이 당신의 도전에 의미 있는 대안을 제시할 수 있도록 말이다.

## 3. 상기 구조물

단순하고 다소 전형적인 상황을 예로 들어보자. 당신의 고객이 너무 바빠서 사무실을 깨끗하게 유지하기 어려운 상황이다. 그로 인한 혼란이 그를 심각할 정도로 산만하게 만든다. 이제 더 이상 참을 수 없는 지경에 이르렀다. 무엇인가 조치를 취해야 한다.

자, 이런 상황에서 코치인 당신은 그로 하여금 지속적으로 사무실을 깨끗하고 정리 정돈이 잘되게 유지할 수 있도록 도와줄 상기 구조물 15개를 만들어보는 것이다. 해보기 바란다.

# 7장
# 자기관리

✓

코치와 고객의 관계에서 우리가 가장 이상적으로 생각하는 그림은 코치와 고객이 100퍼센트 연결되어 있는 것이다. 코치인 당신은 고객과의 대화를 하나도 놓치지 않도록 주의 깊게 2단계 경청을 하고, 그 대화가 코치를 통해서 그리고 코치 주변으로 자연스럽게 흘러가도록 당신의 직관에 귀를 기울이고, 분위기를 자각하고, 감정상태를 느끼면서 3단계 경청을 하는 상태일 것이다. 그것은 마치 코치와 고객이 두 사람의 관계를 산란하게 할 수 있는 외부 세계의 모든 것으로부터 완전히 차단된 안전한 공간Bubble 안에 있는 것과 같다. 그것은 이상적인 상태이다. 그러나 때때로 이렇게 강렬하게 몰입된 대화 중간에 전화벨이 울릴 수 있다. 또는 당신의 마음, 생각, 느낌 속 벨이 울릴 수도 있다. 안전하게 보호된 공간이 사라지게 된다. 그러면 코치는 대화에서 멀어지고, 다른 생각이나 느낌으로 빠지게 된다. 즉,

코치인 당신과 고객과의 연결이 끊어지는 것이다.

그런 일이 발생한다. 실제 고객과의 대화에서 여러 번 일어날 수 있다. 고객이 한 이야기 중의 어떤 것으로 인하여 코치의 생각이나 반응이 산란해지고, 코치로 하여금 자신의 삶에 있어서의 어떤 경험과 강렬한 추억을 기억하게 만든다. 이것은 비록 잠시라 하더라도 코치로 하여금 자신의 생각과 느낌에 집중하도록 하는 것들로서 매우 인간적인 반응이라고 할 수 있다.

코칭 대화와는 전혀 관계가 없는 생각들일 수도 있다. 예를 들어, 처리하기로 약속을 해놓고 잊고 있었던 식당 예약 건이 갑자기 생각나는 것처럼 말이다. 또한 코칭 순간에도 나타날 수 있다. 특별하게 반짝이는 아이디어가 떠오른 순간이나 코칭을 제대로 하고 있지 못하다는 느낌과 판단으로 인해 고객에게서 멀어지게 된다. 또는 주변에서 일어나는 것(강아지가 짖는다거나, 소방차의 사이렌 소리가 들린다거나, 폭풍이 온다거나 등)으로 인해 그러한 일이 일어날 수도 있다. 그것은 당신만이 감지하는 어떤 것이다. 창문이 열려 있고, 비가 와서 중요한 문서가 젖고 있는 것처럼 말이다.

당연히 당신은 이렇게 주의를 산만하게 만드는 요인들을 최소화하기 위한 환경과 조건을 만들고 싶어 하지만, 시시때때로 그러한 일들이 일어난다. 그래서 자기관리 스킬은 어쩌면 상황에 대한 자각과 그러한 상황을 극복할 수 있는 능력의 조합이라고 할 수 있을 것이다. 그것은 당신 자신에 대한 자각, 고객과의 관계에서 지금 어디에 있고 어디로 가고 있는지를 알아차리는 능력, 다시 원래의 상태로 돌아가서 고객과의 연결을 다시 할 수 있는 능력이라고 말할 수 있다.

궁극적으로 자기관리란 고객에게 코치인 당신의 모든 것을 헌신하겠다는 다짐의 표현이다. 100퍼센트 연결되어 있다는 것은 이상적이다. 그래서 자기관리는 고객과의 관계가 100퍼센트가 되지 않는 환경에 있을 때 100퍼센트로 회복하기 위해 코치가 사용하는 스킬인 것이다.

## 제어하기

고객도 사람이다. 다른 말로 이야기하자면, 그들도 예측할 수 없는 경우가 있다는 것이다. 자기관리가 필요한 가장 흔한 상황 중의 하나는 코칭 세션이 갑작스러운 우여곡절을 겪을 때이거나, 고객이 코칭의 초점과 방향을 세션마다 바꾸는 경우이다. 그러한 상황이 언제 어디서 나타나든 간에 고객과 함께 코칭을 진행할 수 있는 코치의 역량이 효과적인 코액티브 코치가 되기 위해서 너무나 중요하다. 그렇기 때문에 우리는 코액티브 코칭 모델의 4가지 기초 중의 하나로 고객과 '지금 이 순간을 춤추기'를 제시했던 것이다.

자기관리의 또 다른 의미는 고객이 이끄는 대로 그저 따라가는 것과 고객과의 특별한 주제에 집중하는 것의 차이를 이해하는 것이다. 스스로에게 "우리가 아직 큰 어젠다Bigger agenda에 남아 있나?"라고 질문하는 순간, 당신은 대화로부터 멀어지게 된다. 마치 당신 내부의 방관자가 새로운 대화가 시작되는 것을 보는 것처럼 말이다. 그러나 때때로 조금의 객관적인 거리를 두는 순간적인 대화의 멈춤은 코칭을 제 궤도에 머무르게 하는 데 중요할 때가 있다.

코치인 당신은 코칭의 내용이나 심지어 코칭 어젠다 자체로 산만해질 때 코칭이 힘들어진다. 고객이 말하는 기술적인 세부사항이나 전문용어로 갑자기 꼼짝 못 하거나 어젠다 자체로 산만해질 수 있다. 심지어 고객이 취하고자 하는 행동계획을 수용해야 할 때가 있다. 사실, 코치가 고객의 행동계획에 언제나 동의하는 것은 아니다. 그러나 자기관리 스킬은 고객의 행동계획을 그들의 것으로 존중하는 것이다. 함께 작업하고, 필요한 대로 변화하고, 완전히 실패도 하고, 영예롭게 성공도 하고 그리고 언제나 그 과정에서 새로운 학습을 하는 것 모두 고객의 것이다. 당신의 진실성을 지키기 위해서 조심스럽게 조언이나 판단을 하는 것이 아닌, 당신 자신의 경험과 의견을 제시하고 있다는 당신의 유보적 입장을 공유할 수 있다.

코칭의 내용과 방향에 대해 사려 깊게 주의를 하는 것이 자기관리의 또 다른 면이다. 그러나 자기관리는 모든 범주의 반응을 다 포용한다. 결국 코치도 사람이어서 때때로 코칭 대화나 주제, 고객의 말 한마디가 코치 쪽에서의 특별한 반응을 야기시킬 수 있다. 고객이 생활보호대상자 가정의 어머니들이나 이혼한 남자, 인종집단에 대해 경멸하는 듯이 어떤 이야기를 하거나, 당신이 수용하기 어려운 언어를 사용한다고 해보자. 고객과 많은 대화를 하다 보면 당신을 화나게 하는 일이나 당신의 개인적인 수준에 맞지 않아 고객과 부딪치는 경우가 발생할 수밖에 없을 때가 있다. 그렇게 되면 당신은 비판적이거나, 중심을 잃거나, 독단적으로 변할 수 있다. 코칭에서 이러한 상태를 '말려들었다Hooked'고 말한다. 마치 커다란 갈고리가 당신 속으로 들어가 당신을 홱 하고 걸어버린 것처럼 말이다. 그래서 1단계 경청인 당신만의 생각과 의견에 빠지게 되어 더 이상 고객에게 집중하지 못하게 된다.

이런 일이 예상치 못하게 일어난다. 예를 들어, 당신의 고객 중에 "아니요"라고 거절의사를 표현할 수 있는 스킬을 훈련 중인 고객이 있다고 하자. 보상을 받지 않는 한 초과근무를 하지 않겠다고 말하는 것, 에너지를 고갈시키는 해로운 스낵을 먹지 않겠다고 하는 것, 잡담으로 소중한 시간을 빼앗아버리는 동료에게 "아니요"라고 말하는 것, 특별히 중독성이 있는 관계를 그만두는 것과 같은 것이다. 그간 이러한 약속이 잘 지켜진 것은 아니었으나, 최근 좀 나아지는 것처럼 보였다. 그러나 오늘 코칭 세션에서 이 모든 것이 깨져버렸다. 이번 주말에 초과근무를 다시 하기로 하였고, 오후마다 해로운 스낵을 엄청 먹어댔고, 중독성이 있는 관계에 또 한 번의 기회를 주기로 결정했다. 이런 상황에서 당신은 침착하고, 상황을 이해하려 하고, 참으려고 노력한다. 그러나 당신은 거꾸로 되돌아가는 것을 너무나 많이 보아왔다. 또한 당신은 이 고객의 능력과 그렇게 되돌아감으로써 치를 대가를 분명히 볼 수 있게 된다. 그 고객이 스스로 그러한 것을 볼 수 없다는 사실이 당신을 미치게 한다. 목덜미에서 화가 치밀어오르고 당신의 심장이 뛰는 것을 느낀다. 당신은 정말로 이런 고객에게 질려버렸을 것이다.

와! 이러한 분노가 당신의 가장 좋은 의도와 고객에 대한 당신의 사랑으로부터 온다고 하더라도, 일순간에 이런 분노, 좌절, 화는 당신과 고객의 연결상태를 끊어버릴 정도로 당신을 위험한 순간으로 데

려갈 것이다.

반대 상황이 일어나기도 한다. 당신은 세 달 동안 어떤 고객과 코칭을 해왔는데 아무런 결과도 얻지 못했다고 가정하자. 그는 처음 코칭 관계를 시작했을 때와 비교해서 오늘 현재 그의 목표에 더 가까이 다가가지 못하고 있다. 그는 행동을 취할 수 없는 똑같은 이유를 계속 반복해서 말하고 있다. 당신은 당신이 생각할 수 있는 모든 방법을 동원했지만 전혀 소용이 없다. 오늘 드디어 "나의 코칭이 적절하지 않은 것 아닌가?"라는 당신 내면의 부정적 판단이 서서히 가동된다. "당신은 실패했어. 당신의 능력으론 안 돼. 당신은 역량이 없어. 당신을 믿고 코칭을 받으러 온 그에게 당신은 한 것이 아무것도 없어"라고 말이다. 이제 당신은 그러한 사실을 인정할 용기조차 없고 그가 다른 코치나 전문 치료사로부터 코칭을 받을 수 있도록 도움을 주지도 못한다. 당신이 이와 같이 스스로를 학대하는 내면의 대화를 하는 동안 고객은 허우적거리게 되고, 아마도 코치인 당신이 어디로 가버렸나 하고 의아해할 것이다.

그러한 신호들이 보인다. 당신이 변명하고, 판단하고, 화가 나는 등 당신 내면의 분석에 빠져 있을 때는 경고음Alarm bells이 울려야 한다. 즉, 당신이 이러한 개인적인 감정상태에 말려들었거나 빠져 있다는 것을 아는 순간, 당신은 더 이상 고객과 함께 있는 것이 아니다. 당신은 1단계 경청의 반응, 생각, 감정상태에 있는 것이다. 당신은 새장에 갇혀서 작은 수레바퀴를 열심히 돌리지만 아무 데도 가지 못하고 있는 꼴이 된다. 당신은 당신의 고객으로 돌아가서 다시 연결할 수 있는 방법을 찾아내야 할 것이다.

# 금지된 영역

자기관리는 또한 코칭을 어디에서 멈추는가에 관한 문제를 다룬다. 만약 모든 코칭이 코치가 편하다고 생각하는 범위 내에서만 일어날 수 있다면 멋진 일일 것이다. 그러나 코치가 가고 싶지 않은 곳, 그들 스스로 자신이 없어 하는 곳, 차후 가져올 결과가 두려운 그러한 곳들이 있을 수 있다.

아마도 코칭을 하는 과정에서 때때로 당신은 냉엄한 진실을 말하지 못할 때가 있을 것이다. 특히 고객이 당신의 코칭에 만족하지 못할 경우, 당신은 고객을 화나게 하거나 문제를 만들고 싶지 않기 때문이다. 고객을 잃지 않기 위해서 또는 조직 내의 반응이 두려워서 움츠러들기도 할 것이다. 코치는 고객을 기분 나쁘게 하고 싶지 않아서 멈칫하기도 한다. 그러나 그렇게 하는 것은 고객의 삶을 풍요롭게 하는 것에는 도움이 안 된다. 고객이 화가 나서 떠나버릴 가능성이 있을까? 그렇다. 가능하다. 코치는 모든 코칭 세션이 그럴 수 있다는 것을 염두에 두어야 한다. 반복해서 말하건대, 모든 세션에서 그럴 가능성이 있다는 것을 명심하기 바란다. 우리가 때때로 원치 않는 위험은 고객도 원하지 않는다. 그러한 것들이 바로 고객으로 하여금 중요한 목표를 달성하지 못하게 하고 충만한 삶을 살지 못하도록 하는 요인들이다. 또한 고객이 코칭을 찾아오는 이유이기도 하다.

당신의 삶에서 불편하다고 생각하거나 과거에 움츠러들곤 했던 영역을 냉정하게 들여다보자. 아마도 이러한 영역들은 당신이 코칭 세션에서 탐구하고 싶지 않은 영역일 수 있다. 그러한 것들이 고객에게는 위험하지 않을 수도 있는데 말이다. 당신에게는 그러한 것들이 자기도 모르게 방어적인 습관이 되어 잘 모르고 있는 영역일 수 있다. 대부분 그런 영역이 당신에게는 잘 보이지 않을 것이다. 언젠가 당신은 당신을 움츠러들게 하는 그러한 영역을 거쳐 지나가게 될 것이다. 그러나 고객과 그러한 영역을 탐구하기 전에 그런 일이 일어나기를 마냥 기다릴 수만은 없다. 아마도 당신에게 외로움이 견딜 수 없는 것일 수 있다. 그래서 당신의 고객이 외로움의 이슈를 꺼낼 경우, 당신은 코칭의 방향을 시급하게 바꾸어 다른 이야깃거리를 찾으려고 할 것이다. 당신이 외로움에 대해 갖고 있는 감정적 부담으로 인해서 고객에게 도움이 될 수 있는 일종의 탐구작업을 하지 못하게 되는 것이다. 또는 고객이 갖고 있는 이슈가 누군가를 실망시킬 것이라는 것을 알면서도 진실을 말할 수 밖에 없는 것이거나 돈이나 친분관계와 같이 다루기 어려운 문제일 수 있다. 이러한 문제를 깊이 탐구하는 것은 고객의 행동과 학습에 매우 중요하다. 자기관리란 이러한 이슈들이 당신에게는 불편한 것들임을 알면서도 고객을 위해서 어떠한 식으로든지 탐구하는 그런 것이다. 코치인 당신은 기꺼이 당신이 편하게 생각하는 영역을 넘은 부분에 대해서도 코칭을 할 수 있어야 한다.


## 자기판단과 좋은 판단

보통 코치라는 전문 직업을 갖고 있는 사람들이 그들의 삶에서 자신의 학습과 성장뿐만 아니라 그들의 고객은 물론 다른 사람들의 학습과 성장도 매우 중요하게 생각한다고 이야기한다면 틀리지는 않을 것이다. 따라서 코치는 자신 스스로에 대한 분석Self-analysis에 매우 익숙하다. 그러한 분석이 때때로 심각한 손상을 주고, 부적절한 자기 판단Self-judgement으로 나타날 수 있다.

자기관리는 당신의 뇌 속에서 자기판단이 현재 진행 중이라는 것을 인식하는 것이고, 건설적인 분석과 스스로를 파괴하는 속삭임의 차이를 알아차리는 것이다. 코치인 당신에게 이런 사실을 깨닫게 하는 비결은 당신이 고객에게 가르쳐주는 것과 같다. 우선 그 존재를 알아차려라. 그리고 마음속에 그것을 잘 기록하도록 하라. 비난하거나 관찰하는 부분은 정확히 무엇인가? 당신이 느끼는 경험을 명확하게 해두고, 잘 기록하고, 주의를 기울여라. 그리고 자신에게 몇 가지 질문을 해보라. "그러한 것들이 나에게 진정 무엇을 의미하는가? 그 부분에서 내가 배울 점은 무엇인가?" 그 부분에서 당신을 자기판단으로 말려들게 하거나 반응을 야기시킨 어떤 것이 일어났을 것이고, 그것은 주의를 기울일 만한 가치가 있는 것이다.

그러한 경험에 대해서 가능한 최악의 해석을 하기 전에 스스로 생각할 수 있는 시간을 가져보라. 분명히 이런 성찰의 시간은 당신 혼자서나 동료 또는 당신의 코치와 함께 코칭 세션을 떠나서 시도해볼 수 있는 가치 있는 일이다. 이런 혼란스러운 경험도 배움의 일부이고 코치로서, 한 인간으로서 더욱 강하게 성장할 수 있는 과정이라는 것을 아는 것이 중요하다. 당신이 더욱 능숙하게 자신의 자기판단을 알아차리고 효과적으로 처리할 수 있게 되면 당신은 고객으로 하여금 그들이 자신의 자기판단을 잘 처리하도록 도울 수 있을 것이다.

자기관리는 또한 코치가 자신이 능력 밖의 상황에 처해 있을 때를 알아차리는 것이기도 하다. 그런 생각이 날 때 당신 자신에게 관대해지기 바란다. 그런 상황에서 고객을 위하고, 한편으론 당신 자신을 위해서도 가장 건설적인 방법은 그 고객을 다른 코치나 도움이 될 만한 다른 자원에 소개하는 것이다. 자신이 실패했다고 느끼는 것을 좋아하는 사람은 아무도 없다. 그러나 그런 경우에 가장 바람직한 행동, 가장 전문가적인 행동은 고객을 위해서 고객과의 관계를 끝내는 것이다. 그러면 그 고객은 다른 경력의 카운슬러나 전문 치료사Therapist 또는 좀더 객관적인 코치와 더 잘 해나갈 수 있을 것이다. 만일 고객과의 협력적 관계가 원만하지 않으면, 당신 혼자서 그 관계를 유지하지는 못할 것이다. 그래서 당신이 진정으로 고객과 함께 일할 수 없다고 느낀다면 각자 갈 길을 가는 것이 두 사람에게 가장 바람직할 것이다.

## 실습

솔직해져보자. 고객과 언제나 함께 있기를 바라는데도 불구하고, 때때로 당신은 고객과 단절될 경우가 있을 것이다. 여러 가지 이유, 중요하거나 사소한 이유가 있을 수 있다. 우연히 당신의 책상에서 밀린 고지서를 발견한다거나, 누군가가 당신의 방문을 두드린다거나 또는 고객이 한 말이 당신이 동료와 다투었던 불편한 대화를 떠올리게 하는 것 등 말이다. 이때 당신이 할 수 있는 가장 강력한 방법 중

하나는 솔직히 그 상황을 인정하는 것이다. "미안해요. 잠시 깜박했습니다. 다시 말씀해주시겠습니까? 제가 놓친 부분이 있어서요."

잠시 깜박했다는 사실을 인정하는 것이 사실은 고객과의 신뢰를 더 잘 구축하고 고객에 대한 당신의 다짐을 재확인할 수 있는 것이다. 당신은 그러한 깜박한 사실을 감출 수 있다고 생각할지 모르지만 고객은 실제로 이야기하지 않는다 하더라도 당신이 잠시 깜박했다는 것을 알아차린다. 더욱이 당신은 고객과의 관계를 강력하게 만들어주는 진실성의 모범을 보여주어야 한다. 고객은 무슨 일이 일어났는지에 대해 감추려고 하지 않았다는 당신의 정직성을 존경하게 된다. 그렇게 인정했다는 것이 당신이 그러는 척하는 것이 아니고, 진정으로 고객에게 헌신하고 있다는 것을 말해주는 것으로 이해하게 된다.

많은 코치는 고객과 함께 존재하고 코칭을 준비하기 위해 코칭 당일을 시작하기 전이나 약속한 코칭 시간 이전을 활용하는 일종의 의식이 있다. 그것은 고객을 위해 신체적으로나 감정적으로나 정신적으로나 심지어 영적인 방식으로 코칭을 스스로 준비하는 일종의 체계적인 행위이다. 특히 이러한 종류의 준비는 당신이 개인적인 삶에 지쳐 있을 때 중요하다. 당신은 코치이면서 인간이다. 주기적으로 당신으로 하여금 고객에 주의를 기울이기보다는 당신 자신에게 주의를 기울이게 하는 일들이 발생하게 마련이다. 출근하는 길에 교통 체증에 걸리지 않고 제시간에 출근하기 위해 서두르고, 어찌할 바를 모르고, 초조해졌을 경우에 당신은 고객과 통화하기 전에 자신의 감정을 가라앉혀야 한다. 그래야 당신은 자신의 문제가 아닌 고객에게 완전히 집중할 수 있기 때문이다.

코칭 전화를 하기 전에 이와 같은 일상적인 문제와는 달리, 당신의 명치를 가격하는 것 같은 충격적인 일들도 일어날 수 있다. 당신 친구에 대한 나쁜 소식(조직검사 결과 그 덩어리가 암이다 등)을 들을 수도 있다. 또는 좀처럼 사라지지 않는 이슈에 대해 당신의 동업자와 치명적인 논쟁을 막 끝냈을 수도 있다. 마음을 가라앉히고 차분하게 하면 당신 자신의 감정에 휘말리지 않고 코칭의 순간에 완전히 몰입할 수 있게 된다. 쉽지는 않다. 때로는 심지어 가능하지 않을 수도 있다. 그럴 때는 고객에게 전화해서 코칭 일정을 다시 잡아야 한다. 고객을 위해서 더욱 강해져야 한다. 일이 잘 안 풀릴 때 이를 악물고 참아내는 것은 칭찬할 만한 일이나, 그것도 어느 정도까지이다. 자기관리는 그 지점이 어디인지를 아는 것이다.


## 코치의 의견과 조언

고객에게 도움이 되고 싶은 마음에 훌륭한 조언을 하려는 욕구가 너무 강해서 때로는 그렇게 하지 않기가 매우 어려울 때가 있다. 이런 경우에 자기관리는 어떤 지켜야 할 규칙의 문제가 아니라 코치의 판단 문제이다. 우리는 거듭 강조해왔다.

고객은 본래 창의적이고, 잠재력이 풍부하며, 전인적이어서 그들이 해답을 갖고 있거나 어디에서 해답을 찾을 수 있는지를 안다고 말이다. 그러나 때로는 당신의 지식과 경험이 분명하게 고객이 필요로 하는 것이어서 고객의 시간, 돈, 노력을 줄여줄 수 있을 때 그것을 말하지 않고 참는 것이 무의미할 때가 있다. 만일 당신이 양심적으로 대화를 당신의 경험으로 제한하고 고객으로 하여금 다수의 대안을 탐색하면서 최선의 안을 찾도록 격려를 하는 한, 당신의 경험은 전문가의 답이 아니라 그저 가능한 대안 중의 하나로 보일 수 있다. 간단히 말해서, 당신의 의견이나 조언을 결코 고객과 공유하지 않겠다는 것을 원칙으로 정하지는 말라는 것이다. 즉, 자기관리란 언제나 고객의 최상의 이익을 위해 코치의 재량으로 사용할 수 있는 스킬이다.

이런 재량의 문제는 코치 자신의 개인적인 스토리를 공유할 것인지 하지 않을 것인지를 결정하는 데도 적용된다. 대부분의 경우에 개인적인 스토리를 이야기하지 않는 것이 가장 좋다. 코치로서 당신은 고객이 당신의 친구일 때와는 다른 관계를 갖고 있다. 코칭 세션에서의 관계는 고객이 자신의 동료, 동업자, 관리자와 맺는 관계와도 다르다. 코칭 세션에서의 주의와 코치의 주의는 모두 고객의 삶과 어젠다에 집중되어 있다. 거의 모든 경우에 코치가 자신의 개인적인 스토리를 공유하는 것은 적절치 않을 뿐만 아니라 고객의 시간을 낭비하는 것이다. 우리가 '거의 모든 경우에'라고 의도적으로 이야기한 것은 코치 자신의 스토리의 아주 일부는 고객과의 신뢰와 관계를 구축하는 데 중요할 때가 있기 때문이다. 코치는 그저 이름 없는 비인간적 자원이 아니라 인간이라는 사실이 오히려 강한 코액티브 코칭 관계를 구축하는 데 도움을 줄 것이다.

여기서 중요한 단어는 '관계'이다. 우리는 강력한 관계가 신뢰, 안전, 개방적 환경을 창조해주는 것이고, 고객으로 하여금 가장 대담하고 활력을 주는 선택을 하기 위해 필요한 커다란 위험을 무릅쓰도록 하는 것이 바로 깊은 수준의 관계라고 믿고 있다. 그러나 당신도 알수 있듯이, 그것은 해석과 재량의 여지를 남겨둔다. 궁극적으로 코액티브 모델에서는 길게 보아 고객에게 '무엇이 최선인가'가 결정의 요체이다.

우리는 지금까지 자기관리의 전후 맥락을 주로 코치의 관점에서 전체적으로 이야기해왔으나 코치의 잘 개발된 자기관리 역량이 고객에게도 유익함을 줄 수 있다고 본다. 코치는 고객에게 자기관리의 주요 특성들을 보여주기 때문에 고객은 그 효과를 보고 배운다. 현재의 순간에 어떤 일이 일어나고 있는지를 더 의식하게 되고, 언제 대화가 단절되었는지를 알아차린다. 진실을 말하기 어려울 때 큰 소리로 말하는 방법을 배우고, 단절되었을 때 회복해서 고객과의 관계를 다시 연결하는 방법을 배운다. 이런 배움의 유익함이 코칭 세션을 넘어서 고객의 삶으로 울려 퍼지게 되고 더욱 강력한 관계를 구축하는 데 도움이 된다.

사실 고객이 좀더 나은 경청 스킬을 개발하거나 그들의 직관을 더 신뢰하는 것을 배우는 것과 같이, 고객은 코칭에 몰입한 결과로 역시 그들의 삶에서 이용할 수 있는 자기관리에 대해서도 배우게 된다. 고객은 특별히 그들이 습관적으로 말려들거나 궤도에서 벗어나는 상황과 같은 그들 자신의 내면의 경험을 더 잘 알아차리는 것을 배운다. 이런 맥락에서 자기관리 스킬을 고객에게 가르쳐주는 것은 그들이 이런 상황들을 알아차리고 더 빨리 인식할 수 있도록 도와준다. 그래서 고객은 자신의 잠재력이 더욱 풍부하다는 것을 알게 된다.

# 코칭 스킬

일반적으로 자기관리와 관련이 있는 코칭 스킬이 매우 많다. 이런 스킬은 관계를 더욱 역동적으로 만들어주고 코치와 고객이 각각 자신의 강점을 유지할 수 있도록 도와준다.

## 회복

자기관리 맥락에서 가장 명백한 스킬은 분명히 회복Recovery일 것이다. 즉, 대화의 분열이나 단절을 알아차리고 다시 연결하는 능력이다. 코치에게 그 단절은 단순히 혼선(고객과의 대화에서 맥락을 잃는 것과 같은)의 경우일 수 있다. 또는 이야기 중인 주제나 고객이 말한 것에 대한 매우 강한 감정적 반응일 수도 있다. 이 회복 스킬에는 세 가지 요소가 있다. 바로 알아차리기Noticing, 묘사하기Naming, 다시 연결하기Reconnecting이다.

## 알아차리기

인지 단계는 매우 중요하다. 정확히 무슨 일이 일어났으며 무엇이 왜 그런 일이 일어나도록 했는지 아는 것은 전혀 불필요하다. 최소한 이 단계에서는 단순히 차이, 전환, 단절을 알아차리는 것이 중요하다.

## 묘사하기

방금 무슨 일이 일어났는지를 말하라. "대화 도중 길을 잃었어요" 또는 "잠시 다른 것에 방해받았어요" 같은 말하기는 선택적으로 사용할 수 있다. 그러나 특히 회복 스킬을 연습할 경우에는 묘사하기를 사용할 것을 권장한다. 대부분의 경우에는 그것을 크게 말하는 것이 가장 좋다. 왜냐하면 고객은 당신이 지금 어디에 있는지를 알 수 있기 때문이다. 고객과의 관계를 다시 정렬함으로써 코칭이 얼마나 빨리 제 궤도에 돌아올 수 있는지 놀랄 것이다.

### 다시 연결하기

사람마다 각각 연결을 위한 다른 방법들을 갖고 있을 것이다. 그리고 상황마다 다른 절차가 필요할지도 모른다. 그것은 기본적으로 당신의 주의를 다시 고객에게 되돌리는 절차이다. 당신이 믿고 있고, 더 원하고 있고, 쉽게 축하해줄 수 있는 점이 고객의 어떤 부분인지를 찾아보라. 그리고 당신이 칭찬하고 더 나아지기를 바라는 부분으로 다시 연결을 시도하라.

### 허락 구하기

고객이 코칭의 방향을 정하는 데 책임이 있다는 것을 고객에게 기억시키기 위해 코치가 사용하는 가장 중요한 기술 중의 하나가 고객의 허락을 구하는 것Asking permission이다. "이 이슈에 대해 작업을 할까요?" "제가 보는 바를 이야기해도 될까요?" "이것에 대해 고객의 피드백을 좀 주시겠습니까?" 코치가 고객의 허락을 구한다는 것은 고객이 코칭 관계에 주도권을 갖고 있다는 것을 보여주는 것이다. 또한 그것은 코치가 코칭 관계에서 자신의 주도권의 한계를 알고 있다는 것을 보여주는 것이다. 허락 구하기는 코치 쪽에서는 자기관리를 하고 있음을 의미하는 것이고, 고객으로 하여금 코칭 관계와 코칭 작업을 관리할 책임을 지도록 하는 것이다. 당신이 허락을 구하게 되면 고객은 존중받는다는 느낌을 갖게 된다. 그들의 경계도 존중을 받는다. 허락 구하기는 당신이 다루고자 하는 이슈가 평소와 달리 매우 은밀한 사안이거나 고객을 불편하게 하는 사안일 경우 특히 중요하다. 다음과 같이 질문을 하라. "고객께서 이 문제를 처리해온 방식에 대해 제가 느낀 바를 말씀드려도 될까요?"

### 대화의 예

**고객**  우리가 세운 계획이 제대로 효과를 거두지 못했다는 것을 알았어요. 즉흥적으로 뭔가를 해야 했어요. 탭댄스를 추듯이 말이지요. 그것은 예전으로 돌아간 것 같았어요. 계속 개선을 해나가야겠네요.

**코치**  우선 말씀드리고 싶은 것은, 우리가 만든 계획이 고쳐서는 안 되는 그런 신성한 것은 아니라는 거예요. 고객님은 가장 좋은 행동 방향을 선택하시는 거예요. 저는 고객님이 무엇이 올바른 결정인지를 알고 있다고 믿어요. 그리고 어떤 결정을 내리든지 앞으로 나아갈 것이며 그것을 통해 무엇인가를 배울 것이라고도 믿고요. 그래서 어떻게 하기로 결정했나요?

**고객**  제가 그렇게 했어요. 다른 방향으로 행동을 취했어요.

**코치**  다른 이야기를 하기 전에, 저는 고객님이 과거에 말씀하신 것을 바탕으로 이번 일을 처리한 방식에 대해 제 의견을 드리고 싶은데 허락해주시겠습니까?

고객 제가 좋아하지 않을 수 있는 이야기를 하실 것 같지만 물론이지요. 무엇인가 가치 있는 것을 들을 수 있다면 열심히 듣지요.

## 핵심 요약하기

고객이 자신의 이야기를 지나치게 길게 하여 코칭 세션을 무참하게 압도할 때가 있다. 또는 걷잡을 수 없이 이야기를 반복해서 대화가 엇나갈 때도 있다. 때로 그것은 고객이 이야기하는 스타일일 수가 있다. 그러나 대부분의 경우에 무의식적으로 어려운 대화나 직접적인 대화를 회피하려고 하는 방법이다. 핵심 요약하기Bottom-lining는 대화를 핵심 포인트에 도달하게 하는 스킬이며 고객으로 하여금 또한 핵심을 이야기하도록 하는 스킬이다.

고객과의 초기 세션에서 이 핵심 요약하기 스킬을 다루는 것이 좋다. 그래야 처음으로 당신이 고객에게 핵심을 말해달라고 요청할 때 고객이 놀라지 않을 것이다. 그것은 그 이야기가 재미가 없어서가 아니다. 사실 멋진 이야기일 수 있다. 그러나 이야기는 배경일 뿐이다. 코칭 관계에서 배경에 대한 이야기는 부차적이다. 대부분의 코칭 세션이 매우 짧기 때문에 그저 장황하고 자세한 이야기를 할 시간이 없다. 당신은 문제의 핵심에 대해 코칭을 해야 한다. 고객으로 하여금 핵심을 이야기하도록 요구해야 한다. 그것이 문제의 실체를 발견하는 데 도움을 줄 것이다.

핵심 요약하기는 코치에게도 또한 중요한 스킬이다. 코치로서 당신은 이야기를 너무 많이 해서는 안 된다. 당신의 대화도 핵심만 이야기해야 한다. 말은 고객이 하는 것이다.

**고객**  제가 이것에 관해서는 고장 난 녹음기처럼 말하고 있다는 것을 알아요. 이번 주에는 시간이 정말 없었어요. 제가 여기서 그냥 헛도는 이야기를 하는 것은 아니에요. 일주일에 하루 이틀은 출장을 가요. 그리고 아직도 저녁 수업을 하고 있고요. 저는 가족과 시간을 보낼 필요가 있습니다.

**코치**  그래서 이 문제의 핵심이 무엇인가요, 톰?

**고객**  저는 아버지가 어머니를 돌보시는 것을 도와드리고 싶어요. 아버지의 연세에 그런 몸으로는…. 누군가의 도움이 필요해요. 시간을 약속한 대로 지키지를 못해요.

**코치**  무엇을 하겠다고 약속하시겠어요? 진정으로요.

**고객**  출장 가는 것을 제 마음대로 하지 못해요. 이곳을 떠나면 아무것도 못 해요. 어떻게 해야 할지 모르겠어요.

**코치**  핵심을 이야기하세요, 톰. 무엇을 하겠다고 약속하시겠어요?

**고객**  좋아요. 일주일 중 하루 저녁, 어쨌든요. 출장 가 있는 동안 제가 전화를 드리지요. 더 많은 전화를 드리지요. 아버지가 좋아하실 거예요.

## 격려하기

우리는 앞부분에서 '인정'에 대해 이야기를 했다. 인정이란 고객을 인정하는 것이다. 그들이 그간 이루어 낸 성취를 위해 어떤 사람으로 살아왔는지를 인정하는 것이다. 고객을 격려하는 것Championing도 다소 비슷하다. 그러나 고객의 어떤 특성을 알아주는 것이라기보다 고객을 지지한다는 것이 인정과는 다르다. 당신은 고객이 당면한 도전 과제를 수용할 만한 자신의 능력에 대해 의심하고 있을 때 그들을 지지하고 옹호함으로써 그들을 격려하는 것이다. 그것은 공허한 응원이 아니다. 코치로서 당신은 진실이라고 믿고 있는 것을 격려해야 한다. 고객은 당신이 진심이 아니라는 것을 알아차리기 때문이다. 당신이 진심으로 그러는 것이 아니라면 당신은 격려의 효과를 파괴할 뿐만 아니라 당신 자신의 신용도 위험에 빠지게 할 것이다. 그러나 당신이 고객의 능력, 고객의 강점, 고객의 잠재력을 지적해주고 고객에게 당신이 그들을 믿고 있다는 것을 알게 하면, 고객이 그들 자신의 능력과 가능성에 대해 좀더 깨닫게 될 것이다.

아마도 그것은 그들이 보유하고 있다는 것조차 스스로 깨닫지 못했던 능력이거나 그들 스스로 인정하지 않는 강점일 것이다. 길이 가파르고 고객이 지쳐 있을 때 당신은 그들을 격려하는 것이다. 그때가 바로 고객의 열정을 재충전할 때인 것이다. "당신은 이 일에 너무나 열정적이에요. 그래서 나는 당신이 이것을 할 수 있다고 믿어요" 혹은 "당신은 반복해서 당신이 얼마나 배려심이 많고 당당한지를 보여주었어요. 다시 할 수 있어요" 혹은 "당신은 창조적인 재능을 갖고 있어요. 넘치도록 말이에요. 당신은 이것을 할 수 있을 거예요." 격려는 긍정의 언어이다. 고객의 능력을 볼 줄 아는 것이 코치의 능력이다. 격려는 일견으로는 고객의 미래를 바라보는 것이다. 당신은 달리기의 결승선과 언덕의 정상에 서 있는 고객을 바라보고 그들의 목표가 달성되는 것을 바라보는 것이다.

**고객** 이것은 정말 좋은 기회예요. 제가 원하던 자리예요. 그러나 큰 위험도 있고요. 한번 해보려다가 잘못하면 세상에서 가장 어리석은 늙은이가 될 수도 있고요.

**코치** 올림픽 슬로건을 흉내 내서 말을 해볼까요? "어리석은 늙은이를 위해 달려라 Go for the goat!" 농담이었습니다. 금메달을 향해 달려봅시다 Let's go for the gold. 그런데 금메달을 따기 위해 무엇을 해야 하나요?

**고객** 정말로 솔직하게 이야기해서 저는 여기에서 금메달이 안 보여요. 심지어 은메달, 동메달도요. 저는 제가 이 게임에 뛰는 것이 맞는지도 잘 모르겠어요. 다른 일부 후보자들의 면면을 보았거든요.

**코치** 지금 농담하는 거 아니에요. 메리, 저는 당신이 이것을 할 수 있다는 것을 알아요. 마음속으로 원하고 있는 것과 딱 들어맞고요. 당신 스스로 계획했던 길이고요. 그 일을 할 수 있는 스킬도 갖고 있어요. 그것을 해낼 수 있는 당당함도 갖고 있잖아요. 물론, 위험도 있지요. 그래서 아드레날린이 뿜어져 나오는 것이고, 당신이 이 기회를 택할 것인가 말 것인가의 결정적인 기로에 서 있는 것처럼 느끼는 것이지요. 저는 당신이 이런 기회를 위해 그간 얼마나 준비를 해왔는지도 잘 알아요. 당신은 할 수 있다는 것을 믿어요.

**고객** 당신이 그렇게 믿고 있다는 것은 저도 알아요. 제가 저 자신에 대해 자신이 없을 때 그것은 저에게 자신감을 심어줍니다.

감정 가라앉히기Clearing는 코칭에 마음을 열고 온전히 몰입하기 위해서 나쁜 감정을 발산시키는 매우 의미 있는 스킬이다. 우리는 이미 코치로 하여금 고객과 온전히 함께할 수 있도록 준비시켜주는 감정 가라앉히기에 대해 이야기했었다. 감정 가라앉히기는 우리가 코치에게 중요하다고 이야기했던 동일한 이유로 고객에게도 중요하다. 예를 들어, 고객은 막 해고당했을 때, 가장 친한 친구가 심각한 교통사고를 당했을 때, 은행의 마이너스 대출 건으로 전화를 막 끊었을 때, 큰 고객을 싫어하는 경쟁사에 빼앗겼을 때 코치인 당신에게 전화를 한다. 또는 휴가에서 막 돌아와 그들의 마음이 아직도 피나 콜라다란 칵테일에 젖어 있을 때나 새로 발견한 사랑에 도취해 있을 때도 전화를 한다.

고객이 무엇인가에 온통 마음을 빼앗겨 있을 때 그것은 유익하고 깊이 있는 코칭 대화를 갖지 못하도록 방해한다. 이 경우에 감정 가라앉히기가 필요한 것이다. 고객은 분명히 무엇인가에 의해서 방해받고 있고, 짜증이 나 있고, 화가 나 있으며, 불안해하고 있다. 분명히 크고 지금 일어나고 있는 어떤 것에 의해서 말이다. 그러나 감정 가라앉히기가 필요하다는 신호가 안 들릴 수도 있다. 언제나 커다란 경종의 소리를 들을 수 있는 것은 아니다. 고객이 조금 화가 나 보일 수 있거나, 아마도 당신은 에너지 파장에 작은 소용돌이가 있다는 것을 감지할 수 있을 것이다. 처음에는 고객이 그러한 것을 협의하고 싶어하지 않을 수 있다. 그러나 고객이 평소에 구사하던 창조적 표현이 막히고 부자연스럽다고 느껴지면, 당신은 감정 가라앉히기를 밀어붙일 필요가 있다.

당신의 고객이 어떤 불공정한 사례로 짜증이 나 있다고 하자. 고객의 분위기가 기분 나쁜 냄새처럼 주변의 공기에서 느껴진다. 당신은 이렇게 말할 수 있을 것이다. "당신은 정말 무엇인가에 막혀 있는 것처럼 보여요. 그것을 없애기 위해 몇 분의 시간을 씁시다. 진정으로 불평을 해보세요. 투덜대도 좋고요. 스스로에게 유감이라고 생각해도 좋고요. 과장을 해도 좋아요." 당신이 이 시점에 할 수 있는 최상의 행동은 고객이 감정을 가라앉히도록 돕는 것이다. 고객은 흔히 그런 나쁜 기분을 발산하는 것에 익숙하지 않아서 감정을 완전히 가라앉히기 전에 끝내려고 한다. 그래서 코치인 당신은 마지막 한숨의 나쁜 공기가 다 빠져나갈 때까지 계속 밀어붙여야 한다. 게임을 하듯이 계속 압박을 가하라. "좀더 깊이 들여다보세요. 그 밖에 어떤 일이 있었나요? 그리고 그다음에는요? 어떤 느낌이었지요? 저런, 그런 일이! 좀더 말해주세요."

---

**대화의 예**

**코치** 심란해 보이시네요. 오늘 아침 원래의 일정을 맞추기 위해 너무 열심히 일하고 있는 것처럼요.

**고객** 예, 그래요. 어제 멍청한 주식 거래에서 2,500달러를 잃어버렸어요. 저는 바보인가 봐요.

**코치** 오늘 코칭을 진행하기 전에 먼저 그 감정을 정리해야겠네요.

**고객** 예, 맞아요.

**고객** 전 멍청이 같아요. 더 나쁜 것은 제 친구 두 명에게 이 투자가 정말로 보기 드문 기회라고 설득을 했거든요. 그리고 그들도 돈을 잃어버렸지요.

**코치** 그래요? 그 외에는요? 좀더 심도 있게 이 문제를 들여다볼까요?

**고객** 좋아요. 저는 '쉽게 돈을 버는 계획'에 빠진 저 자신에게 미칠 것 같아요.

**코치** 계속 해보세요. 그 밖에는요?

**고객** 아내가 저를 총으로 쏴버리지 않을까 걱정이에요. 저는 아내와 아이들을 실망시켰어요. 올 여름휴가에 사용할 2,500달러를 어떻게 마련할 수 있겠어요?

**코치** 당신의 가족을 실망시켰다고 생각하는군요. 또 뭐가 있지요?

**고객** 저는 이런 일이 일어날 것을 예상했어야 했어요.

**코치** 예, "이런 일이 일어날 것을 예상했어야 했어요"라고 스스로에게 비판을 하는군요. 그 밖에는요?

**고객** 매우 공허한 기분이에요.

**코치** 공허함을 느끼시는군요. 이다음에 무엇을 할 것인가요?

**고객** 우선 지금의 씁쓸한 감정에서 벗어나야지요.

**코치** 어떻게 하실 건가요?

**고객** 이렇게 정리하는 것이 좋은 시작이 될 것 같군요. 제 아내와의 긴 산책이 도움이 될 것 같고요. 가능한 빨리 이 문제를 정리하는 것이 좋지요. 우린 긴 산책을 좋아하거든요.

**코치** 더 협의할 것이 있나요? 오늘 코칭에서 다루고 싶은 주제가 혹시 이것인가요?

**고객** 아니에요. 사실 물어봐주셔서 감사드려요. 오늘 저녁 가능한 산책을 하지요. 오늘 다루고 싶은 더 시급한 사안이 있거든요.

## 재구성

고객은 흔히 어떤 상황이나 경험을 바라볼 때 특정한 방식에 사로잡혀 꼼짝 못 하는 경우가 있다. 더욱이 그들의 시각이 어떤 면에서는 능력을 약화시키는 경우도 있다. 그래서 당신이 고객의 경험을 재구성Reframing하는 능력을 갖고 있으면, 고객에게 새로운 시각과 새로운 가능성에 대한 느낌을 줄 수 있다. 예를 들어, 당신의 고객이 중요한 컨설팅 계약을 따내기 위해 노력해왔는데 그 계약이 최소 6개월간 보류되었다고 하자. 당연히 고객은 매우 실망할 것이다. 코치로서 당신은 그동안 고객이 새로운 비즈니스를 시작하기 위한 일련의 글을 쓰고 싶어 했으니 오히려 그 6개월의 시간을 그런 목적으로 사용하는 것이 어떤가라고 지적해줄 수 있다. 이와 같이 당신은 고객의 경험을 고객의 궁극적인 목표 관점으로 재구성할 수 있다. 같은 데이터를 이용해서 당신은 고객의 경험을 고객의 삶을 풍요롭게 할 수 있는 관점, 즉 큰 그림으로 해석할 수 있는 것이다.

재구성은 사안의 밝은 면, 충분히 사실적인 면을 보는 것이다. 그러나 그것은 단지 고객을 기분 좋게 하는 것 그 이상의 의미가 있다. 재구성하기는 "바다에는 고기가 충분히 있어" 또는 "우리에겐 또 다른 내일이 있을 거야" 같은 상투적인 위로의 말 이상의 의미를 제공하는 것이다. 재구성은 고객 삶의 실제적인 문제를 들여다보고 몇 분 전까지만 해도 분명하게 보이지 않았던 새로운 기회나 길로 고객의 시각을 바꾸어줄 수 있다. 예를 들어, 당신의 고객이 신용카드 빚으로 고민하고 있는데, 상황을 개선하는 것이 쉽지 않다고 말한다고 하자. 특히, 중요한 가전제품들이 고장 나서 수리가 필요한 상태일 때 더욱 그렇다고 말이다. 그러면 당신은 그간 고객이 구매하는 습관을 잘 바꾸어왔고 지난 몇 개월 동안 미지급금을 정기적으로 잘 지불해 왔다는 사실을 지적한다. 재구성은 현재 고객이 고민하고 있는 문제 자체를 바꿔주지는 못한다. 그러나 그것은 고객에게 자신이 충분히 잠재력이 풍부하고 개선을 위해 최선을 다하고 있다는 것을 보여준다. 또한 재구성은 "신용카드가 내 인생을 좌지우지하고 있다"라는 시각을 "내가 내 인생을 조절한다"라는 시각으로 고객의 생각을 바꾸어준다.

대화의 예

다음의 경우 고객은 특정한 시각으로 대화를 시작한다. 즉, 고객은 결국 수포로 돌아가 버린 사업계획서를 작성하는 데 사용한 6주의 시간을 허비했다고 말한다. 그러나 새로운 사업계획서를 만드는 데 도움이 되는 많은 것을 배웠고 몇 개의 좋은 사업 계약도 따냈다. 간단히 말해서 이런 경험에는 긍정적인 면이 많이 있는 것이다. 그것이 바로 코치가 가야 할 방향이다. 즉, 이러한 경험을 통해서 고객의 행동과 학습을 강화시킬 수 있도록 해야 하는 것이다.

**고객** 다 수포로 돌아갔어요. 아무것도 얻은 게 없어요. 6주를 그냥 허비했어요.

**코치**  6주 전에 당신은 매우 희망적으로 보이는 길을 갔었는데요. 당신은 매우 흥분되어 있었고요.

**고객**  예, 흥분되어 있었어요.

**코치**  지난 6주 동안 무엇을 배웠나요?

**고객**  사업계획서를 작성하는 방법을 배웠어요. 큰 도움이 된 것은 아니지만요.

**코치**  그 밖에 무엇을 배웠나요?

**고객**  저는 제 사업 분야가 아닌 다른 사람들에게 저의 사업계획을 어떻게 발표하는지를 배웠어요.

**코치**  비전문가들 말인가요?

**고객**  예, 은행에 근무하는 분들과 벤처 투자자들요.

**코치**  그 밖에 무엇을 배웠나요?

**고객**  저는 이것이 제가 할 수 있는 일이라는 것을 배웠어요. 물론, 저의 전문 분야인 기술적인 일만큼 즐기는 정도는 아니지만요.

**코치**  그렇다면 지난 6주의 시간에 대해 어떻게 평가하시겠어요?

**고객**  반 정도의 시간에 이런 것을 배울 수 있었으면 좋았을 거라고 생각해요. 이제 저는 발표자료를 만들었고 실제로 연습을 했기 때문에, 누군가가 가능성을 보고 제 사업계획을 지지할 때까지 투자자들에게 계속 발표를 하는 것이 좋아 보여요.

**코치**  아주 좋아요. 이번 주에는 무엇을 하고 싶으신가요?

## 분리해서 해석하기

재구성은 고객이 상황을 새로운 시각으로 바라볼 수 있게 도와주는 한 가지 방법이다. 또 다른 방법은 두 가지 사실이 하나의 신념(제한적이면서도 권한을 빼앗아 버리는 신념)으로 얽혀 있는 특이한 경우에 고객으로 하여금 구분을 명확하게 함으로써 얽혀 있는 신념들을 분리해내도록 돕는 것이다. 그런 신념이 어쩔 수 없는 현실로 보이지만, 사실은 그렇지 않다.

예를 들어, 고객이 아이들의 엄마이고 한 남자의 아내이기 때문에 그녀가 집 안 청소를 책임져야 한다고 믿는다고 해보자. 그녀는 자신이 그 일에 책임이 있다고 믿고 있는데, 제대로 못하는 것 같아서 좌절하고 어찌할 줄을 모른다. 여기서 두 가지 사실을 분리해보면, 하나는 그녀는 아내라는 사실이고, 다른 하나는 집에는 해야 할 집안일이 있다는 사실이다. 코치로서 당신은 뚜렷한 차이를 볼 수 있는 객관적 시각을 가져야 한다. 다른 예를 들어보자. 직원들을 공정하게 대하고 싶기 때문에 모든 직원을 똑같이 대해야 한다고 믿는 관리자가 있다고 하자. 그래서 그 관리자 팀에 있는 고성과자들은 행복하지가 않다. 왜냐하면 그들은 적절한 인정과 보상을 받을 만한 일을 했다고 생각하기 때문이다. 그 관리자로 하여금 상황을 분리해서 보도록 도와주어야 한다. 당신은 이렇게 질문할 수 있을 것이다. "당신은 어떻게 하면 공정성을 유지하면서도 고성과자를 보상할 수 있을까요?" 이런 것들이 고객이 좀더 지혜롭게 대안을 선택할 수 있도록 얽혀 있는 신념들을 분리해서 봐야 하는 전형적인 예들이다.

**고객** 저는 매주 계획을 세웁니다. 플래너를 이용해서요. 일요일 저녁에는 시간을 내서 다음 주를 계획합니다. 그러나 아무 도움도 안 돼요. 화요일쯤이면 저의 일주일은 엉망이 됩니다.

**코치** 당신의 원래 계획을 지키려고 하면 무슨 일이 생기나요?

**고객** 사람들이 여러 가지 요청을 합니다. 그들은 저로부터 그들이 필요로 하는 급한 사안들을 갖고 있습니다. 제 계획에는 없었던 것들이지요. 그래서 제 계획은 엉망이 됩니다.

**코치** 만일 당신이 안 된다고 말하면 어떻게 되나요?

**고객** 이런 조직에서는 그렇게 하면 안 됩니다. 그런 방법이 통하지 않지요. 만약 여기에서 성공하려고 한다면 빨리 움직여야 하고, 융통성이 있어야 하며, 급한 일에는 바로 대처해야 합니다. 이 회사에서는 그런 것을 소위 '팀워크'라고 말하는 거지요.

**코치** 그러한 것에 매우 비싼 대가를 치르고 있는 것처럼 들리는군요. 여기에 몇 가지 사안들이 얽혀 있는 것처럼 들리고요. 그 사안들을 분리해서 보면 어떨까요?

**고객** 어떻게요? 무슨 뜻인지 잘 모르겠는데요.

**코치** 당신은 "사람들이 나에게 요청을 하면 내 계획을 포기해야지"라고 말하는 것처럼 들려요.

**고객** 예, 이 조직에서는 그것이 사실이에요.

**코치** 그렇다면 저와 함께 좀더 생각해보시지 않겠어요? 저는 당신에게 어떤 다른 관점을 제시하기 위한 다른 시각을 찾아보고 싶습니다.

**고객** 좋아요.

**코치** 여기에는 두 가지 사실이 얽혀 있습니다. 하나는 사람들이 요청을 한다는 것이고, 다른 하나는 당신은 당신의 계획을 갖고 있다는 것입니다. 과거에는 그들의 요청에 자동적으로 "예"라고 말해왔습니다. 그런 요청을 다른 방식으로 처리할 수는 없을까요?

**고객** "예"라고 답하는 것을 좀 미루고 "제 일정을 우선 확인해본 다음 답을 드리지요"라고 말을 할 수 있겠지요.

**코치** 좋아요. 다른 방법은 없을까요?

**고객** 때로는 "아니요"라고 말하는 법을 배워야 한다고 생각합니다.

## 1. 자기관리

당신은 코칭 대화 중 어디에서 '말려드는' 경향이 있는가? 자기관리가 가장 필요한 때는 언제인가? 고객이 하는 말 중에서 당신을 1단계 경청으로 몰아가는 말 열 가지를 적어보기 바란다. 예를 들어, "저는 당신이 제 말을 듣고 있는 것 같지가 않아요" 같은 것이다. 그다음에는 당신을 코칭 대화로 돌아가게 하고 당신 자신에 집착하지 않게 하는 방법 열 가지를 적어보라.

당신의 자기비판에 대해 아는 것이 중요하다. 당신의 코칭이 문제가 있다는 것을 언제 자동적으로 아는가? 이런 자기비판을 많이 알면 알수록 당신은 대화 중에 그런 자기비판에 말려들지 않을 수 있다.

당신에게는 어떤 주제가 가장 불편한가? 또한 어떤 주제에 당신은 적절치 않다고, 경험이 없다고, 그저 불편하다고 느끼는가?

## 2. 격려하기

다시 한 번 앞 장에서 작성했던 열 명의 친구, 동료로 구성된 명단을 꺼내보라. 그들의 격려자로서 그들에게 전화를 하거나 편지를 쓰거나 이메일을 보내보라. 중요한 것은 당신은 그들이 (무엇이든지 간에) 그것을 할 수 있다고 믿는 것이다. 코치로서 당신이 받아야 할 질문은 이것이다. "어떻게 아시나요?" 그것이 격려하기의 정수이다. 그들이 그것을 할 수 있다는 이유와 증거가 있어야 한다. 아래 빈칸을 채워보라. "당신은 그들이 _____하기 때문에, 그것을 할 수 있다고 믿는다." 그들이 하고 싶어 하는 것을 할 수 있다는 것으로 그들에게 알려주어라. "당신이 어떻게 알아요?"라는 질문에 대한 확신이 없는 격려하기는 단순한 아첨처럼 들리거나 공허하게 들릴 수 있다. 당신이 이미 알고 있는 것을 근거로 한다면 그들에 대한 믿음이 당당해질 수 있다.

### 3. 감정 가라앉히기

당신의 친구나 동료에게 감정 가라앉히기 스킬을 훈련시켜서 그가 당신의 감정을 가라앉히도록 해보라. 친구의 역할은 더욱 깊이 파고들어 당신이 정리하고 싶은 것의 바닥까지 도달하도록 하는 것이다. 친구는 당신에게 어떤 일이 일어나고 있는지 알 필요가 없다. 친구가 알아야 할 중요한 점은 운동선수가 결승선에 도달할 때까지 응원하듯이 당신으로 하여금 그 감정을 끝까지 발산하도록 돕는 것이다.

그러고 나서 당신 삶에서 감정 가라앉히기가 필요한 영역을 선택해 친구와 함께 가라앉히기 연습을 해보라. 연습이 끝나면 친구와 이야기해보고 당신의 감정이 정리되면서 무슨 일이 일어났는지 메모를 해보라. 당신 자신 속에 있는 모든 것을 완전히 이야기해버렸을 때 당신의 감정상태는 어떻게 변했는가?

CO-ACTIVE COACHING PRINCIPLES AND PRACTICES

# 3부

## 코액티브 코칭
## 원칙과 실습

코액티브 코칭 모델에서 우리는 모든 코칭의 이면에 내재해 있는 보다 근본적인 동기가 소위 코칭의 3대 핵심 원칙이라고 부르는 삶의 충만, 삶의 균형, 삶의 과정에 대한 고객의 바람일 것이라고 이야기한다. 고객의 현재 이슈가 무엇이든지 간에 결국 그것은 이런 세 가지 원칙의 경험을 확장하기 위한 것이다.

여기에서는 각각의 원칙과 그러한 원칙을 이용한 코칭 사례를 설명하고, 코치를 위한 예제들과 연습문제를 소개한다. 그리고 코칭을 통합적으로 개관해보고 코칭을 접하는 사람들의 삶에 코칭이 미칠 수 있는 영향력의 비전을 제시하면서 3부를 마무리한다.

# 8장

# 삶의 충만

잠시 당신 자신의 삶에 대해 생각해보자. "진정으로 충만한 삶에 대한 나의 비전은 무엇인가? 그 비전이 실현된 모습은 어떤 모습인가?"라고 스스로에게 질문을 해보자. 어떠한 답이 떠오르든 이러한 질문은 단순하게 "원하는 것이 무엇인가?"라는 질문보다 당신을 더 깊은 생각에 잠기도록 할 것이다. 삶의 충만이 코액티브 코칭 모델의 세 가지 핵심 원칙 중 하나인 이유가 바로 우리로 하여금 보다 깊이 있는 생각을 하도록 하기 때문이다.

솔직히 이야기해서 대부분의 사람들은 다음과 같은 말을 하면서 코칭을 받으러 오지는 않는다. "저는 좀더 충만한 삶을 원합니다"처럼 똑같이 이야기하지 않는다 하더라도 말이다. 통상 그들의 마음속에는 이보다 훨씬 더 구체적이고 시급한 사안이 있을 것이다. 그러나 그런 당장의 어젠다 수면 아래에는 좀더 심오한 무엇인가에 대한 갈망이 있다. 충만한 삶이란 의미 있는 삶이고, 목적이 있는 삶이고 만족스러운 삶이다. 그러한 갈망은 고객의 삶에 있어서 배의 용골과 같은 것이라고 생각한다. 그것은 수면 아래에서 그들이 삶을 살아가도록 지탱해주는 삶의 모습이기도 하다. 용골이 없는 배는 표류하고 예측하기 어려운 바람이 부는 대로 방향을 수시로 바꾸게 된다. 우리가 고객을 위해 할 수 있는 가장 가치 있는 일 중의 하나가 그들이 자신만의 충만한 삶의 모습에 대해 명확한 그림을 그릴 수 있도록 도와주는 것이다. 일단 그런 모습이 명확해지면, 그들의 삶을 자신들이 선택하는 방향으로 가져갈 수 있게 된다. 삶의 충만을 위한 코칭 방법과 도구들이 그런 모습을 찾도록 도와줄 것이다.

매우 단순하게 들릴 것이다. 그러나 진정으로 충만한 삶의 여정을 선택하고 지속적으로 선택하기 위해서는 고객에게서 엄청난 용기와 다짐을 필요로 하게 된다. 왜냐하면 우리가 사는 세상은 사람들을 상자(흔히 매우 편안하게 느끼는 상자이지만 편안하게 느껴도 여전히 상자이다) 안으로 밀어붙이도록 설계되어 있기 때문이다. 진실로 충만한 삶을 살아가겠다고 선택하는 것은 거의 현재의 편안한 삶을 뒤흔들어버리겠다는 것이고, 잔잔한 호수에 파문을 일으키겠다는 것과 같다. 바로 그것이 충만한 삶을 살기 위한 목표를 세우고 실행을 하려고 할 때 고려해야 할 충만한 삶의 근본적인 속성인 것이다. 그래서 코치는 고객과 작업을 시작할 때 충만한 삶이 가져올 영향력과 그 규모를 이해하는 것이 중요하다.

# 충만한 삶에 대한 갈망

충만한 삶을 만들어가는 데 있어서 우리가 부딪히는 어려움 중 하나는 고객이 본인 삶의 어느 부분에 집중을 하고 있는가에 있다. 보다 충만한 삶을 살아갈 수 있는 방법을 찾으려고 할 때 그들은 우선 그들이 소유하고 있는 것을 들여다본다. 그리고 소유하지 못한 것을 보고 나서 그 둘 사이의 갭Gap을 본다. 그러고는 그 갭을 메울 어떤 것(그들의 삶을 보다 충만하게 만들 것 같은)을 찾는다. 그 '어떤 것'이란 분명히 다음과 같은 것들이다. 높은 연봉을 받는 직업, 별장, 성공적인 사업, 또는 눈에 잘 보이지 않는 무형적인 것들일 수도 있다. 로맨틱한 연인 관계나 진급 등 뭔가를 소유한다는 것은 순간적인 것이고 그 만족감은 빨리 사라져버린다. 당신은 살아오면서 이런 사실을 이미 깨달았을 것이다. 당신이 정말 갖고 싶었던 것을 생각해보라. 당신이 그것을 획득했던 순간의 쾌감과 그 쾌감이 얼마나 빨리 사라져버렸는지를 생각해보라. 새로운 차를 사거나 진급했을 경우 등 길어야 6개월일 것이다. 우리가 계속해서 충만한 삶을 위해 뭔가 소유할 것을 찾는 한, 우리는 일시적으로는 만족하나 계속해서 공복감을 느끼게 될 것이다.

## 충만한 삶

코액티브 코칭은 충만한 삶을 이루기 위해 다소 다른 체계를 제시한다. 고객으로 하여금 충만한 삶을 살기 위해 "무엇이 필요한가?"라는 질문부터 한다. 목표가 이루어지는 때는 '미래의 그 어느 날'이 아니고 바로 오늘이다. 왜냐하면 충만한 삶이란 매일의 우리 삶에서 가능하기 때문이다. 이것이 코액티브 코칭에서 우리가 취하는 입장이다. 물론, 지금보다 더 충만한 미래의 삶을 그려보는 것은 그 자체로 충만한 삶을 살기 위한 의미 있는 연습이 될 수는 있다. 미래의 비전을 실현시킬 목표를 향해 작업한다는 것은 또한 삶을 충만하게 해준다. 그러나 중요한 것은 삶의 충만이란 오늘 현재 어떤 선택을 할 것인가의 문제이지 언젠가 일어나게 될 미래의 어떤 것에 관한 것이 아니다.

'삶의 충만'이란 의미에 대해 말 그 자체 때문에 혼동이 생길 수 있다. 우리는 '충만함'이 무슨 뜻인지는 알고 있다. 그리고 충만함이란 언젠가는 우리가 도달할 수 있는 상태, 즉 가득 채워진 상태, 마무리된 상태, 완성된 상태라고 생각한다. 그러나 충만함이란 다음과 같은 점에서 역설적이라고 할 수 있다. 오늘 채워질 수 있고, 심지어 다른 방식으로 내일 채워질 수 있고, 다음 날 다시 채워질 수 있고, 그다음 날에도 채워질 수 있는 것이기 때문이다. 충만함을 손으로 잡으려고 하는 것은 망상에 불과하다. 즉, '충만함을 소유하려는 것은 햇빛을 병에 담으려고 하는 것'과 같다.

이것은 고객이 그들의 삶에서 뭔가를 소유하려고 해서는 안 된다는 것을 의미하지는 않는다. 고객은 여전히 무엇인가를 소유하고 싶어 할 것이다. 성공적인 사업, 더 많은 돈, 로맨틱한 관계 등 말이다. 그러나 이러한 것들은 충만한 삶의 결과물이지, 충만한 삶 그 자체는 아니라는 것이다.

## 좋은 기분이 충만한 삶의 징후는 아니다

기분이 좋은 것과 충만한 삶, 이 둘을 구분할 수 있는 것이 중요하다. 우리는 자주 충만하다는 것과 기분이 좋은 것을 혼동한다. 두 가지가 동시에 존재할 수는 있다. 그러나 반드시 그렇지는 않다. 충만함의 상태에서는 힘들이지 않고 뭔가를 이루었다는 느낌과 우주의 위대한 법칙과 조화가 이루어졌다는 느낌을 가질 수 있다. 하지만 충만함이란 삶이 힘들고, 도전적이고, 불편할 때도 느낄 수 있는 것이다. 어떤 사람들은 그들이 가장 적은 것을 소유하고 있었을 때나 그들의 삶이 투쟁적이었을 때 최고의 충만감을 느꼈다고 이야기한다. 왜냐하면 그들이 중요하다고 생각했던 것, 그들의 열정과 헌신을 필요로 했던 것을 하고 있었기 때문이다. 그때는 뭔가가 부족했다 하더라도 삶은 풍요로웠다. 단순했던 그 시절이 오히려 그들에게 가치 있는 일이 무엇이고, 그들의 삶을 충만하게 하는 것이 무엇인지를 명확하게 알게 해주었기 때문이다.

그러나 그들은 충만함이 언제나 기분이 좋거나 행복한 감정상태는 아니라는 것을 알고 있었다. 목적이 있는 삶, 사명감 있는 삶 또는 봉사의 삶을 산다는 것은 치열할 수 있고, 때로는 가슴이 찢어지는 듯하거나, 기진맥진하게 할 수 있다. 하지만 동시에 엄청난 충만감을 주기도 한다. 그래서 충만함이란 내부적으로는 내면의 평온함을 느끼면서 동시에 외부적으로는 고군분투하는 삶을 경험하는 것이 둘 다 가능하다는 점에서 역설적이라고 할 수 있다.

## 생동감

사실 충만한 삶을 다음과 같이 간단하게 묘사할 수 있을 것이다. 충만한 삶이란 '생생하게 살아 있는 것에 관한 것'이고, '우리 자신의 존재감을 완전하게 표현하고 우리가 옳다고 믿는 것을 완벽하게 실행하는 상태'라고 말이다. 고객은 이런 느낌을 알고 있다. 그들은 충만한 삶을 온전함, 만족감 또는 올바르고 조화로운 느낌이라고 묘사한다. 우리는 이러한 느낌들을 표현하는 말로 '울림Resonance'이라는 단어를 사용한다. 우리의 삶은 우리가 가치 있다고 생각하는 모든 것들이 서로 정렬되어 있을 때의 주파수에서 진동한다. 우리가 하는 선택에서 그 진동을 느낀다. 그런 순간의 울림은 매우 극적이고, 우레 같고, 흥분되고, 통렬할 수 있다. 또는 조용하고, 고요하고, 평온하고, 친숙할 수도 있다. 그것은 앞에서 언급한 모든 특성들의 적절한 조합일 수도 있다. 물리학과 우리의 은유를 무색하게 할 정도로 말이다. 그러나 고객은 그런 울림을 느낄 수 있을 것이다. 그들 삶과 커리어의 일부분들이 합쳐져서 매우 개인적인 온전함과 생생하게 살아 있다는 느낌을 가질 수 있다. 의미 있는 일을 하고, 본인의 역량을 잘 활용하고, 봉사를 하고, 주고받고, 승리를 위해 노력하고, 흐름에 따라 살고, 창의적이고, 명확하게 살아감으로써 그러한 울림의 느낌을 경험할 수 있을 것이다. 그것은 온전한 삶을 경험하는 것이다.

### 큰 어젠다 'A'와 작은 어젠다 'a'

여기서 'A'와 'a'는 어젠다를 가리킨다. 코액티브 코칭에서 우리는 언제나 고객과의 사이에 어떤 어젠다를 갖고 있다. 그것이 항상 분명하게 표현되어 있지 않다 하더라도 말이다. 우리는 이것을 큰 어젠다 Big 'A'라고 부르는데 그것이 사실 코칭의 핵심이다. 또한 그것은 고객의 충만한 삶이고 울림이 있는 삶이다. 가치대로 살아가는 삶이다. 삶의 우선순위 간의 균형을 유지하면서 역동적으로 살아가는 삶이고 매 순간 온전히 살아 있는 삶이다. 고객은 완벽하게 삶을 살아가고 있다. 언제나 명시적으로 말은 하지 않지만 코치와 고객이 늘 관심을 갖고 있는 근본적인 질문이 있다. "당신의 삶이 어떻게 되기를 원하나요?" 이 질문은 '존재 Being'의 상태를 강조하는 것이다.

또한 삶에서 무엇을 해야 할 것인가에 대한 대화도 한다. 그렇지 않으면 코칭이 단순히 흥미 있는 대화 이상의 아무것도 아닐 수 있다. 행동이란 충만한 삶을 가능하게 하는 것이다. 이것을 작은 어젠다 Little 'a'라고 한다. 소문자 'a'라고 해서 큰 어젠다 'A'에 비해 덜 중요하다거나 소홀하게 생각해서는 안 된다. 이것은 단순히 삶의 충만의 두 가지 관점을 이야기하기 위한 것이다. 둘 다 필수적이다. 작은 어젠다는 목표, 행동과 책무 등을 이야기한다. 매 코칭 세션마다 작업해야 할 이슈, 작성할 계획, 규정할 목표, 행동과 학습을 가능하게 하는 책무가 있다. 삶의 충만 코칭 Fulfillment coaching에서는 다음과 같은 질문을 통해 고객의 큰 어젠다를 발견하려고 한다. "비전이 무엇인가요?" "어떤 사람이 되고 있나요?" "당신의 삶을 가장 생동감 있게 만든 것은 무엇인가요?"

이러한 모델에서 작은 어젠다는 큰 어젠다의 실현을 가능하게 하는 것이다. 이것은 매우 중요하다. 코치는 고객에 대한 통합적 시각을 갖고, 고객과 함께 고려하고 있는 행동들이 고객의 충만한 삶과 일치하고 울림이 있는지를 확실히 해야 한다. 단순히 환경이나 두려움, 쓸모없는 의무감에 의해 동기부여된 행동들이 아니어야 한다.

## 충만한 삶과 가치

당신에게 크나큰 즐거움과 심오한 만족감을 안겨주는 일을 당신이 할 수 있다고 상상해보라. 사랑하는 사람과 함께 있고, 타고난 재능을 발휘하고, 당신의 재능을 최대한도로 활용한다고 생각해보라. 그것은 정말로 충만한 삶일 것이다. 또한 가장 가치 있게 생각하는 것에 따라 살아가는 사람의 모습일 것이다.

가치와 충만함의 관계가 너무 분명해서 그 관계가 간과될 수도 있다. 고객으로 하여금 그들의 가치를 발견하고 명확히 하도록 도와주게 되면, 그들이 살아가면서 효과적인 결정을 내릴 수 있도록 안내하는 일종의 지도를 만들어주는 것과 같다. 고객과 함께 고객의 가치를 명확하게 하는 과정에서 당신은 무엇이 고객을 움직이게 하는지, 즉 무엇이 중요하고 무엇이 중요하지 않은지를 알게 된다. 고객도 그들의 삶에 진정으로 필요한 것이 무엇인지를 알게 된다. 또한 보다 더 확고한 입장을 취할 수 있게 되고 그들에게 충만함을 주는 것들을 근거로 선택을 할 수 있게 된다.

가치대로 사는 것이 어렵다 하더라도 가치를 존중하는 삶을 산다는 것은 본래 충만함을 느끼게 하는 것이다. 만약 당신의 고객이 진실함을 매우 높은 가치로 여기고 있다면, 그 가치대로 살기 위해서는 불편을 감당해야 할 때가 있을 것이다. 그런 불편함은 곧 지나갈 것이다. 그러나 진실하고 고결한 느낌과 가치와 일치된 삶을 살고 있다는 느낌은 계속 남을 것이다. 하지만 가치대로 살지 못하게 되면 고객은 내적으로 긴장감과 부조화를 느낄 것이다. 인간은 매우 유연하고 복원력이 있기 때문에 엄청난 부조화를 받아들이고 계속 살아갈 수는 있다. 그러나 자기 자신을 속이는 느낌 같은 매우 비싼 대가를 치러야 한다. 그 결과, 충만한 삶보다는 배반의 삶 또는 인내의 삶을 살아가게 된다.

### 가치는 도덕이나 원칙이 아니다

가치는 도덕이 아니다. 가치에는 도덕적으로 올바르거나 잘못된 행위라는 느낌은 없다. 비록 높은 윤리적인 기준으로 살아가는 것이 가치일 수 있다 하더라도, 가치는 도덕적 성품이나 윤리적 행위에 관한 것은 아니다. 또 가치는 스스로 정한 행동규범이나 행동의 표준 같은 원칙도 아니다. 가치는 내면으로부터 진실하고 충만하게 살아온 삶의 특성들이다. 당신 고객의 가치 중에 본래 도덕적인 것은 아무것도 없다. 우리가 높이 존경해야 할 것은 가치 자체가 아니라 그의 삶에서 가치대로 온전하게 살아갈 수 있는 고객의 능력이다. 우리는 우리의 가치와 우리가 하는 선택을 존중하게 되면 내적인 '정의감Rightness'을 느끼게 된다. 그것은 마치 각각의 가치가 자신만의 특별한 음색을 드러내는 것과 같다. 우리가 우리의 가치대로 살게 되면 다양한 음색이 독특한 하모니를 만들어낸다. 가치대로 살아가지 못하면 불협화음이 생기게 된다. 이런 불협화음이 너무 심하고 귀에 거슬리게 되면 말 그대로 몸에 이상이 생기게 된다.

언어는 정확하지 않기 때문에 고객의 가치를 한 단어로 표현하기보다는 비슷한 의미의 단어들을 그룹핑Clustering해서 보는 것이 훨씬 쉬울 때가 있다. 따라서 일련의 가치 속성들을 슬래시 마크(/)로 구분해서 가치의 복합적인 의미를 전달할 수 있는 단어들을 그룹핑하여 표현할 수 있다. 예를 들어, 자유라는 가치를 표현할 때 다음과 같이 그룹핑하게 되면 좀더 명확하게 그 의미를 전달할 수가 있다. '자유/위험감수/모험심'과 '자유/독립성/선택'은 서로 다르다.

실제로 단어 그 자체는 가치가 미치는 영향력을 감지할 수 있는 고객의 능력만큼 중요하지 않다. 모든 이런 개별적 가치나 가치의 모음Clusters은 각 개인마다 모두 다르다. 마치 개인의 신체적 특징들이 각 개인만의 독특한 모습을 결정하듯이, 각 개인이 갖고 있는 자신의 가치에 대한 표현, 우선순위와 그 의미의 명확성들이 각 개인의 정체성을 대표한다. 심지어 코치로서 당신은 고객이 선택하는 단어들이 각각 무엇을 의미하는지를 정확히 이해하는 것이 그리 중요하지 않다. 고객이 가치의 단어들이 무엇을 상징하고 대표하는지를 명확하게 알고 있어서, 그들이 궤도에서 벗어났을 때 그들로 하여금 본 궤도로 다시 돌아올 수 있도록 도와줄 수 있으면 충분하다. 사실 고객이 사용하는 은유나 표현들이 오히려 가치의 의미를 이해하는 데 일반적인 사전적 의미보다 더 좋을 수 있다. 고객이 다음과 같은 가치를 갖고 있다고 보자.

- 코요테(개과에 속하는 야생동물)/격렬한 춤/말썽꾸러기

- 빛이 나는/셔닐Chenille/라벤더 향
- 기립 박수/도전/버저 비터Buzzer beater

가치는 만질 수 있는 것이 아니다. 그것은 우리가 행하는 것이나 소유할 수 있는 것도 아니다. 예를 들어, 돈은 가치가 아니다. 물론, 돈이 재미, 창의성, 성취, 마음의 평화나 다른 사람에 대한 봉사 같은 '가치'를 실현하는 데 필요한 자원이기는 하다. 여행도 가치는 아니다. 정원 가꾸기도 가치가 아니다. 그러나 둘 다 모험, 학습, 자연, 영성과 같은 가치를 실현하기 위한 소중한 행위에 해당된다. 그러나 가치가 만질 수 없는 것이라 하더라도, 다른 사람에게 보이지 않는 것은 아니다. 당신이 알지 못하는 사람들이 있는 방에 들어갔을 때 그들이 입고 있는 옷, 그들이 서 있는 모습, 다른 사람들과 이야기하는 방식이나 모습, 그리고 그들이 하는 대화를 통해서 그들이 소중하게 생각하는 가치가 무엇인지 감지할 수 있다. 즉, 그 방 안에서 '권력, 우정, 친분, 교류, 독립성, 재미'와 같은 가치를 감지할 수 있을 것이다.

코치로서 당신은 고객의 삶과 행동, 그들이 선택하는 것과 선택하지 않는 것들에 대한 이야기를 들으면서 고객이 스스로 자신의 가치를 명확하게 할 수 있도록 도와줄 수 있다. 당신은 또한 그들이 가치대로 살 때와 그렇지 못할 때의 그들을 보게 될 것이다. 그리고 당신뿐만 아니라 고객도 이 과정을 통해서 뭔가를 배우게 될 것이다. 이것이 우리가 가치를 명확히 하기 위한 작업을 고객과 수시로 해야 하는 이유 중 하나이다.

## 가치 명확화의 중요성

고객의 가치를 명확하게 할 수 있는 가장 효과적인 방법은 고객의 인생 경험으로부터 가치를 도출하는 것이다. 고객에게 그들의 삶에서 그들이 소중하게 생각하는 가치들을 가능한 '슬래시 마크'로 묶어 고객 자신의 언어로 묘사하도록 요청해보라. 어떤 경험도 가치를 발굴하는 데 도움이 될 수 있다. 그러나 긍정적이든 부정적이든, 강력한 영향을 주었던 경험들이 특히 도움이 될 것이다. 가치는 이런 식으로 고객의 삶으로부터 자연적으로 도출되는 것이지 소위 '가치 목록'이라는 체크리스트에서 선택되는 것이 아니다. 고객에게 이런 가치 목록을 제시하면, 고객은 쇼핑을 하듯 그 목록에서 자기 마음에 드는 것을 선택하는 경향이 있다. "이것을 가치로 하면 좋을 거야. 이것을 가치로 하면 사람들이 존경할 거야"라고 하면서 말이다. 사람들은 그들의 가치를 평가하려는 경향이 있어서, 영성이나 온전함처럼 그들이 갖춰야 한다고 생각하는 가치들을 선택하고, 개인적인 권력이나 인식처럼 사회에서 별로 존경받지 못하는 가치들은 제외한다.

고객은 매일의 삶에서 가치에 따라 선택을 할 수도 있고 그렇지 않을 수도 있다. 즉, 그들이 하는 하루의 모든 행동이 가치와 연계될 수 있다. 코치로서 다음과 같이 질문해보라. "이 가치는 어떤 경우에 두드러지게 나타나나요?" "어떤 가치를 때때로 소홀히 하나요?" "절대로 타협할 수 없는 가치는 무엇인가요?" 일단 고객과 그가 생각하는 가치 목록을 작성하고 난 이후에 우선순위를 정하게 하고, 가장 중요한 것부터 낮은 순위로 상위 열 개를 정하게 하는 것도 크게 도움이 될 것이다. 이 연습의 결과인 '가치 우선순위 목록'이 연습 과정만큼 중요한 것은 아니다. 고객은 언제든지 그 목록의 순서를 마음대로 바꿀 수 있기 때문이다. 가치들을 특정한 순서로 분류하는 작업인 가치 우선순위 연습을 통해서 고객은 개별 가치의 독특한 특성을 느낄 수 있고 각 가치의 특별한 중요성도 느낄 수 있는 것이다. 어떤 코치는 이 과정을 게임하듯이 질문하기도 한다. "만약 당신이 낯설고 위험하기도 한 지역으로 열 개의 가치만 가져갈 수 있다면, 반드시 가져가야 할 가치들은 어느 것인가요?" 이와 같이 게임의 흥미를 높임으로써 고객도 자신의 삶에서 가장 중요한 가치가 무엇인지를 더 많이 알게 된다.

다음 단계로 해야 할 일은 고객에게 어떻게 그들이 이런 가치들을 지키며 살아가고 있는지를 1부터 10까지 평가하도록 요구하는 것이다. 1은 그들의 삶에서 별로 지켜지지 않는 가치이고, 10은 언제나 완전하게 지켜지는 가치를 의미한다. 고객의 삶 중 어떤 중요한 영역에서 4, 5, 6으로 평가되는 가치들이 분명히 있을 것이다. 그러한 영역은 대부분 중요한 가치가 무너짐으로 인하여 발생하는 심란한 마음이나, 분노나 후회가 있는 영역이다. 바로 이런 경우가 코칭을 하기에 아주 좋은 기회이다. "무엇이 문제인가요?" "그런 환경 속에서도 그 가치대로 살기 위해서는 무엇이 필요한가요?" "그 가치대로 살지 못할 경우 치러야 할 대가는 무엇인가요?" "당신을 가로막고 있는 것은 무엇인가요?"

# 충만한 삶을 위한 코칭

당신도 알 수 있듯이 충만한 삶이란 지극히 개인적이며 또한 계속 변한다. 25세에 충만감을 주었던 것이 35세가 되면 그 매력이 떨어질 수 있고, 제국을 건설하겠다던 35세의 열정은 45세가 되기 전에 내적 평화를 추구하는 마음으로 변할지도 모른다. 오늘 현재의 삶과 같이 고객이 충만한 삶에 대한 명확한 그림을 그릴 수 있게 도와주는 것이 중요하다. 그러한 목적을 위해 고객으로 하여금 그들 개인의 충만한 삶에 대한 정의를 명확하게 할 수 있도록 도와주는 구체적인 방법들이 많이 있다. 당신은 이러한 도구들을 코칭하는 동안 지속적으로 사용하여 그 비전을 다듬어갈 수 있다.(구체적인 도구에 대한 자료는 www.coactive.com/toolkit의 코치 툴킷 참조)

## 만족도

삶의 수레바퀴(《그림 4》)는 어느 특정한 시점에서 고객의 삶 전반에 대한 만족도를 들여다볼 수 있는 매우 효과적인 도구이다. 고객과 함께 수레바퀴의 여덟 개 영역을 들여다보면서 고객의 만족도를 1부터 10의 척도로 평가해보라. 예를 들어, 다음과 같이 질문을 해보자. "돈이나 관계, 건강과 복지 측면에서 어느 정도 만족하고 있나요?" "경력 관점에서 매우 만족한 상태는 어떤 모습인가요?" 단, 다음과 같이 질문을 하지 않도록 유의하자. "당신의 경력에서 만족하기 위해서는 무엇을 갖춰야 하나요?" 제대로 질문을 하려면 "경력에서 만족하기 위해서는 무엇이 필요한가요?"라고 하라. 그런 식으로 계속 탐색을

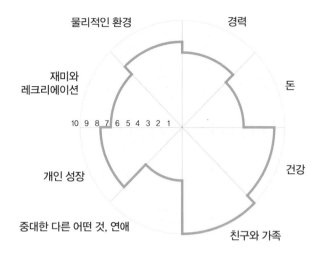

물리적인 환경　　　　경력

재미와
레크리에이션　　　　　　　　　돈

　　10 9 8 7 6 5 4 3 2 1

개인 성장　　　　　　　　　건강

중대한 다른 어떤 것, 연애　　　친구와 가족

| 그림 4 | **삶의 수레바퀴: 삶의 충만**

하자. 어떤 대답이 나오든지 "그 밖에는요?" "좀더 말씀해주세요"라고 계속 질문을 하라. 이렇게 하는 것은 그 의미를 더 깊이 있게 파악하기 위한 것이다. 때로는 당신이 들은 것을 명확히 하고, 고객이 자신이 한 말을 들어볼 수 있도록 당신이 들은 것을 고객에게 되풀이하는 것이다. 예를 들어, "당신은 돈에 관한 한 비상시에 충분히 쓸 수 있을 정도의 돈이면 안전할 것 같다는 말씀이시네요. '안전'이 당신이 중요시하는 가치로 보이는데요, 맞나요?"라고 물어볼 수 있을 것이다.

　삶의 수레바퀴를 통해서 고객은 그들이 삶의 어떤 영역에서 만족하지 못하고 있는지를 스스로 알게 된다. 고객은 코치의 도움을 받아 이런 과정을 통해서 삶의 충만이 그들에게 진정 무슨 의미인지 정의를 내릴 수 있게 된다. 예를 들면, "건강과 복지 측면에서의 만족도가

6이라고 하셨네요. 6점을 10점으로 만들기 위해서 무엇이 필요할까요? 이를 달성하기 위해 무엇을 하실 것인가요?"

## 가치와 의사결정

코칭에서 가치는 '올바른' 선택을 결정할 수 있도록 도와준다. 또한 잘못한 선택도 볼 수 있게 해준다. 고객은 자신이 한 선택을 다시 돌아볼 수 있고, 자신의 가치가 지켜졌는지 아닌지를 알 수 있게 된다. 코치로서 고객의 가치를 알고 있다는 것은 엄청난 도움이 된다. 코치인 당신은 고객의 활동들이 그의 가치와 일치하기 때문에 그들이 하는 일련의 행동과정들이 얼마나 자연스럽고 용이하게 일어날 수 있는지를 쉽게 알아차릴 수 있다. 또한 당신은 고객의 가치가 언제 지켜지지 않는지를 알게 되어 고객이 타고 있는 타이태닉호 앞에 있을지도 모를 빙산도 볼 수 있게 될 것이다.

가치에 대한 대화는 모든 의사결정 시점에 매우 유용하다. 고객이 다양한 행동을 선택할 때 그들의 가치가 일종의 리트머스 시험 역할을 하게 된다. "이 행위는 당신의 가치대로 살아가는 것을 도와주나요, 아니면 도와주지 못하나요?" "당신이 이런 결정을 하게 되면 어떤 가치를 근거로 하는 것인가요?" 고객이 인생에서 중요한 결정을 숙고하고 있을 때, 그런 일련의 행위들이 가장 중요한 열 가지 가치를 어떻게, 어느 정도로 존중하는지를 물어보라. 상위 열 가지 가치를 근거로 한 결정은 언제나 더욱더 고객의 삶에 충만감을 주는 결정이 될 것이다. 그것은 가장 쉽거나 즐겁지 않은 결정일 수 있다. 희생을 요구하거나 심지어 불편한 결과를 가져올 수도 있다. 결국 시간이 흐르고 나면 가장 충만감을 주는 결정이 될 것이다.

우리는 반대의 경우도 자주 보아왔다. 반복해서 고객은 그들의 은행 잔고나 불편함을 불러올 수 있다는 두려움 또는 다른 사람을 불쾌하게 만들 수 있다는 걱정 등을 근거로 결정을 내린다. 그들은 그 순간 가장 쉬워 보이는 것이나 문제를 가장 적게 만드는 것을 근거로 결정을 내린다. 그러한 결정들은 결코 고객에게 충만감을 주는 데 도움이 되지 못한다. 왜냐하면 고객이 자신과 자신의 가치들을 배반하고 결정을 했기 때문이다.(가치 명확화를 위한 자료는 www.coactive.com/toolkit의 코치 툴킷 참조)

### 삶의 충만과 삶의 목적

삶의 목적 선언문Life Purpose Statement은 진정으로 충만한 삶(의도한 대로 사는 삶, 자신과 다른 사람의 삶의 가치를 높여주는 선택을 하는 삶)의 핵심적인 의미를 이해하는 데 매우 도움이 된다. 삶의 목적 선언문을 만든다는 것은 높은 언덕의 정상에 서 있는 것과 같다. 고객은 그들의 삶을 좀더 큰 시각에서 볼 수 있기 때문이다. 그들은 스스로에게 다음과 같은 질문을 한다. "내 가족과 내가 하는 일, 내가 속한 지역사회에 내가 특별하게 기여하는 것은 무엇이지?" "나는 내 인생에서 어떤 차이를 만들어내고 있지?" 삶의 목적을 따라 사는 삶은 충만감이 넘치는 삶이다. 이런 식으로 살게 되면 자신을 초월한 세상에 기여하는 삶을 살 뿐만 아니라, 자신의 삶도 더욱 풍요롭게 할 수 있을 것이다.

고객에게서 삶의 목적을 이끌어내는 데는 여러 가지 방법이 있다. 우리의 삶이 무엇을 위해 존재하는지에 대한 정의를 기술하는 방법도 여러 가지이다. 어떤 사람들은 그것을 사명 선언문Mission statement 또는 비전 선언문Vision statement이라고도 한다. 그것은 한 사람이 후세에 남기게 될 인생의 진정한 유산이 무엇인가의 문제를 다룬다. 즉, 이 세상에서 한 사람의 인생이 남길 수 있는 차별적인 것에 관한 것을 다룬다.

삶의 목적은 종착지Destination가 아니라 여정Path이다. 그 길을 가면서 고객은 내외적으로 그들에게 다른 방향으로 가라고 말하는 목소리를 많이 듣게 될 것이다. 그리고 삶의 목적에 대한 확신이 없을 때 특히 그런 말을 따르기도 할 것이다. 그래서 삶의 목적을 찾아내고 선언하게 되면 그들이 살아갈 삶의 방향에 대해 강력한 확신을 갖게 된다. 삶의 목적 선언문에서 고객이 얻을 수 있는 진정한 가치는 그들로 하여금 어떤 상황에도 굴하지 않고 앞으로 나아갈 수 있게 한다는 것이다.

한 사람의 삶의 목적을 정의하는 것은 통상 시간이 걸리는 과정이다. 개인적으로 성찰하고, 책을 읽고, 일기를 쓰고, 다른 사람들을 면담하는 과정 등이 필요할 것이다. 고객이 진실로 공감하는 삶의 목적 선언문을 정의하기 위해서는 그 사람의 인생에 대한 다음과 같은 핵심적인 질문들에 답을 제시할 수 있을 때까지 껍질을 벗겨내는 작업을 해야 한다. "내가 이 세상에 사는 이유, 즉 존재 이유는 무엇인가?" "내가 치료해줄 수 있는 이 세상의 고통은 어디에 있을까?" "나는 무엇을 가르치도록 부름을 받고 태어났을까?" "내가 가진 연장으로 어떤 빌딩을 건설할 수 있을까?"

삶의 목적은 고객이 그들의 삶에서 익힌 독특한 학습, 그들의 경험과 지혜뿐만 아니라 그들이 갖고 있는 재능을 어떻게 사용하는가에 관한 것이다. 충만한 삶이란 우연이 아니라 의도적으로 목적의식을 갖고 살아가는 삶이다. 고객이 삶의 목적 선언문을 명확히 하도록 도울 수 있는 많은 실습자료가 코치의 툴킷에 있다.(www.coactive.com/toolkit 참조)

삶의 목적 선언문은 코칭에서 매우 중요하다. 왜냐하면 그것은 고객으로 하여금 완벽하게 생동감이 있고, 충분히 표현된 충만한 삶에 초점을 맞추도록 하기 때문이다. 그래서 삶의 목적 선언문을 발견하기 위한 코칭 세션은 고객의 자아발견, 가치 명확화와 고객의 비전에 대해 충분한 협의를 하는 공간이다. 코치는 고객이 본인에게 주어진 모든 재능을 활용하도록 요청해야 한다. 또한 그런 코칭의 시간은 고객이 보다 쉬운 길을 택하기보다는 그들의 삶의 목적을 따라 때로 어려운 결정을 내릴 때 인정할 수 있는 유익한 공간이다. 의미 있고 목적에 따르는 삶을 산다는 것은 정말로 어려운 일이다. 어떤 의미에서는 그런 삶이 바로 충만한 삶이라고 정의할 수 있다.

## 불협화음

당신이 당신의 가치를 정기적으로 그리고 꾸준하게 실천하며 살고 있다면, 당신은 이후로도 행복하게 살아갈 수 있는 일종의 공식을 갖고 있다고 할 수 있다. 그렇다면 왜 사람들은 항상 가치대로 살지 못하는 것일까? 이러한 질문에 대한 답은 백여 가지나 있을 수 있다. 그러나 그런 답들의 공통분모는 "두려움이 충만한 삶을 살겠다는 욕구보다 더 강하다"는 것이다. 자신을 파괴Self-sabotage하는 형태의 그런 두려움은 여러 가지 위장된 모습으로 우리에게 나타난다.

고객이 자신의 가치에 근거한 결정을 하지 못하게 될 경우, 그 결과는 일종의 불협화음Dissonance 형태로 나타날 것이다. 좌절이나 따분함, 무관심, 분노, 체념, 자기배반Self-betrayal이나 자기순교Self-martyrdom처럼 보이는 일련의 행동들에 대한 고집스러운 변명 등일 것이다. 코치로서 당신은 그러한 불협화음의 징후를 공기 중에서 감지할 수 있을 것이다. 그것은 쓴 두려움의 냄새일 수도 있고, 미사여구로 위장된 변명일 수도 있다. 3단계 경청으로 고객이 하는 말들의 이면에 있는 뜻을 듣게 되면, 당신은 불협화음을 감지할 수 있을 것이다. 그것은 확실하지 않지만 어떤 에너지의 부정적 변화 같은 것일 수 있다.

고객은 내면의 자기파괴적인 목소리가 자신을 위험이나 관계의 단절, 어떤 재앙으로부터 보호하려고 한다고 믿을 수도 있다. 그러나 그 목소리는 고객이 확실하지 않은 위험을 감행하지 못하도록 하고, 변화와 더 충만한 삶을 위해 필요한 위험을 무릅써야 할 시점에 매우 신중하게 만든다. 이런 불협화음의 목소리는 바로 내면의 방해꾼인 '사보투어'의 목소리이다. 그 목소리는 그저 오래된 판단, 원칙과 제한적인 믿음을 반복할 것이다. 이렇게 말할 것이다. "너는 충분히 열심히 일하고 있지 않아.""너는 좀더 경력이 필요해.""넌 시험을 잘 보지 못해.""넌 충분히 똑똑하지 못해, 충분히 매력적이지 않아, 충분히 부자도 아니야, 경험도 충분하지 않고, 나이도 충분히 먹지 않았어. 넌 충분한 것이 아무것도 없잖아." 또는 그 반대로 이야기할 때도 있다. "넌 나이가 너무 많아, 이마도 너무 벗겨졌고, 유행에도 너무 뒤처져있고, 너무 어리고, 너무 적극적이고, 너무 내성적이고, 너무 외향적이야. 넌 너무 지나치게 많아."

　대부분의 경우 이러한 목소리들은 이면에서 조용하게 작업을 한다. 고객이 하는 선택에 부정적 영향을 주고 그들이 선호하는 일련의 행동을 하게 하거나 아무것도 하지 않도록 종용도 한다. 사람들이 자신의 삶을 바꾸어보겠다는 결심을 할 때면 경종이 울리면서 내면의 방해꾼, 사보투어가 깨어난다는 사실을 명심하기 바란다. 그것을 기대하라. 고객에게 미리 이런 사실을 알려주는 것이 좋을 것이다.

## 삶의 충만과 코치의 역할

　삶의 충만이란 말이 만족스럽고, 맛도 있고, 궁극에는 배도 부르게 해주는 정말로 멋진 음식처럼 매우 멋지게 보일 수 있다. 그러나 충만한 삶으로 가는 길은 어렵고, 낯설고, 두려운 길일 수 있다. 우리의 삶을 우리의 가치대로 살아가는 것은 사회가 우리에게 가르쳐준 것이 아니기 때문이다. 우리는 대부분 우리가 가지고 있는 것에 안주해 버린다. 우리는 다른 사람이 원하는 것, 가장 쉬워 보이는 것, 불편을 최소화하는 것을 근거로 선택을 한다. 참고 지내고 타협한다. 그리고 포기한다. 삶의 충만에 이르는 길로 들어서는 것이나, 그 길에 계속 남아 있는 것이 쉬운 일은 아니다. 그래서 충만한 삶을 살기로 결정하는 것이 평범한 행위가 아니라고 강조하는 이유이다.

　코치의 역할은 고객이 충만한 삶을 추구할 수 있도록 도전하는 것이다. 고객이 처한 환경에도 굴하지 않고, 고객 주위에 있는 사람들의 나쁜 조언이나 반대의 어젠다를 제안하는 온갖 소리에도 굴하지 않고, 그리고 고객 내면의 방해꾼이 방해하는 소리에도 굴하지 않고 자신의 충만한 삶을 추구하도록 말이다. 고객이 그곳에 가고 싶어 하지 않을 때라 하더라도, 코치의 역할은 앞장서 격려하고, 가치 있고 후회 없는 삶, 온전한 삶으로 나아갈 수 있도록 길을 안내하는 것이다. 기억하기 바란다. 큰 어젠다 'A'의 핵심은 고객이 하는 선택 중에 가장 활력을 주는 선택을 가능하게 한다는 것이다. 고객이 정한 목표와 계획에 있어서 고객이 이루어내는 결과가 무엇이든지 간에 이것은 그들 자신과 그들을 위해 일하는 코치에게 진정한 만족감을 준다. 결론적으로 말해서 매일의 삶에서 보다 충만한 삶을 살 수 있는 것이다.

# 9장
# 삶의 균형

코액티브 코칭 모델에서 삶의 균형은 삶의 질을 결정하는 기본적인 요소이자 세 개의 핵심 원칙 중 하나이다. 고객에게 물어보면 적어도 그들은 그렇다고 대답을 한다. 반복해서 고객은 우리에게 그들 삶에서 보다 나은 균형을 원한다고 이야기한다. 이런 균형의 이슈는 두 가지이다. 하나는 삶의 근본적인 수준에 관한 것이고 다른 하나는 일상의 경험에 관한 것이다.

큰 그림에서 보면 삶의 충만은 어떻게 가치 있고, 목적이 있고, 생동감이 있는 삶을 살아가는가에 관한 것을 이야기하고, 삶의 균형은 어떻게 하면 강렬한 비전에 맞게 정렬된 삶을 선택하는가에 관한 것을 이야기한다고 할 수 있다. 삶의 균형에 관한 한 고객이 원하는 것은 그들 삶의 소중한 우선순위들을 적절히 조정하는 것이다. 그들은 자신들의 활동과 관계의 문제를 잘 다루어서 그러한 관계나 행위들이 서로 잘 연계되고 앞으로 잘 나아갈 수 있게 해주는 방법들을 원한다. 또한 고객은 더욱더 임파워되기를 원하고, 환경과 다른 사람들의 기대와 요구에 덜 휘둘리기를 원한다. 그들의 삶에 수동적으로 대응하는 것이 아니라 그들 스스로가 자신의 삶을 선택하고 있다는 느낌을 갖고 싶어 한다. 그러나 그들은 그들 삶의 모든 부분이 반드시 동일한 중요성을 갖는다고는 생각하지 않는다. 삶의 균형은 모든 것을 균일하게 만드는 것이 아니기 때문이다.

삶의 균형은 또한 어떤 궁극적 평형Ultimate equilibrium에 이르는 것과 혼동을 해서는 안 된다. 삶에는 멈춤의 상태Static point란 것이 없다. 인생은 원래 역동적인 것이다. 우리는 계속해서 균형을 잡으려고 한다. 균형은 속도를 늦추는 것에 관한 것이 아니다. 물론, 속도를 늦추는 것이 언젠가는 단지 하나의 처방이 될 수는 있다. 또한 균형이 무엇을 단순화하는 것에 관한 것도 아니다. 삶의 여러 가지 것들을 분류해서 어떤 것에는 "예"라고 선택을 하고, 다른 것에는 "아니요"라고 선택하는 것이 가장 충만한 삶의 흐름을 만들어가는 데 이상적인 방법일 수는 있다. 간단하게 이야기해서 고객이 가장 원하는 것은 더 빨리 가고 싶거나, 늦게 가고 싶거나, 더 갖고 싶고, 덜 갖고 싶은 것이 아니고, 충만함을 주는 삶의 비전이라는 철도 위에서 가장 행복한 여행을 하고 싶은 것이다. 어떻게 하면 그들이 그런 여행을 하게 할 수 있는가가 삶의 균형 코칭Balance coaching의 목적이다. 어떤 고객은 부드러운 승차감의 여행을 원하고, 또 어떤 고객은 울퉁불퉁한 승차감의 즐거움을 원하기도 할 것이다. 삶의 균형 코칭이 그런 선택을 할 수 있도록 또한 도와줄 수 있다.

# 하루하루의 삶

그렇지만 고객은 그들이 처리하고 싶은 리스트의 첫 번째인 '보다 균형 있는 삶A more balanced life'을 가지고 코칭을 찾지 않는다. 그것이 그들의 관심 문제는 아니다. 오히려 그들은 그날 또는 그 주에 먼저 시급하게 처리해야 할 이슈에 관심을 갖는다. 예를 들면, 지겨운 일, 옴짝달싹 못 하는 프로젝트, 겁이 나는 가족 모임, 신용카드 빚, 새로운 관계 등이다. 그들은 당장 취해야 할 행동에 관심이 있는 것이다. 특히 원하는 결과를 얻지 못하고 있는 영역에 관심을 둔다. 결국 이것이 고객이 코치에게서 코칭을 받고자 하는 이유이다. 그래서 그들은 원하는 결과를 얻을 수 있게 된다.

고객은 그들 스스로가 무엇인가에 꽉 막혀 있고, 기로에 서 있고, 막다른 골목에 있고, 심지어 아무런 대안도 없다고 생각한다. 또한 체념하고, 패배의식을 느끼고, 단순히 좌절에 빠졌다고 느낄 수 있다. 반복되는 삶의 사이클에서 힘이 없고, 길을 잃고, 갇혀 있다고 느낄 수도 있다. 고객을 앞으로 나아갈 수 있도록 도와주겠다는 일념으로 코치인 당신은 그 문제들을 작은 조각으로 나누어서 해답을 짜내고, 고객으로 하여금 원하는 결과를 조속히 얻어서 모든 나태함을 뒤로하고 앞으로 나아가게 하려는 유혹에 빠질 수 있다. 대신에 삶의 균형 코칭은 고객이 이런 상황을 어떻게 보는가를 들여다보는 것으로 코칭을 시작한다. 즉, 뭔가 다른 조치를 할 필요가 있는지 없는지를 처음부터 보지 않는다. 고객의 관점이 흔히 꼼짝 못 하고, 꽉 막혀 있고, 정체되어 있는 느낌을 갖게 하는 주요 요인일 수가 있다.

삶의 균형 코칭의 목적은 고객으로 하여금 흐트러진 삶의 흐름을 다시 회복하게 도와주고, 당장의 이슈를 자신의 가치에 맞게 그리고 자신의 삶에 대한 주도권을 다시 회복할 수 있는 행동을 취할 수 있도록 해주는 것이다. 삶의 균형 코칭은 고객이 현재 갇혀 있는 상자들을 함께 들여다보는 것으로 코칭을 시작한다. 왜냐하면 그런 상자의 한계가 그들의 발전을 가로막고 있기 때문이다. 그렇게 함으로써 고객은 현재의 문제영역에서 흐름을 회복하게 되고, 그런 과정을 통해 또한 그들의 삶에서 더 많은 흐름을 만들어낼 수 있는 중요한 방법을 배우게 된다. 그들을 가두고 있는 상자를 보다 능숙하게 볼 수 있게 되고, 그 상자를 깨고 나온 경험은 다른 영역에서도 그들에게 도움을 준다. 이것이 바로 삶의 균형 코칭이 큰 어젠다 'A'를 어떻게 다루는지를 보여주는 것이다. 고객이 선택의 힘을 깨닫게 되면, 그들은 다른 영역에서도 의도적인 선택을 할 수 있도록 임파워된다.

## 환경 vs. 가능성

고객이 원하는 결과를 얻지 못하는 데는 언제나 이유가 있다. 그들이 말하는 이유들을 들어보라. 그 이유들은 거의 언제나 합리적이고 설득력이 있어 보인다. 그러나 그 이면에 내재해 있는 소리를 듣기 시작하면 당신은 그들이 이야기하는 이유와 변명 속에 내재된 어떤 특별한 어조Tone나 정취Flavour를 들을 수 있을 것이다. 어려운 상황과 통제할 수 없는 환경에 대해서도 들을 것이다. 빡빡한 일정과 주변의 기대, 융통성이 없고 협조해주지 않는 사람들에 대해서도 들을 것이다. 불평처럼 들리기도 하고 그렇지 않을 수도 있다. 또는 아주 정상적이고 당연한 것처럼 들릴 수도 있다.

삶의 충만 코칭에서 당신은 고객의 가치가 생생하게 살아 있는지에 귀를 기울인다. 즉, 고객이 가치대로 살고 있는지, 가치를 존중하고 있는지, 그런 삶을 축하해주는지에 귀를 기울이는 것이다. 그러나 그 반대에 귀를 기울일 때도 있다. 무감각, 분노, 변덕스러움 등에도 귀를 기울인다. 삶의 균형 코칭에서는 그들의 삶이 가능성과 대안, 자유와 창의성으로 채워져 흐르고 있는지를 귀 기울여 듣고, 또는 바꿀 수 없는 환경과 깨지지 않는 상자의 가혹함에 대해서도 들을 것이다. 여기서 우리는 삶의 충만 코칭과 삶의 균형 코칭의 이러한 차이를 마치 색상환Color wheel의 색깔처럼 선명하게 다른 것으로 기술했으나, 그런 구분이 실제 코칭 세션에서도 그렇게 명확한 것은 아니다. 당신이 빨간색이나 파란색, 노란색이나 초록색 중 어느 것을 선택할 것인지는 분명해야 한다. 그러나 코치가 전달하는 감정의 색조는 삶의 충만 코칭인지, 삶의 균형 코칭인지를 분명하게 말해주지는 않는다. 잘 알다시피 명확하게 아는 것이 코칭에서는 그렇게 중대하지 않다. 한 방향으로 계속 나아감으로써 당신은 더 많은 것을 발굴해내고, 고객에게서 더 많은 피드백을 받고, 그런 피드백과 함께 춤을 추고, 같은 방향으로 계속 나아가거나 다른 방향으로 전환할 수도 있다. 삶의 균형 코칭에서 우리는 피할 수 없는 환경과 이슈에 대해 상자 안에 갇힌 관점을 냉철하게 듣는다.

# 삶의 균형 코칭의 공식

삶의 균형 코칭에서 꽉 막힌 상태를 가능성으로, 그리고 그 가능성을 행동으로 나아가게 하는 공식은 (1) 관점Perspective, (2) 선택Choice, (3) 전략Co-Active strategy, (4) 다짐Commitment, (5) 행동Action의 다섯 단계로 구성되어 있다.

## 1단계: 관점

삶의 균형 코칭 1단계는 고객의 현재 관점을 밝혀내고 이용할 수 있는 다른 관점들로 확장해가는 것이다. 확장성과 융통성이 있는 관점에 비해 꽉 막혀 있고 옴짝달싹 못 하는 관점을 갖고 있는 고객으로 하여금 무엇인가를 행동하도록 하는 것이 훨씬 더 어렵다.

인간으로서 우리는 우리가 사실이라고 믿는 것만이 가능한 것이라고 믿는 경향이 있다. 만일 고객이 어떤 상황을 희망이 없다고 생각한다면 변화를 위한 방법을 찾아내는 것은 매우 어려울 것이다. 결국 고객은 이런 자신의 시각을 확인시켜주는 증거자료를 준비해서 현재 상황은 거의 희망이 없다는 확신을 당신에게 보여줄 것이다. 그런 관점은 단호하고 흔히 잘 정리되어 있는 경우가 많다. 그러나 그 관점은 상자에 갇혀 있는 것이다. 고객은 어떤 상황에 대해 습관적인 사고체계를 보이곤 한다. 그들은 그러한 사고체계가 올바르고, 바뀔 수 없고, 분명하다고 느낄 때까지 반복해서 그들의 융통성 없는 사고체계를 구체적인 상황에 겹겹이 그대로 적용한다. 이렇게 되면 상황은 끝이 나게 된다. 더 이상의 희망이 없어 보인다.

우리가 어떤 이슈에 대한 관점을 가진다는 것은 우리가 그것에 대한 의견, 신념, 가정과 기대를 갖고 있다는 것을 의미한다. 그래서 그러한 관점의 가정을 근간으로 예측을 하게 된다. 우리는 결과를 예측할 수 있다고 믿는다. "원래 일이 언제나 그렇게 되거든요" 또는 "그게 원래 그런 거예요"라고 말하면서 말이다. 관점은 우리로 하여금 어떤 특정한 것만을 볼 수 있도록 하는 강력한 필터 역할을 한다. 우리의 관점 밖에 있는 것은 유효하지도 않고, 눈에 보이지도 않고, 통제할 수 없는 것으로 묵살해버린다. 고정관념Stereotype이라는 것도 일종의 관점인데 그것은 사람들의 가능성을 제한하는 습관적인 시각이다. 특정한 상자 안에 갇힌 관점도 마찬가지이다. 기대와 가정도 모든 사람을 상자 안으로 가둔다.

고객의 그러한 관점은 관점이 다양할 수 있다는 가능성을 인정하지 않고, 그 상황을 바라보는 관점은 하나밖에 없다고 보는 것이다. 그래서 삶의 균형 코칭에서는 우선 그러한 제한적인 관점을 찾아내서 그 관점에 이름을 붙인다. 그리고 나서 우리는 고객과 함께 작업을 하며 보다 잠재력 있고 창조적인 다른 관점들을 찾아내어 앞으로 나아갈 수 있는 행동을 취할 수 있도록 하는 것이다.

고객에게 단순히 다음과 같은 질문을 함으로써 더 많은 관점을 찾아낼 수 있다. "당신에게 통할 수 있는 것으로 이 상황을 다르게 볼 수 있는 다른 방법이 있을까요?" 창의적 생각을 자아낼 수 있도록 은유나 이미지를 사용해서 브레인스토밍을 할 수도 있다. 예를 들어, "다섯 살 아이라면 이 상황을 어떻게 볼 수 있을까요?" "좋은 소식의 관점에서 바라본다면요?" 또는 고객의 가치 중 하나를 선택해서 질문할 수도 있다. "모험이 당신의 가치라고 알고 있습니다. 이 상황을 대모험 관점에서 바라본다면 어떻게 보이나요?"

## 지오그래피

방 한가운데에 일종의 조각물 같은 물체를 놓았다고 생각해보자. 그리고 주위를 돌면서 다양한 각도에서 그 물체를 본다고 상상해보자. 각각의 관점은 그 물체에 대해 조금씩은 다른 정보를 줄 것이다. 관점에 대해 작업을 한다는 것이 바로 이런 효과를 갖고 있는 것이다. 그러나 한 관점에서 다른 관점으로 옮겨갈 때 그저 시각적인 측면의 차이만 있는 것은 아니다. 우리가 각각의 관점에서 발견할 수 있는 것은 각각의 관점이 나름대로 자신만의 세계를 갖고 있다는 것이다. 예를 들어, 다른 조경, 다른 기후, 다른 행동규범 등과 같이 말이다. 어떤 한 관점과 세계에서 통하는 것이 다른 관점과 세계에서는 통하지 않는다. 우리가 고객과 함께 하나의 관점의 지오그래피 Geography('사람지리'라는 뜻으로 장소지리의 은유어이다. 사람들의 몸짓, 위치, 관점, 표정, 기분 등을 의미한다)를 들여다본다는 것은 그 관점과 그 세계의 지오그래피를 본다는 것이다. 그 관점에는 자신만의 언어가 있다. 문화적 규칙이 있고 적절한 역할들이 있다. 또한 문자 그대로 사람들은 때때로 그들의 관점을 형상화해서 몸으로 표현하기 때문에 그런 관점에는 어떤 물리적 자세가 있을 수 있다.

다음 관점을 생각해보자. "숲에서의 산책은 자연 세계에 대한 즐거운 경험이다." 이 말 속에 묻어 있는 어조를 느껴보라. 당신은 실제로 이와 같은 관점으로부터 꽃의 향기를 맡을 수도 있고 자연의 소리를 들을 수도 있을 것이다. 만일 당신이 자신의 몸으로 그 관점을 형상화하려고 한다면 당신의 자세는 마음으로 느끼는 것과 생각하는 것을 몸으로 그릴 수 있을 것이다. 다른 관점과 함께 많은 것들이 극적으로 변한다는 것에 주의하라. 다른 관점에서 보자. "숲에서의 산책은 위험하고 더럽고, 벌레도 많고, 의미 없는 시간 낭비야"라는 말 속에서 말의 어조가 어떻게 변하는지 보라. 당신의 자세도 위와는 다른 신념과 기대를 반영하는 것으로 바뀔 것이다. 심지어 냄새도 달라질 것이다.

이것은 '숲에서의 산책'에 대한 두 가지 다른 관점의 예이다. 이 두 관점 중 어느 것도 올바르거나 잘못된 것은 없다. 비록 둘 중 어느 하나를 선호하는 사람들이 자신들의 시각을 지지하기 위해서 그간 열심히 증거자료를 준비해 그들의 관점이 올바르고 진실한 것이라고 설득력 있게 주장한다 하더라도 말이다.

### 토픽

앞에서 언급한 '숲에서의 산책'의 예는 관점과 함께 토픽을 명확하게 하는 것이 중요하다는 것을 지적해주기도 한다. 당신은 방 한가운데에 상상으로 놓았던 조각물처럼 협의를 위해서는 구체적이고 인식할 수 있는 토픽을 가져야 한다. 토픽은 어떤 상황일 수 있고, 결정해야 할 사안이나 사건, 일련의 사건들일 수 있다. 또 숙고한 행위나 기회일 수 있다. 다른 사람과의 관계나 고객, 빚이나 암, 기술처럼 구체적인 어떤 것과의 관계일 수 있다. 토픽이 명확할 때는 그것이 관계의 문제라고 하더라도 관점에 대한 작업을 하는 것이 훨씬 쉬워진다. 토픽에 대한 고객의 반응을 통해서 고객의 관점을 이해할 수 있다.

고객의 반응은 고객의 감정이나 판단을 수반하는 관점이다.

### 2단계: 선택

다양한 관점을 찾는 작업을 하면 지도에 있는 각 나라의 풍요로운 지역을 탐색할 수 있게 된다. 당신은 고객을 방 안의 다른 곳에 서게 해서 옷 같은 것을 입어보게 하고, 그곳의 분위기와 언어를 느끼도록 하여 다른 관점을 가져보도록 할 수 있다. 결국 고객은 하나의 관점, 지금까지 코치와 함께 작업해온 관점 중의 하나 또는 여러 관점을 조합한 것 또는 심지어 탐색과정에서 나온 전혀 새로운 관점을 선택해야 한다.

삶의 균형 코칭에서 '선택'은 어떤 관점을 결정하는 것 이상의 의미를 갖고 있다. 선택의 의미를 안다는 것은 선택의 힘을 안다는 것을 의미한다. 고객은 자신이 한 선택에 대해 절대적으로, 명확하게 책임이 있음을 알고 있는 것이 매우 중요하다. 이런 과정을 통해 고객이 어떤 식으로 선택을 하는지 알 수 있게 된다. 고객이 빠르게 선택하는가? 충동적으로 선택을 하는가? 분석에 많은 시간을 쓰는가? 아니면 비교하고 분석을 하는 데 다른 복잡한 방법을 쓰고 있는가? 이러한 정보는 당신의 고객이 통상 어떤 식으로 의사결정을 하는지를 알아가는 데 중요한 정보가 될 것이다.

### 3단계: 코액티브 전략

삶의 균형 코칭에서 이 단계는 자각과 행동을 이어주는 다리 역할을 한다. 코액티브 전략에서 '행동'을 한다는 것은 단순히 '행위' 이상의 의미를 갖고 있다. 코액티브 모델에서 전략은 행동을 동기부여하고 지지하는 자세와 감정상태를 포함하고 있다.

삶의 균형 원칙에 따라서 우리는 우선 다양한 가능성을 확장하는 작업을 시작해서 행동에 대한 선택이 생생하게 살아 있는 것으로부터 나올 수 있도록 한다. 우리는 가능성을 확장함으로써 다양한 대안을 찾아낼 수 있다. 이 단계는 창의성을 의도적으로 강조하는 확장의 단계이다. 브레인스토밍 스킬을 이용해서 아이디어와 대안을 만들어낼 수도 있으나 어떤 창의적 방법을 사용한다 하더라도 코치가 하는 일은 고객으로 하여금 가능성의 한계를 밀어붙이고, 익숙하지 않은 대안들을 탐색하도록 격려하는 것이다. 이와 같이 가능성을 확장해가는 단계에서 우리가 의도하는 바는 오래된 사고의 틀을 벗어나서, 그리고 보통 '현실적Realistic'이라고 생각하는 것을 넘어서 '가능성이 있는' 대안을 찾아내려는 것이다. 현실적이라는 생각은 거의 상자 안의 관점으로부터 물려받은 유물이다.

'가능한 행동'의 풍부한 목록을 대상으로 다음에 할 일은 그 목록을 좁혀가는 것이다. 이것이 삶의 균형 코칭에서 두 번째 선택을 하는 지점이고, 고려하는 일련의 행동들이 보다 많은 삶의 흐름으로 이어질 것이라는 사실을 다시 한 번 확실히 할 수 있는 기회이다. 주의해서 봐야 할 것 중 하나는 우리가 장난삼아 '과다 계획 증후군Overly Optimistic Planning Syndrome(OOPS)'이라고 부르는 것이다. 우리는 고객이 가능한 한 풍부한 목록을 만들도록 격려하고, 그들을 동기부여해서 그것들을 행동으로 옮길 수 있도록 도와주어야 한다. 그러나 우리는 가능성의 범주를 확장하기 위해서 이렇게 하는 것이지 고객이 탈진Burnout하도록 하려는 것은 아니다. 그래서 점검하고 의식적으로 선택하는 것이 코액티브 전략을 만들어가는 데 중요한 요소들인 것이다. 사실 가능한 목록과 실제로 삶의 흐름에 도움이 되는 것에는 일종의 균형점이 있다. 물론, 둘 사이의 완벽한 인과관계의 공식은 없다. 그래서 고객이 발전하는 과정에서도 고객에게 학습을 추가로 요구하는 것이다.

궁극적으로 우리가 목표로 하는 것은 고객이 코칭 세션에 가져오는 이슈에 진전이 있도록 하는 것이다. 행동 목록을 좁혀가는 것이 대화를 현실로 만들어가는 단계이다. 코칭에서 고객의 이슈나 삶에 대해 대단히 훌륭하고, 심오하고, 엄청나게 창의적인 대화를 하는 것만으로는 충분하지 않다. 고객으로 하여금 행동을 하도록 하여 그들이 볼 수 있고 특기할 만한 어떤 가시적 결과를 만들어내도록 하는 것이 필수 불가결하다.(코치의 툴킷에는 다양한 전략, 계획 수립 방법들이 있다. www.coactive.com/toolkit 참조)

## 4단계: 다짐

코치들이 하는 핵심 질문 중 하나는 "무엇이 변화를 지속적으로 가능하게 하는가?"이다. 우리는 고객은 흔히 새로운 방향으로 나아가겠다는 선택을 할 용의가 있다는 것을 알고 있다. 그래서 그들이 막다른 골목에서 빠져나오고, 목적 없는 방황을 중단하는 것이다. 그러나 일단 선택한 길로 들어선 후에는 "무엇이 그들을 계속 그 길에 남아 있도록 할 것인가?"가 중요하다. 이 질문의 답 중 하나가 바로 다짐의 강도이다.

## 선택을 넘어서

코액티브 코칭에서조차 전략을 만들어내는 작업은 두뇌를 사용하는 일이다. 일이 잘되게 하기 위해 다른 방법이 없을까? 자원을 어떻게 할당할까? 각각의 대안들의 장단점은 무엇인가를 생각하는 것과 같이 두뇌를 활용하는 지적인 작업이다. 그래서 전략은 지적인 작업의 결과이고 고객에게는 진정한 자신의 것이 아닐 수도 있다. 코치로서 당신은 이렇게 만든 전략이 고객의 내면에 그리고 작은 자극에도 쉽게 흔들릴 수 있는 두뇌에만 있는 것이 아닌 고객의 근육과 뼛속에도 살아 있기를 바랄 것이다. 그래서 고객이 행동으로 옮기기 전에 그들의 계획에 진정한 다짐을 하도록 하는 것이 중요하다.

사람들은 무엇인가에 다짐을 하게 되면, 본인도 모르는 신비로운 힘과 결단력이 생겨난다. 다짐은 선택하는 것 그 이상의 의미를 갖고 있다. 우리는 라자냐(파스타, 치즈, 고기, 토마토소스로 만든 이탈리아 요리)와 링귀니(납작하게 뽑은 파스타) 중 하나를 선택한다. 또한 다른 사람들, 그들의 삶, 그들의 일련의 행동에 다짐을 한다. 다짐이란 '되돌아갈 수 없음'을 시사한다. 그래서 고객으로 하여금 선을 긋게 한 다음 그 선을 넘어 새로운 영토로 들어가게 하는 것이다. 다음과 같이 질문을 하라. "그 계획에 다짐을 하시고 행동을 취할 것이지요?" "그렇게 하실 것이지요?" 이때까지 고객은 단순히 의례적인 질문과 답을 하는 것이라고 생각할 수도 있다. 그러나 그들이 다른 세계에서 다른 방식으로 살아가야 한다는 것을 다짐하고 그것을 깨닫는 순간 생각의 전환을 경험하게 될 것이다. "이 계획에 다짐을 합니까?"라고 질문을 해보라. 이 질문은 고객의 주의를 높인다. 우리는 더 이상 5킬로그램의 몸무게를 뺀다거나, 이번 달에는 신용카드 빚을 갚아야 한다는 것에 대해 이야기를 하고 있는 것이 아니다. 우리는 고객의 삶을 통제하고 주도하는 방법에 대해 이야기를 하는 것이다. 실제로 이러한 다짐의 행위는 너무나 강력해서 코치는 때로는 고객으로 하여금 그들이 서 있는 마루에 실제나 가상의 선을 그리게 하여 고객으로 하여금 깊은 숨을 들이쉬게 한 뒤, 그들이 그런 계획에 다짐을 할 준비가 되어 있을 경우에 그 선을 넘으라고 요청하기도 한다. 그러나 반드시 그들이 진정으로 다짐을 할 준비가 되어 있을 경우에 한해서만 말이다.

### 예 & 아니요

"예"와 "아니요"란 말은 어느 언어에서나 가장 간단한 말 중 두 개일 것이다. 그러나 질문의 맥락에 따라 온 세상이 들을 수 있도록 크게 말하기에는 가장 어려운 말 중의 두 개일 수도 있다. 고객이 행동에 대한 다짐을 할 때, 그들은 그들의 계획을 실천하겠다는 다짐인 "예"뿐만 아니라, 어떤 것은 절대로 하지 않겠다는 "아니요"에 대한 다짐도 해야 한다.

다짐의 맥락에서 보면 이러한 말들은 보다 심오한 울림을 가져온다. 그들은 고객의 삶 속으로 울려 퍼지게 된다. 어떤 단순한 행동에 대해 "예"라고 하는 것은 보다 심오한 다짐이고, 약속이고, 심지어 새롭고 보다 심오하게 살아가겠다는 다짐이다. 또한 "아니요"라고 하는 것은 목록에서 단순하게 삭제하는 것 이상의 의미를 갖는다. 그것은 흔히 오래된 신념이나 기대에 대한 "아니요"이고, 자기배반에 대한 "아니요"이고, 다른 사람들의 요청에 습관적으로 대응하는 태도에 대한 "아니요"를 의미하는 것이다. 코치는 고객이 말하는 "예"와 "아니요"의 깊은 의미를 들을 줄 알아야 한다. 심지어 고객으로 하여금 그들이 좀더 명확하게 근본적인 선택을 할 수 있도록 하기 위해 어느 정도의 기간 동안 '예-아니요' 게임에 참여하도록 할 수 있다. 예를 들어, 다음과 같이 질문을 하는 것이다. "요즘 고객의 삶에서 '예'라고 하는 것은 무엇인가요? '아니요'라고 하는 것은요?" 또는 "배우자와의 관계에서 '예'라고 하는 것은 무엇인가요? '아니요'라고 하는 것은요?"

## 5단계: 행동

코치의 실제 행동은 코칭하는 시간에 일어나는 것은 아니다. 코치의 관점에서 보면, 이것은 뭔가 위안이 되는 것이다. 번쩍 빛나게 똑똑하거나, 완전하거나, 변혁적이어야 한다는 압박감을 다소 줄여준다. 실제의 행동은 고객의 삶에서 그가 실천을 하는 행위와 또는 하지 않는 행위, 즉 코칭 세션 사이에서 일어난다. 그곳이 바로 힘이 있는 공간이다. 행동이 따르지 않는 삶의 균형 코칭은 단지 고객의 관점에 대한 즐거운 대화에 지나지 않는다. 고객 삶에서의 실제적 행동이 고객을 계속 움직이게 하여 앞으로 나아가게 한다.

다음 코칭 세션에서 당신은 그간의 진행상황을 점검하고, 잘 진행된 것은 무엇이고, 잘 안 된 것은 무엇이고, 두 가지로부터 고객이 배운 것이 무엇인지를 함께 검토해야 할 것이다. 그래서 당신은 고객이 주어진 환경과 가능성 사이의 균형을 유지하고, 삶에 활력을 주는 선택들을 실행해가면서 자신의 삶을 어떻게 만들어가려고 하는지를 발견하게 될 것이다.

**대화의 예**

**코치** (직장에서 진행 중인 어떤 특정 프로젝트에 대해 고객의 열정이 없는 설명을 들은 이후에) 제가 생각하기에 당신은 현재보다는 그 프로젝트에 대해 훨씬 흥분했었는데요?

**고객** 그 이상이었지요. 사실 저는 이 프로젝트가 최고로 창의적인 작품이 될 것이라고 생각했었어요.

**코치** 그런데, 그렇지 않군요.

**고객** 아니에요. 전혀 최고의 작품이 아니에요. 그저 매일 먹는 오트밀에 지나지 않아요.

**코치** 매일 먹는 오트밀에 질려버린 것처럼 들리네요.

**고객** 그래요. 나아지는 것이 없어요. 반 정도의 사람들이 다른 일로 빠져나갔고요. 프로젝트 관리자는 이 프로젝트에 더 이상 투자하지도 않아요. 정말 구역질이 나는 일이지요.

**코치** 예, 당신은 오트밀 관점을 갖고 있군요. 오트밀 관점에서 프로젝트를 보면 공기가 어떤 느낌인가요?

**고객** 공기요? 썩고, 오래되고, 악취가 나요.

**코치** 그런 상황에서 동기부여가 되기는 어렵겠네요.

**고객** 그럼요.

**코치** 다른 시각에서 현재 상황을 한번 들여다볼까요?

**고객** 물론이지요. 현재의 상황이 개선될 수만 있다면요.

**코치** 자, 다른 관점으로 어떤 것이 있을까요?

**고객** 음, 여름방학요. 학교 수업은 끝나고, 선생님도 책도 더 이상 필요 없지요.

**코치** 좋습니다. 그럼 여름방학 관점에서 중요한 것은 무엇인가요?

**고객** 자유요. 제가 원하는 것은 무엇이든 할 수 있지요.

**코치** 좋아요. 이야기를 진행하면서 돌아볼 수 있도록 원을 하나 그리고 그 원을 여덟 개의 쐐기 모양으로 나누어보지요, 파이 조각처럼요. '오트밀 관점'을 그중 하나에 넣고 다른 것에 '학교 방학'을 넣지요. 아시겠어요?

**고객** 예, 알겠습니다.

**코치** 또 다른 관점이 있다면요?

**고객** 잘 모르겠는데요.

**코치** 당신이 하고 싶어 하는 것 중에 없을까요?

**고객** 집에 제가 간단한 목공 관련 일을 하는 작업장이 있어요. 취미이지요. 저를 편하게 해주고요. 제 손으로 뭔가를 하는 것을 좋아합니다.

**코치** 이 관점에 대해 분명한 느낌을 갖고 계시네요.

**고객** 그럼요. 실제로 저는 나무 냄새를 맡을 수 있을 정도지요.

**코치** 이 관점을 뭐라고 부를까요?

**고객** 음…. 작업장 관점이라고 하지요. 창의적이고 만족스럽고 유용하지요.

**코치** 현재의 프로젝트 상황을 들여다볼 수 있는 다른 관점이 있을까요?


(고객은 '도서관'이라고 이름을 붙인 관점을 포함해서 몇 개의 관점을 더 찾는다. 그리

고 코치와 고객은 각 관점의 특성에 대해 탐구를 한다.)

**코치** 제가 적은 것을 보니까 우리가 모두 여섯 개의 관점, 원래의 오트밀 관점을 포함하면 일곱 개의 관점에 대해 이야기를 했네요. 어떤 관점을 선택하시겠습니까?

**고객** '도서관' 관점요.

**코치** 도서관 관점이 당신에게 어떤 의미인가요?

**고객** 음, 저는 프로젝트가 매우 정열적이고 창의적인 팀과 함께 제대로 진행되기를 바라지요. 우리가 이야기했듯이 가까운 미래에 그런 일이 일어날 것 같지는 않고요. 그러나 재미있어 보이는 것은 도서관에 가서 그 주제를 공부하는 것이지요. 저는 시간이 있어요. 도서관은 조용하기 때문에 도서관을 일종의 은유로 사용하지요. 공부하기에 안성맞춤이고 탐구할 자료들도 많이 있어요. 어느 누구도 저를 방해하지 못할 거예요.

**코치** 훌륭해요. 자 그러면, 이렇게 상상해보세요. 당신은 지금 도서관에 서서 현재의 프로젝트를 바라본다고요. 어떤 대안이 있을까요? 여유 시간에 무엇을 할 수 있을까요?

**고객** 온라인으로 제가 하고 싶은 연구도 할 수 있을 것이고요. 두 권의 책을 주문하려고 했던 것도 제가 하고 싶지만 하지 못했던 것이지요. 그리고 아일랜드에 있는 친구 이야기를 하고 싶은데, 그 친구도 비슷한 프로젝트를 한 적이 있어요. 몇 달 전에 이메일로 이야기도 나누었고요…. 몇 달 후엔 콘퍼런스도 있어요. 회사가 그곳에 참석하는 비용을 지원해줄 수 있는지 알아봐야겠어요.

**코치** 와, 많은 대안이 있네요. 무엇을 더 할 수 있을까요?

**고객** 그 주제에 대한 글을 쓰는 것요.

**코치** 무엇에 대해 "예"라고 하시겠어요?

**고객** 제 시간을 제가 컨트롤하겠다는 것에요. 또한 기회를 잡아서 활용하겠다는 것, 이번에 생기는 여유시간을 향후 제 경력에 진짜 도움이 될 수 있도록 하는 것, 제가 존경하는 사람들과 기꺼이 동반자가 되는 것, 그래서 일종의 전문가 자격증을 따내는 것 등에 "예"라고 하겠습니다.

**코치** 그럼 어떤 것에 "아니요"라고 하시겠습니까?

**고객** 분명하지요. 제가 하고 싶었던 대로 하지 못하는 것에 대해 불평, 불만하는 것에 "아니요"라고 하지요. 더욱 중요한 것은 아무것도 할 수 없다는 무력감에 "아니요"라고 할 것입니다.

**코치** 글을 쓰는 것에 대한 당신의 다짐은 어느 정도인가요?

**고객** 매우 높아요. 정말 재미있을 것 같아요. 다른 가능성으로 이어지는 일이니까요.

**코치** 좋습니다. 이런 다짐을 굳히기 위해 무엇을 할 것인가요?

**고객** 어떤 구체적 행동에 대한 다짐을 하지요.

**코치** 질문을 드리려고 했는데요, 지금부터 다음 세션까지 구체적으로 무엇을 하시겠습니까?

**고객** 앞으로 할 일의 개요를 작성하지요. 제가 말씀드린 연구 작업을 해야지요. 최소한 필요한 것들을 빠르게 들여다보는 것요. 그것이 어떤 것들인지는 알지만 초안을 만들 것입니다.

**코치** 좋습니다. 요청을 하나 드리지요. 다음 세션 전에 이메일로 그 초안을 보내주시겠습니까? 그렇게 해주시겠어요?

**고객** 달력에 적어놓지요. 예, 그렇게 하겠습니다.

# 삶의 균형 찾기

삶의 균형 코칭과 공식의 목적은 고객이 갖고 있는 이슈에 대해 행동을 하도록 하는 것이다. 스키의 활강경기 선수가 산 아래로 속도를 내어 내려오면서 급커브에서 활기차게 방향을 바꾸듯이 우리도 다양한 행동을 하면서 살아간다. 스키의 날에 서 있는 것과 같은 삶을 산다는 것은 역동적인 삶을 경험하는 신 나는 방법이다. 만일 스키선수와 산의 이미지가 당신에겐 너무 극단적인 예라고 한다면, 피겨 스케이팅 선수와 댄서를 생각해보라. 그들이 보여주는 우아함과 연기는 흔들리지 않도록 중심을 유지하면서 그들이 배운 것을 가능하게 할 수 있다는 균형을 보여준다.

그러나 우리는 고객이 그저 어떤 행동을 하도록 도와주는 것이 아니다. 고객의 삶에 단순하게 몇 개의 행동을 추가하는 것은 고객에 대한 코치의 서비스가 아니다. 삶의 충만 코칭은 고객이 자신의 가치와 일치하는 행동을 찾아내도록 도와주는 것이고, 삶의 균형 코칭은 고객이 삶의 자연스러운 흐름, 그들이 코칭 세션에 가져오는 이슈에 대한 우선순위, 기대, 관점 사이의 균형을 유지하는 방법을 잘 선택하도록 돕는다. 우리가 사용하는 '흐름'이 거울 같은 평평함을 의미하는 것은 아니다. 이 말을 '여정'이라는 말로 바꾸어도 좋다. 왜냐하면 우리의 목표는 고객이 그들의 삶의 여정을 창조해내도록 도와주는 것이기 때문이다. 삶의 균형 원칙에 따른 작업의 결과로 고객이 취하는 행동은 고객에게 선택하는 삶을 가져다주는 큰 그림의 여정에 꼭 맞는 행동이 될 것이다.

# 10장
# 삶의 과정

고객은 보통 현재 하고 있는 일을 다른 방식으로 하고 싶거나, 무엇인가 다른 일을 하고 싶을 때 코칭을 받으러 온다. 그들은 목표를 세우고, 계획을 구체화하고, 행동으로 돌입하기를 원한다. 그리고 코칭의 책무를 이용해서 목표를 지속적으로 추진하고 싶어 한다. 고객은 정체되어 있지 않고 앞으로 나아가기를 바란다. 그래서 코치는 자연적으로 고객이 앞으로 나아가고, 그들이 밝은 미래를 꿈꿀 수 있도록 도와주고, 그들을 그곳으로 데려다줄 수 있는 방법에 엄청난 초점을 맞춘다. 이런 코칭에는 서로를 향해 몸을 기울이고, 몸이 들썩거리고, 손을 뻗어 즐거워하는 요소들이 있다. 그러나 코액티브 코칭에서는 주어진 과제를 달성하는 것 이상의 중요한 그 무엇인가가 고객의 삶에 있을 것이라고 믿고 있다. 그래서 우리는 단지 행동 목록을 완료하는 데 신경을 쓰는 것이 아니고 고객의 삶 전반의 경험에 초점을 두는 것이다. 사실 고객은 실제로 삶의 여정을 즐기고, 가능한 한 최대한도로 그들 삶의 매 순간을 음미하고 감사하고 싶어 할 것이라고 믿고 있다.

일반적으로 삶의 충만과 삶의 균형 코칭은 앞으로 나아가는 것에 초점을 둔다. 코치와 고객은 고객의 삶에 외면적으로 무슨 일이 일어나고 있는지를 알게 되고 그 결과도 알 수 있다. 앞으로의 전진을 강조하는 코칭은 매우 집중력 있고, 직접적이고, 의도적이다. 그런 코칭은 무엇인가를 만들어내고 창조하는 것이다. 행동 중심의 코칭은 흔히 무엇인가를 달성하기 위해서 치열한 결단력을 필요로 한다. 고객은 앞을 내다보고, 앞으로 나아가는 데 가속도가 붙는다.

대신 삶의 과정 코칭 Process coaching 은 고객 내면의 경험, 지금 이 순간 고객의 내면에 무슨 일이 일어나고 있는지에 초점을 맞춘다. 이 코칭은 고객으로 하여금 지금 이 순간에 어떤 일이 일어나고 있는지를 알아차리고 그것을 묘사할 수 있는 능력을 향상시키는 것을 목표로 한다. 또한 삶의 과정 코칭에서는 현재 상태에 초점을 맞추고, 현재 상태에 대해 호기심을 갖고, 속도를 늦춰 현재 상태를 탐험하고 음미하는 것을 중요하게 생각한다. 때때로 가장 중요한 변화는 내면적 차원에서 일어나고 심지어 내면적 변화가 일어나야 외면적 변화가 일어날 때도 있다. 지금 이 순간에 존재하는 것은 고객을 삶의 흐름, 즉 '지금 여기'에 몰입하게 한다. 산의 높은 곳을 오르고, 계곡의 낮고 깊은 곳을 내려가는 것처럼 감정의 확장이 일어난다.

모르는 곳을 탐험하고 그곳을 보다 완벽하게 체험하는 것이 삶을 만끽하는 것이다. 삶의 현재와 함께하면 주의력이 확장되고, 완벽하게 경험한 진정한 삶인지 아닌지를 들여다볼 수 있는 가장 높은 곳과 안전한 낮은 곳을 경험할 수 있게 한다. 이것이 삶의 과정 코칭 관점에서의 고객의 큰 어젠다 'A'이다. 충분히 표현되고 충분히 경험한, 현재 순간에 살아 있는 삶이다.

## 삶의 과정의 모습

삶의 과정 코칭은 고객이 지금 어떤 상태에 있는지에 초점을 둔다. 삶을 유수와 같이 흐르는 강물이라고 생각해보자. 어떤 곳에서는 조용하게 흐른다. 그러다 급류에 휘말리기도 하고 폭포를 만나기도 한다. 소용돌이도 만나고, 거꾸로 흐르기도 하고, 늪지로 빠지기도 한다. 강폭이 좁은 곳을 만나면 갑자기 속도가 빨라지기도 한다. 삶의 과정이란 당신이 지금 강물의 어떤 지점에 있는지를 아는 것이고 어떤 곳에 있다 하더라도 생생하게 살아 있는 것에 관한 것이다. 즉, 강물에 쉽게 누워 둥둥 떠서는 하늘과 태양을 즐길 수도 있고 혼란스러운 급류에 떨어져서 밀려 흘러갈 수도 있다. 고객은 자신의 계획과 꿈을 갖고 있다. 그리고 때로는 그들이 현재 강물에 처해 있는 지점을 좋아하지 않을 수도 있다. 그러나 당신이 급류 가운데 있다면 유일하게 할 수 있는 일은 그 급류에 몸을 맡기는 것이다. 당신은 그렇지 않기를 바랄 수도 있다. 그러나 그곳이 현재 당신이 있는 곳이다. 당신이 미래를 위한 계획을 바쁘게 세우는 동안에도 당신은 현재에 존재하고 있다. 당신은 삶의 과정 속에 존재하고 있는 것이다. 지금 이 순간, 바로 여기에!

## 코치와 삶의 과정

어느 밝은 오후의 강물을 상상해보자. 수면 위로 눈부시게 빛을 반사하는 태양이 실질적으로 우리 눈을 뜰 수 없게 만들 수 있다. 이런 강물의 현상처럼 우리 인생에서도 외면적으로 일어나는 일들로 인해 우리의 마음이 산만해질 수 있다. 어떻게 해야 할지 모를 수도 있다. 그러나 당신이 편광 필터로 강물을 본다면, 눈을 멀게 하는 섬광을 피해서 강물의 흐름을 볼 수 있게 된다. 이것이 바로 코치가 해야 할 일인 것이다. 즉, 수면 아래 강물의 흐름을 볼 수 있어야 한다. 삶의 과정 코칭에서 당신은 수면 아래의 소리를 들으며 낯설게 느껴지고, 일관성이 없고, 어떤 저항감 같은 것이나 갑작스러운 난기류처럼 고객의 마음을 뒤흔드는 것을 감지해야 한다. 즉, 그것은 강물의 흐름을 방해할 수 있는 저류Undercurrent가 흐르고 있다는 신호인 것이다. 당신은 3단계 경청을 통해 주의 깊게 그런 소리를 들을 수 있어야 하며 코치로서 호기심을 가져야 한다. 대부분의 경우 고객은 그런 것들을 의식하지 못하거나 피하고 있는 것일 수 있다.


## 삶의 과정 코칭

궁극적으로 코치로서 우리가 갖고 있는 목표는 고객이 원하는 성과와 삶을 성취하도록 돕는 것이다. 어떤 의미로 우리는 항상 고객을 꿈꾸는 미래로 나아가도록 하는 데 초점을 둔다는 뜻이다. 그러나 지

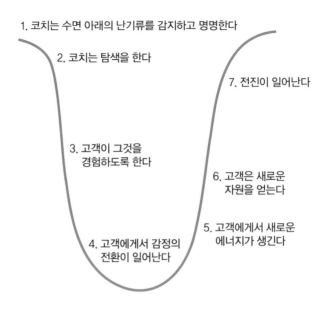

1. 코치는 수면 아래의 난기류를 감지하고 명명한다

2. 코치는 탐색을 한다

7. 전진이 일어난다

3. 고객이 그것을 경험하도록 한다

6. 고객은 새로운 자원을 얻는다

4. 고객에게서 감정의 전환이 일어난다

5. 고객에게서 새로운 에너지가 생긴다

| 그림 5 | **삶의 과정의 경로**

금 고객이 있는 곳으로부터 원하는 곳까지의 가장 가까운 거리가 항상 곧게 뻗어 있는 것은 아니다. 때로는 굽어 있기도 하다. 〈그림 5〉 '삶의 과정의 경로'에서 보듯 'U 자'형일 수 있다. 때로는 그 앞으로 나아가는 길이 경험부터 먼저 할 수 있도록 아래로 갈 수도 있다. 또는 잠시 후에 보겠지만 단순히 'U 자'형 모양을 거꾸로 해서 경험을 하기 위해 위로 올라갈 수도 있다.

삶의 과정 코칭의 흐름은 7단계로 구성되어 있다.

- 코치는 수면 아래의 난기류를 감지하고 명명한다.
- 코치는 탐색을 한다.

- 고객이 그것을 경험하도록 한다.
- 고객에게서 감정의 전환이 일어난다.
- 고객에게서 새로운 에너지가 생긴다.
- 고객은 새로운 자원을 얻는다.
- 전진이 일어난다.

## 1단계: 코치는 수면 아래의 난기류를 감지하고 명명한다

코치인 당신이 3단계 경청을 하게 되면 코칭 대화의 표면 이면에서 단정하기에는 어려운 무엇인가를 감지할 수 있다. 말로 표현되지 않는 감정, 즉 막혀 있거나, 눌려 있는 울분, 억제되어 있는, 참아내려는 듯한 감정을 느낄 수 있다. 삶의 과정 코칭은 이와 같은 감정적 저류(코칭 대화의 아주 중요한 부분)를 감지할 수 있는 코치의 능력을 필요로 한다. 왜냐하면 그러한 감정은 고객에게 중요한 것이 무엇인지에 대한 정보를 제공해주기 때문이다. 감정의 에너지는 일종의 번쩍이는 신호이다. 때로는 희미하게 빛나기도 하고 때로는 밝게 빛이 나기도 한다.

예를 들어, 어느 고객이 회사에서 있었던 정책의 변화를 이야기하고 있다고 하자. 그러나 그 말 이면에는 새로운 정책이 발표된 부당한 방법에 대해 용이 뿜어내는 불 같은 분노, 간신히 자제하고 있는 분노가 있을 수 있다. 바로 이 부분에 당신은 호기심을 가져야 한다. 분명히 바로 수면 아래에 매우 중요한 어떤 것, 정책 자체보다는 더 중요한 무엇이 있는 것이다. 즉, 그것은 그런 경험이 고객에게 가져다주는 영향이다. 그 반대의 경우도 일어날 수 있다. 최근에 있었던 성공적인 일로 고객이 매우 행복해할 것으로 기대할 수 있다. 그러나 고객의 목소리와 어조는 지극히 평범할 때가 있다. 이때도 당연히 호기심을 가져야 한다.

코치가 그러한 감정의 저류를 듣게 되면 그것을 말로 표현해주거나 이름을 붙일 필요가 있다. 그리고 고객이 그것을 보도록 요청하라. 앞에서 이야기한 사례와 관련해서 코치인 당신은 관찰한 바Observation(당신의 판단이나 집착이 아니다)를 다음과 같이 고객과 공유할 수 있다. "제가 보기에 당신이 이번 일과 관련하여 회사로부터 취급된 방법에 대해 무엇인가 중요한 것이 있는 것 같은데요." 또는 특히 지속되고 있는 코치-고객 관계에서는 좀더 구체적으로 다음과 같이 이야기할 수 있을 것이다. "그것은 당신이 희망했던 결과가 아니잖아요. 매우 실망한 것으로 보이네요."

우리는 고객이 수면 아래에 있거나 겉으로 드러나 있는 사실이나 데이터의 이면을 볼 것을 요청한다. 우리가 이렇게 하는 이유는 가장 강력하고 효과적인 코칭은 언제나 고객에게 가장 중요한 것을 대상으로 할 때이기 때문이다. 당신이 수면 아래에 있는 감정이나 에너지 수준을 지적하게 되면 고객은 그들에게 진실로 중요한 것이 무엇인지에 대해 이해할 수 있는 기회가 된다. 고객이 언제나 수면 아래를 볼 준비가 되어 있는 것은 아니다. 그들은 흔히 그들의 감정적 반응을 드러내려 하지 않는다. 어떤 주제와 관련하여 고객으로 하여금 고객이 갖고 있는 감정이나 에너지 수준을 들여다보도록 요청하면, 고객은 그러한 이슈들이 그들의 삶에 미칠 수 있는 영향력을 알아차리고 의식할 수 있는 기회를 갖게 된다.

## 2단계: 코치는 탐색을 한다

일단 그러한 난기류를 듣고 말로 표현한 이후, 다음 단계로 해야할 일은 그 영역을 탐색하는 것이다. 그러나 우선 고객의 허락을 받아야 한다. 이것은 중요하다. 어떤 고객, 특히 지속적인 코칭 관계에서 당신은 숙련된 코치로서 고객에게 가장 도움이 된다고 느끼는 영역으로 그들을 안내할 자유가 있다는 것을 안다. 그런 고객들은 광범위하게 허락을 허용한 것이고 당신이 주도적으로 코칭 대화가 어느 방향으로 가야 하는지 결정하는 것을 허락했기 때문이다. 다른 고객, 특히 코칭에 다소 처음이거나 당신에게 처음으로 온 고객에게 허락을 요청하는 것은 안전한 코칭의 공간을 만들어줄 뿐만 아니라 그들로 하여금 겉으로 보이는 이슈의 표면적인 디테일보다 좀더 깊은 곳을 볼 수 있도록 격려해준다.

앞에서 이야기한 대로 삶의 과정 코칭의 목표는 지금 이 순간에 진실한 것이 무엇인지에 초점을 두는 것이다. 현재 순간을 탐색하는 데 가장 효과적인 접근 포인트는 고객의 즉각적인 신체적 반응이다. 숨소리, 긴장감, 주름 잡힌 이마, 목메임, 빨라지는 심장 박동 등이다. 우리의 신체는 놀라울 정도로 다양한 표현을 해주고 고객 내면의 경험에 대한 다양한 정보를 제공해준다.

은유나 이미지도 순간을 포착하는 데 매우 유용하다. 때때로 느낌을 말로 표현하는 것보다는 그림으로 묘사하는 것이 훨씬 쉽기도 하다. "느낌이 작은 단단한 공이야" "헬륨풍선 같은 느낌이야" "허리까지 차는 진창을 걷는 느낌이야" "작은 서클 주위를 계속 맴돌면서 날고 있는 느낌이야"처럼 말이다.

### 3단계: 고객이 그것을 경험하도록 한다

여기서 중요한 것은 고객이 실제로 그런 감정이나 느낌을 경험하는 것이나. 고객이 그런 난기류를 찾아내고 단지 몇 마디 말로라도 묘사하는 것은 중요하다. 그러나 단지 그것에 대해 이야기하는 것은 통상 감정의 전환을 가져오기에는 충분하지 않다. 코치로서 당신은 고객이 단순히 실망에 대해 이야기하는 것과 실망의 경험을 생생하게 다시 경험하는 것의 차이를 말할 수 있어야 한다. 왜 실망스러웠는지에 대한 논리적인 이해가 좋은 시작이지만 훨씬 깊은 학습이 가능한 무엇인가가 있을 것이다.

### 4단계: 고객에게서 감정의 전환이 일어난다

당신은 조류의 변화를 감지할 수 있는 순간이 있다. 우리는 경험의 감정과 에너지 속으로 보다 깊이 탐색을 하고 있었는데 갑자기 전환이 일어나는 것이다. 공기, 어조, 빛, 무게감 등을 말로 표현하기는 쉽지 않다. 그러나 새로운 움직임에 대한 느낌이 있다. 더 이상 깊이 다이빙할 필요가 없다. 이제는 물 밖으로 나올 때이다.

우리는 삶의 과정 코칭을 매우 말끔한 'U 모양'으로 표현했다. 그러나 단일 코칭 세션에서 그 경로를 모두 다 따라가는 것은 거의 기적에 가까운 일이다. 대부분의 경우에 코칭 세션의 흐름을 그림으로 그려본다면, 코칭은 깊이 진행되다가 다시 표면으로 나오고, 정체하기도 하고, 다시 다이빙을 해서 깊이 진행되는 식이다. 코치는 고객 각각의 반응에 계속해서 순간적으로 춤을 춰야 하기 때문에 삶의 과정 코칭에는 완벽한 공식이 없는 것이다. 그러나 3단계 경청으로 경청을 하다 보면, 코치로서 당신은 거의 언제나 고객이 'U 커브'의 다른 쪽으로 올라오는 것을 느낄 수 있는 때가 있다.

## 5단계: 고객에게서 새로운 에너지가 생긴다

전환은 열림, 개방, 확장 같은 감정과 함께 일어난다. 감정은 그 안에 강력한 에너지를 갖고 있다. 감정이 막히면 만들어진 에너지가 때로는 억제되고 자제된다.

삶의 과정 코칭은 그런 막힌 에너지를 해방시켜주고 감정의 에너지가 고객에게 도움이 되도록 해준다. 해방된 에너지는 움직임을 만들어낸다. 이 코칭에서의 움직임은 삶의 충만 코칭이나 삶의 균형 코칭에서의 움직임과는 전혀 다르게 느껴진다. 왜냐하면 삶의 과정 코칭에서의 움직임은 수면 아래의 에너지로부터 생긴 것이기 때문이다. 이와 같이 감정은 움직임을 위한 에너지로 전환된다. 즉, 고객을 위한 'e-motion'이 된다. 삶의 과정 코칭은 진실한 것과 함께함에 관한 것이다. 때때로 감정이 고객에게 가장 진실하고 앞으로의 전진을 위해 필요한 것을 제공해준다.


## 6단계: 고객은 새로운 자원을 얻는다

감정을 관리하고, 통제하고, 억누르는 것은 많은 노력을 필요로 한다. 내부의 자원을 사용해야 한다. 그러나 감정의 전환이 일어나서 고객이 새롭고 더 확장된 영역에 있다는 것을 알게 되면, 그들은 보다 많은 자신의 내부자원을 사용할 수 있게 된다. 삶에 생명을 주는 선택을 하도록 하는 자원은 원래 그곳에 있었고 새롭게 획득하는 자원이 아닌 것이다. 그것은 고객에게 가장 중요한 일에 그 에너지를 발산하는 경험이다. 고객은 에너지가 충만하게 되어 그들의 삶을 앞으로 나아가게 하기 위해 필요한 일, 심지어 전쟁까지도 과감하게 해나갈 수 있게 된다.

### 7단계: 전진이 일어난다

이 단계에서는 전진이 일어나고 새로운 국면으로 들어섰다는 느낌을 갖게 된다. 분위기가 변한다. 고객은 그러한 경험을 뭔가 높이 붕떠 있는 느낌이나 현재의 상황을 새롭고 밝게, 더욱 색깔이 풍부한 것으로 볼 수 있는 능력으로 설명할 수 있을 것이다. 또한 따뜻한 느낌, 더욱 다이내믹한 흐름, 보다 느긋한 느낌, 보다 평온한 느낌, 보다 에너지가 넘치는 느낌, 덜 막혀 있거나 저항이 없는 느낌 등으로도 이야기할 수 있을 것이다. 대부분의 경우에 이런 새로운 느낌은 고객 자신의 잠재력에 대한 새로운 이해와 깨달음으로 연결될 수도 있다. 삶의 과정 코칭의 결과는 새로운 학습과 더불어 내면의 경험에 전환이 일어나는 것이다. 우리가 언급한 대로 코칭은 앞으로 나아감에 관한 것이다. 때로 그런 전진은 경험을 무시하는 것이 아니고 경험과 함께하는 것이다. 고객과 코치에게 나타나는 감정들을 탐색해가는 과정에서 때때로 중요하고 삶의 변화를 만들어낼 정도의 정보를 찾아낼 수 있다.

## 경험 속으로 들어가기

우리가 앞에서 설명한 7단계 원칙은 고객이 경험하고 싶지 않은 상황에도 그대로 적용될 수 있다. 고객은 다음 단계나 다음 프로젝트, 다른 도전으로 너무나 나아가고 싶어 하기 때문에 그들이 이루어 낸 성취에 대한 축하를 하지 않고 나아가려고 한다. 그래서 그들 자신의 능력과 성공의 핵심요소를 발견할 수 있는 기회를 놓치게 된다.

어떤 고객들은 그들이 겸손해야 하고 그들 자신에 대한 주의를 기울이지 말라고 너무나 자주 그리고 오랫동안 들어왔기 때문에 스스로를 칭찬할 만한 것을 회피하고 인정과 학습의 기회도 놓친다. 또 어떤 고객들은 너무 행복해 보이는 것을 그저 두려워하거나 너무나 즐거운 감정은 불필요하다고 생각하거나 이슈를 심각하게 받아들이지 않는 신호로 보기도 한다. 코치로서 당신은 고객으로 하여금 그들에게 가능한 한 악보의 모든 음의 영역을 경험하지 못하게 하는 '회피하고 싶은 감정'을 들어야 한다. 만일 고객이 삶의 고저를 다 경험하지 못한다면 그것은 음악의 고음과 저음을 잘라내는 것과 같다. 결국 그들은 자신의 삶을 연주하기에 매우 한정된 음표를 갖게 되어 매우 제한적이고 단조로운 인생의 노래만 할 수 있게 된다.

## 감정은 정보이지 병의 징후는 아니다

느낌이나 감정과 함께하는 것이 삶의 과정 코칭이 갖고 있는 본래의 특성 중 하나이다. 고객이 그들에게 매우 중요한 이슈에 대해 자유롭게 이야기할 경우에 그 대화가 느낌이나 감정의 분위기에서 일어난다는 것은 놀라운 일이 아니다. 코치는 이런 상황에 놀라고 당황하게 된다. 고객이 감정적인 반응을 보여주기 때문에 코치는 코칭 관계가 치유상담Therapy으로 변해버렸다고 생각할 수 있다.

감정과 치료요법은 다른 것이다. 감정은 단지 감정에 불과하다. 만일 어떤 사람이 알고 있는 부당함에 대해 열광적이고 화가 나 있다고 해서 그것이 그가 정신적으로 불안하다는 것을 말하는 것은 아니다. 그도 인간적인 반응을 보이는 한 사람의 인간인 것이다. 고객이 운다고 해서 그가 아프다는 것을 의미하지는 않는다. 그것은 사람들이 강렬한 감정을 표현하는 방식일 뿐이다.

코치는 그러한 감정들(슬픔, 고통, 분노, 상실감)을 표현하도록 허락하고 심지어 격려하는 것도 괜찮다. 감정은 말과 음악 그리고 춤처럼 정당한 표현 형식이기 때문이다. 그런 것에 대해 자세히 알려고 할 필요는 없다. 왜 고객이 상처받고 화가 나 있는지 알 필요도 없다. 그저 정상적인 반응이기 때문이다. 원인 자체는 중요하지 않다. 그런 감정을 그대로 받아들이는 것이 중요하다. 그런 감정을 치유해주려고 하거나 멈추려 하는 것은 코치가 할 일이 아니다. 통상 이것이 코치가 보여주는 전형적인 반응이기도 하다. 그냥 탐색하고 인정하라. "그것은 엄청난 느낌이겠네요. 고통스러울 것으로 보이네요"라는 식으로 말이다.

감정은 질병의 징후가 아니라, 인간으로서 정상적으로 갖게 되는 기능의 일부이다. 온전하고, 건강하고, 지혜로운 고객은 자신의 감정을 충분히 감지할 수 있다. 고객을 어렵게 하는 것은 그것을 숨기고, 부인하고, 감추려고 하는 것이다. 우리가 느끼는 감정은 우리 자신을 표현하는 수단이다. 그 과정은 우리의 감정을 깨끗하게 정리해 준다. 만약 우리가 우리의 신체로 하여금 우리 내부에 갖고 있는 모든 감정을 발산하고 발견하도록 하지 못하면 우리는 성장하지 못한다. 그러한 감정들을 내부에 갖고 있으면 신체적으로나 감정적으로 병이 날 수도 있다. 삶의 과정 코칭은 고객이 힘들어하는 곳을 찾아가서 경험을 하도록 당신이 격려하고 심지어 요구하여 그들이 왜 이것이 중요한지를 알게 하기 때문에 그런 감정들이 표출되는 공간이 될 수 있다. 그것이 그렇게 중요하지 않다면 감정적 에너지는 없을 것이다. 그들이 그런 곳으로 깊숙이 들어가게 되면 그들 자신에 대해 더욱 많은 것을 발견하게 되고, 더욱 지혜로워지며, 감정 속에 내재된 (e-motion이라고 이야기한) 에너지를 발산하여 앞으로 나아갈 수 있도록 동기를 부여한다. 만일 당신이 고객과 함께 그런 부분을 탐색할 수 없다면 코칭의 깊이나 너비가 부족한 것이다.

삶의 과정 코칭이 감정적인 측면에서 매우 강력한 코칭 원칙이라고 하더라도 여전히 유머가 들어갈 여지는 있는 것이다. 가고 싶지 않은 영역을 유머를 곁들여 탐색할 수 있다면 고객으로 하여금 어두운 지역을 가벼운 발걸음으로 들어갈 수 있도록 해주고, 물에 빠져 익사할 수 있다는 두려움을 갖는 대신에 어두컴컴한 물의 깊이에 대한 호기심을 갖도록 해줄 수 있다.

**고객** 결국 예전의 이력서를 다시 꺼내야 할 것 같아요.

**코치** 마침내 해외 일자리에 대한 소식을 들었나요?

**고객** 예, 들었어요. 제가 듣고 싶었던 대답은 아니었어요. 그래서 다시 일자리 찾는 작업을 시작해야 할 것 같아요.

**코치** 그 일자리를 찾기 위해 오랫동안 노력해왔는데요. 당신이 마지막 인터뷰 이후에 매우 흥분해 있었던 것으로 기억을 합니다. 이제는 그것을 떨쳐버리겠다는 것으로 들리네요. 마치 그것이 중요하지 않았던 것처럼 말이에요. 뭐가 진실인가요?

**고객** 저는 괜찮은 일자리를 갖고 있고 앞으로 바뀔 어떤 위험도 없는 일을 갖고 있지요.

**코치** 지금까지는 그렇지요. 그것에 만족하지는 못했잖아요.

**고객** 알아요. 만족스럽지 않아요. 사실은 실망했습니다.

**코치** 조금 실망한 것으로 보이지 않는데요.

**고객** 예, 정말 실망이 컸지요. 그 인터뷰를 위해 열심히 준비를 했었지요. 더 이상 잘할 수 없을 정도로요.

**코치** 실망이 크겠군요.

**고객** 더 이상 생각하고 싶지도 않아요.

**코치** 알겠습니다. 그런데 마치 당신의 삶은 아직도 그것을 생각하고 있는 것 같아요.

**고객** 예, 그래요. 이번 해외 일자리 말고 다른 것으로 이렇게 불행함을 느낀 적은 없었어요. 해외로 가고 싶은 생각이 너무 간절했던 것 같아요.

**코치** 지금 어떤 상태인가요? 저에겐 슬퍼하는 것처럼 보여요. 무엇을 경험했나요?

**고객** 사실 배를 주먹으로 한 대 맞은 것 같아요. 숨을 못 쉴 정도로요. 심지어 서 있지도 못하겠어요.

**코치** 어떤 부분이 가장 고통스러운가요?

**고객** 상실감, 기다림, 허비해버린 에너지요.

**코치** 그 부분에 대해 지금 좀더 깊이 탐색해도 괜찮을까요? 그냥 넘어가기보다는 이것을 한번 들여다보는 것이 중요하다고 생각합니다.

**고객** 저도 지금 상황을 극복해서 원래의 삶으로 돌아가고 싶어요.

**코치** 지금은 어떤가요? 주먹으로 맞은 부분요.

**고객** 음, 어둡고, 움푹 들어가 있고…, 동굴처럼요.

**코치** 동굴로 들어가세요. 그곳에 있나요?

**고객** 예.

**코치** 무엇을 느끼나요?

**고객** 손으로 머리를 감싸 안고 앉아 있어요.

**코치** 감정상태는요?

**고객** 슬픔, 패배감요. 완벽한 패배요.

**코치** 좋아요. 그 감정의 볼륨을 우선은 조금 키우시겠어요. 현재 상태가 5라면 6정도로요.

**고객** 슬픔의 볼륨요?

**코치** 예, 패배감요. 그곳으로 들어가세요. 제가 곁에 있어드리겠습니다.

**고객** 좋아요. 6으로 볼륨을 키우고 있습니다.

**코치** 무엇을 느끼시나요?

**고객** 실패감요. 거대한 파도처럼요. 모든 것을 부수고 있습니다.

**코치** 실패의 파도요. 안전한 곳에 있나요?

**고객** 예.

**코치** 준비가 됐으면 볼륨을 7로 올려보세요.

**고객** 지금은 정말 상실감을 느끼고 있습니다. 꿈이 사라진 것처럼요. 중요한 무엇인가를 만들 기회가 사라진 것처럼요.

**코치** 이것은 당신에게 중요하지요?

**고객** 예, 어마어마하지요.

**코치** 지금은 무엇을 느끼시나요?

**고객** 볼륨을 낮출 수 있을 것 같아요.

**코치** 지금 그렇게 하고 싶으세요?

**고객** 예.

**코치** 지금은 느낌이 어떠세요?

**고객** 제 어깨의 긴장이 풀린 것 같아요.

**코치** 지금은 어디에 있나요? 아직 동굴에 있나요?

**고객** 아니요, 지금은 부두에 나와서 바다를 바라보고 있어요.

**코치** 이것을 통해서 무엇을 배웠나요?

**고객** 몇 가지예요. 하나는 이 일자리를 얻는 것이 저에게 얼마나 중요했는지 그리고 특히 제가 충분히 자격이 있다고 느낄 때 선택이 안 된다는 것이 얼마나 힘든 일이었는지를 제대로 알지 못했다는 점입니다. 둘째로는 제가 실패의 느낌을 통제한 것처럼 제 운명을 통제하는 것이 어떤 느낌인지를 알게 됐습니다. 나 자신에 대한 좋은 기분을 제 마음대로 느낄 수 있게 됐고요.

**코치** 이제 무엇을 하시겠습니까?

**고객** 이력서 작업을 좀 해야겠습니다. 다시 돌아가서 해외 일자리의 기회들에 대한 연구도 좀 하고요.

**코치** 좋습니다. 이번 주 중에 계획을 만드시지요. 완료 일자도 포함해서요. 그리고 저에게 한 부를 보내주시겠습니까?

**고객** 예, 그렇게 하지요.

**코치** 요청이 하나 있는데요. 일종의 성찰질문입니다. 이 질문에 대해 시간을 내어서 생각을 적어보시지요. "나는 실패로부터 무엇을 배웠나?" 그렇게 해주시겠습니까?

**고객** 농담하시는 거지요?

**코치** 농담이 아니에요. 당신은 일자리를 찾는 것과 관련해 필요한 것은 무엇이든지 다 알고 있어요. 어떻게 이력서를 써야 하고, 어떻게 인터뷰를 해야 하는지, 그 외에 필요한 것이 무엇인지도 다 알고 있어요. 당신이 어려워하는 부분은 실패의 감정을 안고 살아가는 거지요. 바로 그것이 당신을 실패하게 할 수도 있어요. 만일 당신이 실패의 감정과 함께 살아갈 수 있는 능력이 있다면 그것은 당신에게 어떤 도움을 줄까요?

**고객** 자유요. 그것은 실패를 학습의 기회로 바꾸어줍니다. 저 자신에 대한 비판 대신 말이지요. 저는 그것에 대해 행복해할 필요는 없는 거네요.

**코치** 조금 전에 당신이 말했듯 당신이 선택하는 거지요. 상실감과 실패의 감정을 겪는 것이 이번이 마지막은 아니잖아요? 만약 당신이 그것을 견뎌낼 수 있다면, 그리고 그런 감정을 다룰 수 있는 마음의 근육을 키울 수만 있다면 당신이 다음번에 상실감과 실패의 감정을 느낄 때 더 잘 극복할 수 있을 거예요.

**고객**  감정 관리 PT 같은 것이네요?

**코치**  그런 것이지요. 세상이 당신을 위한 위대한 스포츠센터를 제공한 것이지요. 그것을 잘 이용하도록 합시다.

## 삶의 균형과 책무

코액티브 코칭 모델은 매우 명확하다. "코치는 고객과의 코칭 관계에 고객의 심화 학습과 행동 촉진을 가능하게 한다"는 것이다. 책무는 삶의 충만 코칭과 균형 코칭에서 중요한 요소이듯이 삶의 과정 코칭에서도 중요하다. 책무에 대한 언급을 하지 않는 코칭은 비록 코칭 스킬을 사용했다 하더라도 실제적 코칭이 일어난 것이 아니다. 코칭의 실제 행동은 고객의 삶에서 일어난다. 삶의 과정 코칭에서 행동계획은 고객이 코칭 세션을 통해서 발견한 것을 고객의 삶에서 실행할 수 있도록 만들어져야 한다. 예를 들어, 고객과의 코칭 세션에서 고객이 다른 사람의 요청에 "아니요"라고 말하게 될 경우 그들을 실망시키는 것에 대해 두려워한다는 사실을 발견했다고 하자. 이 경우에 고객은 자신의 삶에서 사람들을 실망시키는 상황을 피하기 위해 비싼 대가를 치러야 한다. 이 경우에 책무는 다가오는 주에 다섯 번 "아니요"라고 말하여 사람들을 실망시켜보는 것이고, 그럴 경우에 무슨 일이 일어나는지를 알아보는 것이다. 또한 매일 저녁, 그가 "아니요"라고 말한 횟수를 기록하는 것처럼 고객의 삶에 젖어버린 습관이나 관행 같은 것일 수도 있다.

## 함께 있기

삶의 과정 코칭에서 자주 사용되는 '함께 있기 To be with'라는 표현에는 한두 단어가 같이 쓰인다. 예를 들어, 고객이 "실망과 함께 있다"나 코치가 "고객과 그들의 실망과 함께 있다"처럼 말이다. 병원에 입원해 있는 친구를 방문한 경우를 생각해보자. 당신의 목표는 그 친구와 함께 있어주는 것이다. 그곳에 함께 있어주는 것 이외에는 정말로 할 일이 아무것도 없다. 그저 얼굴을 보여주는 것 이상의 의미가 있다. 함께 있다는 것은 그곳에 함께 있는 것이고, 완전히 몰입해 있는 것이고, 주의를 기울이고 있는 것이고, 마음을 열고 있는 것이고, 심지어 상호 교류를 하고 있는 것이다. 그 순간에 그곳에 있는 사람과 함께한다는 것 이외에 다른 목적은 없는 것이다. 함께 있다는 것은 강력한 3단계 경청의 환경에 있는 것이고 깊은 수준에서 경험을 공유하고 있는 것이다. 당신이 이런 수준으로 고객과 함께한다면, 그들은 자유롭게 자신의 생각과 판단뿐만 아니라 그들이 경험한 것에 대한 솔직한 느낌 또한 공유할 수 있게 될 것이다.


## 갈 수 없는 곳

삶의 과정 코칭은 흔히 고객이 가고 싶어 하지 않는 곳으로 강물이 선회해서 흘러가려 할 때 일어난다. 코치로서 당신의 호기심이 발동하게 된다. "고객이 가고 싶어 하지 않는 곳은 어디일까?" "고객이 다

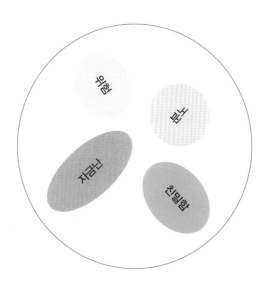

| 그림 6 | **삶의 흐름 바꾸기**

루고 싶어 하지 않는 것은 무엇일까?" 당신은 고객에게서 매우 많은 변명을 들었을 것이다. "저는 더 이상 혼란과 비판을 원하지 않아요." "저는 돈에 대해 걱정하고 싶지 않아요." "저는 이전 직장에서 제가 경험했던 실수를 견딜 수가 없어요." "저는 이 사람이 저에게 가져다 주는 행복을 견딜 수가 없어요."

고객은 그들의 삶이 그들이 가고 싶어 하지 않는 곳으로 자신들을 데려가곤 하기 때문에 불편해하거나, 어떤 때는 매우 불행해지기도 한다. 이런 상황에서 고객은 방향을 바꾸어서 그런 곳을 피하고 싶어 한다. 시간이 가면서 결국 그들에게 남는 것은 '회피'로 가득한 삶뿐이다. 그들은 그들이 회피하고 싶은 부분들을 그들의 삶에서 도려내는 것이 얼마나 큰 대가를 치러야 하는 것인지를 깨닫지 못한다. 고객의 전체 삶을 상징하는 큰 원(《그림 6》)을 그려보자. 고객이 함께 있고 싶어 하지 않는 부분들을 표시해보자. 색칠을 하고 각각에 이름을 붙여보자. 예를 들어, 고객이 함께할 수 없는 '분노', '실망', '위험감수' 같은 것이다. 각각 색이 칠해져 있어서 이제 고객 삶의 원에는 남은 부분이 별로 없을 것이다. '가고 싶지 않은 곳'을 피해서 살아가는 것은 점점 어려워질 것이다.

삶의 과정 코칭은 고객이 부인하고 회피하고 싶어 했던 것들과 함께 있을 수 있는 능력을 개발하는 것을 도와준다. 코치로서 우리가 하는 일의 대부분은 고객으로 하여금 진실하고 사실적이고 중요한 것을 발견하여 그들이 진정한 선택을 할 수 있도록 도와주는 것이다. 또한 우리의 역할은 고객으로 하여금 회피하고, 가장하고, 부인하는 것을 그만두도록 돕는 것이다. 이런 상태가 되면 고객은 보다 나은 의사결정을 할 수 있게 되고 직장과 가정에서 더 강력한 인간관계를 가져올 수 있을 것이다.


## 어디서 멈추는가

어려운 곳을 탐색하는 주제에 대한 논의를 마치기 전에 다음과 같은 중요한 질문을 하고자 한다. "당신의 삶에서 당신이 함께하거나 탐색하는 것이 힘든 영역들은 무엇인가요?" 이 질문에 대한 답은 매우 중요하다. 왜냐하면 그러한 영역들은 당신이 고객과 함께 탐색하기를 꺼리는 것들이기 때문이다. 당신은 심지어 그런 곳으로 가기보다는 코칭을 중단하려고 할 것이다. 예를 들어, 당신이 돈이나 분노 혹은 거절에 대한 문제를 다루는 데 힘들어한다고 해보자. 코칭에서 이런 주제들을 피하려고 할 것이다. 그러나 고객이 그러한 영역들을 탐색할 필요가 있다거나, 탐색하고 싶은 영역일 수가 있을 것이다. 당신이 스스로 꺼리는 부분을 제대로 알고 있지 못하면, 당신은 고객을 부당하게 대우하는 모양이 될 것이다. 왜냐하면 고객이 그러한 곳으로 가려고 하자마자 당신은 방향을 다른 곳으로 틀어버릴 것이기 때문이다. 그러므로 코치는 자아발견을 위해 (이상적으로는 자신의 코치와 함께) 엄격한 과정을 거쳐야 할 것이다. 그러한 영역들에 대해 이와 같은 작업을 시작으로 해서 그것들을 당신 삶의 일부분으로 만들어라. 그리고 고객과의 코칭에서도 그러한 주제들을 다룰 수 있도록 해야 한다.

## 11장
# 세 가지 원칙을 통합하기

　우리는 지금까지 세 가지의 핵심 원칙을 서로 다른 코칭의 기법으로 설명해왔다. 그것들을 분리해서 설명함으로써 혹시나 하나의 코칭 세션에서 한 가지의 원칙만을 일관되게 사용하여 처음 질문부터 마지막 책무까지 완료하는 듯한 인상을 줄 수 있었을 것이다. 사실, 개별 코칭 세션에서 코치인 당신은 여기에서 언급한 세 가지 원칙, 즉 삶의 충만, 삶의 균형, 삶의 과정의 각각 요소들을 적절하게 조합하여 사용하게 된다.


## 통합하기

　우리는 세 가지의 원칙을 세 개의 다른 코칭 기법으로 생각할 수 있다. 코치와 고객이 가치, 미래 비전 또는 미래 비전을 달성하는 것을 방해하는 내면의 방해꾼에 관한 탐구를 할 경우에 코치는 삶의 충만 기법을 이용할 것이다. 또는 고객으로 하여금 하나의 이슈를 다양한 시각에서 보게 하거나 계획과 행동대안Action options들을 고려하게 할 경우에는 삶의 균형 기법을 기반으로 할 것이다. 현재 순간에 대한 공간을 만들어 보다 깊이 탐색하려 할 경우에는 삶의 과정 기법을 이용할 것이다. 그렇다면 "코치인 당신은 어떤 기법을 사용해서 코칭을 시작할지를 어떻게 결정하는가?"라는 질문이 있을 수 있다. 간단하게 답을 말한다면 코칭의 방향은 2단계, 3단계 경청을 통해서 결정된다.

처음부터 언급했듯이 코액티브 코칭 모델에서 코칭의 목표와 초점 그리고 어떤 특정 코칭 세션에서의 이슈는 모두 고객에게서 오는 것이다. 고객이 코칭 관계와 개별 코칭 세션의 어젠다를 결정하는 것이다. 이것이 고객의 책임이다.

반면에 코치의 책임은 코칭의 접근 방법을 결정하는 것이다. 실제로 고객은 코치가 코칭의 방향과 흐름에 대한 책임을 질 것을 바란다. 코치는 방향을 결정하고 세션에서 고객의 첫마디를 바탕으로 코칭을 시작한다. 우리가 이미 언급한 경청 모델에 따라서 코치는 고객과의 일대일 연결의 중요성을 알고 고객에게 주의를 기울이는 2단계 경청을 한다. 코치는 또한 고객의 어조 변화, 말이나 호흡의 속도, 그 순간의 분위기에 주의를 기울이고, 심지어 고객과의 관계 자체의 강도도 고려한다. "고객이 가까이 다가오는가? 표류하고 있는가? 멀어지고 있는가? 방어적이지 않은가?" 이것이 바로 3단계 경청이다. 코칭을 하는 코치에게 다음 단계에는 어디로 갈까, 어떤 기법을 사용할까에 대한 답은 바로 거기, 그 순간에 있는 것이다. 즉, 2단계, 3단계 경청에 있는 것이다. 코액티브 모델을 이용하는 코치에게 이것은 매우 중요한 것이다. 코치는 전반적인 코칭 세션의 강점과 약점에 대한 느낌을 듣고, 이러한 정보를 바탕으로 다음에는 무슨 질문을 할 것인가, 어떤 코칭 기법을 적용할 것인가를 결정하게 된다.

이것은 분명히 주의 깊은 경청과 어떤 상황에서나 춤을 출 수 있는 능력을 필요로 하는 하나의 예술이다. 그것은 배울 수 있는 기술이 아니다. 즉, 고객이 'A'라고 질문을 하면 코치는 'B'라고 답을 한다는 식으로 되는 것이 아니다. 또한 코치가 어떤 기법을 사용할 것인지 신경을 쓰고, 어떤 원칙을 사용할 것인가, 코액티브 코칭 모델의 5가지 구성요소 중 어떤 것을 사용할 것인지, 용어집에서 어떤 스킬을 사용할 것인지를 생각하는 것도 도움이 안 된다. 이것은 1단계 경청을 하는 것이다. 만일 당신이 이 단계에 있다면, 당신은 고객과의 연결이 끊어진 것이다. 이런 상황은 최고의 코치에게도 때때로 발생한다. 코치는 이런 상황을 극복하여 고객과 다시 연결을 해야 한다.

고객의 이슈와의 연결이 아니라 고객과의 연결이라고 분명하게 이야기한 것을 주목하기 바란다. 코칭에서 우리의 우선적인 책임은 고객으로 하여금 최상의 행동을 하게 하고 지속적으로 그 행동을 하게 함으로써 스스로 학습을 통해서 시간이 지날수록 코치에게 해답을 의지하기보다는 더욱 지혜로워질 수 있도록 도와주는 것이다. 코치로서 우리는 언제나 고객을 임파워해야 한다.

가능한 조기에 '문제'를 찾아내어 눈 깜짝할 사이에 해답을 주려고 하는 욕구가 우리 모두에게 있는 것은 사실이다. 물론, 조기에 문제를 해결하는 것이 매우 시급할 때도 있다. 그러나 코칭에서 우리는 고객과 그들의 삶에 대해 좀더 긴 시각을 가져야 한다. 우리의 코칭 모델에서 우리는 이것을 큰 어젠다 'A', 즉 가치와 공명하는 충만한 삶, 선택하고, 목적이 있고, 표현할 수 있는 삶이라고 이야기하는 것이다. 우리는 고객이 갖고 있는 코칭 어젠다를 좀더 큰 관점에서 바라보도록 도와주어야 한다. 고객의 이슈와 관련된 모든 환경적 상황들을 이해하는 것이 고객에게 도움을 줄 것이라는 유혹에 빠질 위험이 있다. 거의 모든 경우에 우리는 우리가 더 많이 알아야 고객에게 도움을 더 줄 수 있다고 생각을 한다. 어쨌든 고객은 그들의 삶과 상황에 대해서 너무나 잘 알고 있는 전문가이고, 코치는 고객으로 하여금 취할 행동을 발견하고 그들이 취한 행동을 통해서 학습을 경험할 수 있도록 도와주는 전문가인 것이다.

우리는 여기에서 "가벼운 고객의 이슈는 없고, 단지 겉도는 코칭만이 있을 뿐이다"라는 사실을 강조하고자 한다. 겉으로 보이는 모든 상황의 이면에는 반드시 무엇인가 중요한 것이 있다. 그렇지 않으면 코치나 고객의 시간을 쓸 가치도 없을 것이다. 코치가 할 일 중의 하나가 고객의 그런저런 이슈를 고객의 삶에서 의미가 있는 중요한 것으로 만들 수 있는 방법을 찾아내는 것이다. 모든 고객의 상황은 그 자체로 그들을 삶의 충만, 삶의 균형과 보다 나은 삶의 과정에 대한 그들의 비전을 향해 더욱 가까이 가도록 하는 가능성을 갖고 있다. 고객이 가져오는 이슈는 매우 큰 퍼즐의 한 조각에 지나지 않을 수 있다. 작은 이슈라도 풀어서 없애버려야 할 문제가 아닌 오히려 더 큰 목표로 나아갈 수 있는 기회로서 정중하게 다루어야 한다. 결국 이것이 코칭을 제대로 활용하는 것이다. 또한 고객의 이슈에 대한 답을 주는 것이 아니고, 고객으로 하여금 더욱 능력이 있고 지혜롭게 하여 생동감 있고 보람 있는 삶을 살 수 있도록 하는 것이다.

### 세 가지 원칙을 통합해서 사용한 대화의 예

**고객** 지난 시간에 그만두었던 이야기로 돌아간다면, 저는 아직도 일전에 이야기했던 사업을 인수할 가능성을 검토하고 있습니다.

**코치** 그동안 관련 자료를 수집한 것으로 아는데요.

**고객** 음…. 중개인과 다시 이야기는 했는데요.

**코치** 가능성이 있는 이번 인수 건과 관련해서 지금은 어디쯤 진행되고 있나요? 앞으로의 전망은 어떤가요? (비전: 삶의 충만 코칭)

**고객** 앞으로의 전망요…. 조금 위험한 상태입니다.

**코치** '위험하다'는 것이 이전에 당신을 가로막은 적은 없잖아요. 사실 위험감수가 당신의 가치이잖아요. 이번 건의 위험이 이전과 다른 것은 무엇인가요? (가치: 삶의 충만 코칭)

**고객** 복잡해요.

**코치** 그럼, 좀 분리해서 들여다볼까요? 우선 저는 당신이 이 사안의 자금 관련 이슈를 처리할 수 있는 방법을 확실히 할 것이라고 믿고 있어요.

**고객** 제 사업 동반자와 그간 우리가 함께 작업을 해온 회계사가 그 부분을 들여다볼 것입니다. 기본적으로 관련 분석은 이루어질 것입니다. 다음 주 이 시간까지 우리는 우리가 알아야 할 모든 것을 알 수 있을 것입니다.

**코치** 예, 자금 측면의 위험이 있네요. 그것이 위험한 부분이라는 것인 가요?

**고객** 아닙니다. 저는 스프레드시트를 잘 알아서 분석된 숫자를 근거로 견고한 의사결정을 할 수 있습니다.

**코치** 그럼 위험한 부분이 무엇인가요?

**고객** 우리가 이전에 이야기했던 올해의 테마 기억하시나요? '속도를 늦추는 삶'요.

**코치** '고속도로에서 벗어나기.' 당신이 이렇게 이야기했었지요.

**고객** 예, 그런데 제가 이 사업을 인수하게 되면 '고속도로를 벗어나는 것'이 아니고 '고속도로의 추월 차선으로 진입하는 것'이 될 것 같아서요.

**코치** 당신의 목소리에 방금 변화가 일어났습니다. 무슨 일인가요?

(순간에 대한: 삶의 과정 코칭)

**고객** 압박감이 가중되는 것을 느껴요.

**코치** 느낌이 어떤가요? (함께 있기: 삶의 과정 코칭)

**고객** 일종의 공포감요.

**코치** 공포감을 느끼면서 혹시 떠오른 이미지가 있나요?

**고객** 양쪽 어깨에 뭔가가 느껴져요. 마치 무거운 짐을 지고 있는 것처럼요.

**코치** 바로 그것이 그런 결정을 '추월 차선으로 진입하는 것'의 시각으로 보았을 때 느끼는 감정이지요. 만일 당신의 테마인 '고속도로에서 벗어나기'의 시각으로 이번의 인수 건을 바라본다면 그 느낌은 어떨까요?

(관점: 삶의 균형 코칭)

**고객** 아, 그렇게도 볼 수 있겠네요.

**코치** 한번 해보시겠습니까?

**고객** 좋습니다.


(코치와 고객은 이 관점과 몇 개의 다른 관점을 탐구한다.)


**코치** 오늘 코칭에서 얻은 것이 있나요?

**고객** 두 가지입니다. 하나는 자금분석 작업을 처리할 수 있다는 것이고요. 다른 하나는 자금분석 건은 이번 결정의 한 부분에 지나지 않는다는 것입니다. 정말 중요한 것은 이번 결정이 저의 삶에 어떤 영향을 주는가에 관한 것이지요. 이번 일을 성사시키는 데만 너무 흥분되어 있어서 길게 보아 제 인생에서 정말 중요한 것이 무엇인지를 볼 수가 없었거든요.

**코치** 요청이 있습니다. 당신이 생각해볼 성찰질문이지요. 준비되셨나요?

**고객** 예.

**코치** 이번의 인수 건을 통해서 당신이 가장 얻고자 하는 것은 무엇인가요? (큰 어젠다 'A': 삶의 충만 코칭)

**고객** 좋습니다. 제가 생각해보겠습니다.


## 코치의 다짐

당신은 고객의 충만한 삶을 위해 얼마나 멀리 갈 용의가 있는가? 어느 지점에서 당신은 특히 그간 함께 즐겁게 작업을 해온 고객과의 안락함에 안주하여 단지 그들의 꿈 일부를 지지하거나, 그들이 도달할 수 있고 만족스럽기는 하지만 충분히 위대하지는 않은 비전을 지켜주는 그런 자신을 발견하는가? 무의식적으로 이런 일이 일어날 수 있다. 그러나 코치로서 우리는 계속해서 경계심을 늦춰서는 안 되고, 언젠가는 고객이 스스로 가질 수 없는 비전을 계속 붙들고 있어야 한다는 사실을 기억해야 한다.

고객은 당신이 그들에게 당신의 100퍼센트를 다짐할 것을 기대한다. 당신이 아무런 질문도 하지 않고 그들이 하는 이야기를 그대로 인정하기 시작할 때를 항상 주의하라. 고객을 탐구하기 위해 고객을 밀어붙이고 반대 의견도 제안할 각오를 해라. 그들이 취한 입장에 대해 명확하고 엄격할 수 있도록 말이다. 만일 당신의 고객이 그들이 살아가는 세상의 이미지가 마치 대단한 진리인 것처럼 이야기하면, 우선 공감의 표시를 한 이후에 그 저변에 깔려 있는 전제들에 대한 질문을 하기 위해 충분히 멈춰라. 예를 들면, 고객이 다음과 같이 이야기한다고 하자. "저는 너무 바빠요. 할 각오도 되어 있어요. 시간은 없고요…." 호기심을 가져라. 고객이 너무 바쁜 것은 사실일 수가 있다. 그러나 고객을 위해 길게 보면 가장 효과가 있을 수 있는 어려운 선택을 회피하고자 하는 변명일 수도 있을 것이다. 당신은 다음과 같이 의아하게 생각할 수 있을 것이다. "결국 이 고객이 정말로 헌신하겠다는 것은 무엇인가?"

코치로서 당신은 용감한 질문을 하는 사람의 모델이어야 한다. 당신이 해야 할 일 중의 하나가 직설적이고 인기가 없고 심지어 비합리적인 것도 말하는 것이다. 이것은 모두 고객으로 하여금 그들의 잠재력에 이르게 하고, 그들이 뭐라고 정의하든 충만한 삶을 살도록 하기 위한 것이다. 여러 번 언급한 대로 충만한 삶을 산다는 것이 보통의 일이 아니라면 당신은 거침없는 용기의 목소리를 내야 할 때가 있다. 고객이 듣기에 거북한 이야기라 하더라도 당신은 기꺼이 어려운 질문을 하거나, 말하기 어려운 진실을 이야기해야 할 필요가 있다. 어떤 때는 너무 멀리 가서 해고당하는 경우도 있을 것이다. 때때로 코치는 자신에게 다음과 같은 어려운 질문을 할 수도 있다. "결국 나는 무엇에 헌신하고 있는 것인가?"

**용감한 질문을 이용한 코칭 대화의 예**

**코치** 그것이 당신의 최종 결정인가요?

**고객** 예, 준비 작업이 끝나는 대로 저는 제 고향으로 이사할 것입니다. 아마도 한 달 이내에요.

**코치** 놀라운데요.

**고객** 알고 있습니다.

**코치** 자, 보세요. 캐티, 이것은 당신의 삶이에요. 당신이 최선이라고 생각하는 것을 선택하는 거지요. 그러나 당신의 코치로서 그리고 당신을 진정으로 믿고 있는 사람으로서 저는 혼란스러워요.

**고객** 조금 짜증스럽다는 뜻으로 들리네요. 아마 제가 당신을 배반하고 있다고 생각하겠네요.

**코치** 그렇지 않나요?

**고객** 싸우기 싫어요.

**코치** 이해합니다. 저는 당신이 글 쓰는 일과 전쟁을 치르는 것을 보았어요. 거절의 서한을 받은 것도 알아요. 파트타임으로 일한 것도 알고요. 늦게까지 글을 쓴 것도 알아요. 그런 몸부림치는 모습을 보았어요. 그런 결단들은 어디에서 왔던 것인가요?

**고객** 아마 멍청한 짓을 한 것이겠지요.

**코치** 제가 여기서 좀 밀어붙여 보겠습니다. 제가 너무 멀리 가면 알려주세요.

**고객** 희망이 안 보여요.

**코치** 저는 '희망'이 당신의 가치 목록에 없다는 것을 알아요. 오히려 꿈이 있지요. 저는 열정과 결단으로 똘똘 뭉쳐서 이 도시로 이사 온 한 여자를 기억해요. 자신의 삶에 단호한 입장을 갖고 있고 스스로를 믿는 그런 여자요.

**고객** 매우 순진했었지요.

**코치** 의심할 것도 많았던 것으로 알아요. 당신이 지쳐 있을 때도 저는 당신의 열정은 사라지지 않았다고 믿었어요. 도저히 이해가 안 가요.

**고객** 돈도 떨어졌고요. 일도 지겹고요. 아무런 재미도 없어요. 제가 꾸었던 꿈이 아니지요.

**코치** 알아요. 요청이 하나 있습니다. 글 쓰는 일을 잠시 중단하시지요. 그리고 이사와 관련해서 아무런 조치도 취하지 마세요. 그렇게 해주시겠습니까?

**고객** 글을 안 쓴다는 것이 무슨 뜻이지요? 시간만 죽일 텐데요.

**코치** 당신은 지쳐 있어. 꿈도 지쳐 있고요. 휴식을 취하세요. 다음 주에 저희가 이야기할 때 당신이 어떻게 할 것인지를 알 수 있을 것입니다. 그렇게 해주시겠습니까? "아니요"라고 말하고 그냥 이사를 할 수도 있습니다. 그러나 글 쓰는 사람으로 태어난 당신을 위해서 하는 요청입니다.

**고객** 예, 알겠습니다. 그런 사람을 위해 그렇게 하도록 하지요.

## 여러 가지 역할을 하는 것

코치가 고객에게 정말로 도움이 될 수 있는 전문성을 갖고 있을 때 어떻게 해야 할까? 고객이 비싼 값을 치르는 잘못을 하지 못하게 하거나 단순히 긴 방황의 학습과정을 단축시켜주는 코치의 경험이나 정보를 감추는 것은 공정하지 않고 심지어 비전문가적인 자세이다. 이런 상황에서 중요한 것은 몇 가지 관점을 명확하게 하는 것이다.

첫째로 당신이 갖고 있는 정보가 정말로 고객과 고객의 상황에 관련성이 있는지 여부를 자신에게 자문해보라. 특히 이 고객이 당신의 도움으로 무엇을 얻을 수 있는가? 둘째로 당신 자신과 고객에게 당신이 코치의 모자를 쓰고 있지 않다는 것을 명확히 하라. 대신에 당신은 협의 중인 영역에 구체적인 전문성과 경험을 갖고 있는 사람의 모자를 쓰고 있는 것이다. 셋째로 당신의 고객이 그 정보를 원하는지를 명확히 하라. 고객이 "예"라고 한다 하더라도 고객의 허락을 구하라. 의견을 제시하기 전에 허락을 구하게 되면 코칭 관계의 온전성을 유지하게 된다. 그리고 고객이 오히려 스스로 알아서 하겠다고 말할 수 있도록 하라. 넷째로 아무런 집착 없이 당신의 의견을 제시하는 것이 중요하다. 당신이 올바른 답이나 올바른 길을 안다고 믿는 순간, 당신은 고객의 행동에 당신의 어젠다를 강요하기 시작한 것이다. 당신은 아무런 조건 없이 그것을 제안한다는 것을 명확히 해야 한다.

명확하게 해야 할 다른 부분으로는 고객과의 상호 협력적 관계의 설계이다. 어떤 경우에 고객은 코치가 자신과 유관한 경험을 갖고 있어서 코치로 선택하는 경우가 있다. 그들은 자신의 세계를 이해하는 코치를 채용한다. 그런 경우에 당신은 코칭 역할 대비 컨설팅 또는 멘토링 역할에 대해 고객에게 설명을 하고, 그들이 무엇을 기대해야 할 것인지를 알게 하는 것이 중요하다. 고객과 코치는 코칭이 진행되면서 필요할 때마다 관계의 설계를 계속해서 검토할 필요가 있다.

### 코칭, 컨설팅, 멘토링의 차이점

당신도 알고 있듯이 서로 다른 세 가지의 역할에 대해 혼선의 여지가 있다. '코칭'이라는 말이 세계적으로, 특히 조직 내부로 퍼져 나가면서 혼선은 더욱 가중되고 있다. 조직 내에서 일하고 있는 많은 컨설턴트가 코액티브 코칭 모델에서 우리가 언급한 코칭과 컨설팅의 차이를 명확하게 하지 않고 그들이 제공하는 서비스 메뉴에 코칭을 추가해왔다. 우리는 여기에서 누가 옳고 그르다고 이야기하려는 것이 아니다. 단지 둘 사이의 차이를 모르면 코치와 컨설턴트를 채용하는 고객들에게 더 많은 혼선을 야기시킨다는 것이다.

코칭과 컨설팅은 매우 효과적으로 함께 공존할 수 있다. 어떤 상황에서는 전문적인 스킬, 경험, 분석능력을 갖고 있는 컨설턴트가 할 역할이 분명히 있다. 그들은 문제를 이해하고 가능한 해법을 제시하는 서비스에 대해서 비용을 지급받는다. 코칭은 필요한 변화를 가능하게 하고 조직이 그것을 적용하도록 지원해주고 혁신을 만들어내는 것이다. 코칭은 조직 내에서 새로운 변화가 뿌리를 내리도록 하는 데 매우 이상적인 지지체계이다.

당신의 역할을 명확히 하는 것에 추가로 코칭의 한계에 대해서도 명확하게 하는 것이 똑같이 중요하다. 만일 당신이 고객에게 조언을 하려 한다면 그런 조언을 할 만한 권위를 갖고 있다는 것과 사전에 고객의 허락을 받았다는 것을 명확히 해야 한다. 만약 당신이 자격이나 인증을 요구하는 전문서비스를 제공한다면 당신은 그런 자격이나 인증의 권위를 갖고 있어야 한다. 이것은 의료 관련, 법적이나 재무적인 조언 그리고 법에 의해 제한된 다른 영역일 경우에 적용된다. 만약 당신이 조언의 적절성에 대해 의심이 될 경우에는 고객으로 하여금 자격을 갖춘 전문가를 찾도록 요청하는 것이 언제나 최선이다. 일부 코치들은 이와 같은 상황에 추천할 전문가 목록을 갖고 있다.

## 치유상담과 코칭

심리치료Psychotherapy와 코칭 사이의 경계를 명확히 하는 것은 때때로 코치들에게 혼란스러운 일일 수 있다. 특히 코치가 감정은 치유상담의 영역이고, 코칭에서 감정이 나타날 때는 코칭의 방향을 바꾸어야 한다고 생각하는 경우에 더욱 혼란스럽다. 우리가 10장에서 설명했듯이, 실제로 감정은 인간 조건의 일부이다. 감정은 사람 간의 모든 형태의 대화, 특히 의미 있는 대화에서 나타나듯이 코칭 대화에서도 자연스럽게 나타나는 것이다. 고객이 드러내놓고 자신의 목표와 꿈, 어렵게 따낸 승리나 내면의 방해꾼에게 패한 사례 등을 이야기할 때면 언제나 그 이면에는 감정이 실려 있을 가능성이 있다.

불행하게도 카운슬링과 코칭 사이의 경계에는 어떤 절대적인 원칙이나 조건으로 정의된 것이 없다. 카운슬링과 코칭은 자주 겹친다. 특히 최근의 치유상담 양식에서는 더욱 그렇다. 일반적으로 명확하게 보이는 차이점은 전문 치료사는 감정적 문제를 분석하는 기법에 대해 훈련을 받아서 고객의 감정적 상처를 치료하지만, 코치는 치료법에 대한 훈련을 받지 않았고 감정적 문제의 치료에 초점을 두지 않는다는 것이다. 이런 차이에 관계없이 코칭을 받는 고객이 그들의 삶에서 용감한 결정을 하게 되면 그들은 뭔가 치료되는 느낌, 예전의 관행이나 믿음을 부수는 느낌과 닫힌 상자를 깨고 새로운 힘의 세계로 나아가는 느낌을 경험하기도 한다. 그러나 코칭은 감정적 문제에 초점을 두지는 않는다. 코칭 대화에 감정이 나타날 수 있으나 그것이 코칭의 주요 대상은 아니다. 코치가 세 가지의 원칙, 다섯 가지의 구성요소와 코칭 스킬에 초점을 두는 한, 그들은 그러한 경계선 내에 남아 있을 것이다.(국제코치연맹에서 발행한 전문 코치의 윤리강령은 www.coactive.com/toolkit의 코치 툴킷에서 볼 수 있다)

## 확장하는 코칭의 세계

이 책의 초판이 발간된 이후 수년 이내에, 코칭은 모든 대륙에서 그리고 거의 모든 직업의 영역에서 삶과 직업의 주류가 되었다. 한때는 코칭이 개개인을 위한 개인 코칭과 회사의 임원과 관리자를 대상으로 한 비즈니스 코칭의 두 가지 영역에 초점을 두었으나 오늘날은 수백 개의 다른 형태로 진화했다.

당신은 각종 삶의 과정과 다른 환경 속에 살고 있는 코치를 발견할 것이다. 예를 들어, 코치는 다음과 같은 매우 다양한 그룹을 대상으로 코칭을 진행하고 있다. '대학과 앞으로의 진로를 고민하고 있는 십 대, 삶과 직업을 탐색하고 있는 대학생, 결혼을 고려 중인 남녀, 좀 더 나은 관계를 원하는 부부, 일과 커리어를 바꾸고자 하는 개인, 이사를 고려 중인 개인, 은퇴를 준비하는 회사원, 삶을 바꾸어버릴 정도나 치유할 수 없는 불치병을 앓고 있는 개인' 등이다. 또한 코치는 다음과 같은 특정한 그룹을 대상으로 전문화된 코칭을 하고 있다. '고위 임원, 생명공학 종사자, 예술가, 음악가, 선생님, 위기의 십 대, 비영리단체의 책임자와 자원봉사자' 등이다.

근래 코칭에서 극적인 성장을 가져온 분야는 회사 내에서 팀과 일하는 코치이다. 팀이란 핵심 가치, 비전, 특성, 심지어 스스로 능력을 과소평가하는 생각을 기반으로 움직이는 조직이다. 이 경우에 고객은 단순하게 팀의 구성원이 아니라 팀 전체가 된다. 그러나 팀의 역동성은 개인의 개성과 각 팀 구성원의 개별 관심사와 별개의 것이 아니다. 그래서 그룹의 관심사와 개인의 관심사 사이의 균형을 잘 유지하는 것이 팀 코치에게는 도전적인 일이고 매우 보람 있는 코칭 경험일 수 있다.

일부 코치들은 코칭과 다른 관심 분야를 통합해서 코칭을 하기도 한다. 래프팅과 암벽 등산과 같은 외부활동, 재정계획, 대중연설, 시간관리, 건강관리 등이 그 예이다. 또는 코칭과 관련된 영역과 통합해서 운영하기도 하는데 전략적 계획, 커뮤니케이션 훈련, 리더십 개발 등이 있다.


## 전문 코치를 위해

전문 코치를 위한 다음의 조언은 코칭의 형식뿐만 아니라 다른 일의 보조 수단으로써 코칭을 활용하는 것과 같은 여러 가지 대안에 대해 설명한다.

### 코칭의 포맷

이 책의 전반에 걸쳐서 언급을 했듯이 코칭에는 한 가지Single의 어디서나 통하는Universal 공식적으로Official 정해진 포맷이 없다. 코칭의 포맷은 코치에 따라 너무나 다양하다. 주요 고려사항은 다음과 같다. '코칭 기간', '코칭 수단', '세션 길이', '세션 주기' 등이다.

### 코칭 기간

어떤 코칭 관계는 끝이 없이 지속되는 경우도 있다. 또는 흔히 3개월처럼 최소 기간을 합의하고 시작을 하나 수년 동안 지속될 수도 있다. 코칭 관계는 고객이 계속해서 중대한 변화를 하고 새로운 전환과 예상치 못한 도전을 맞이할 때 고객을 지원하는 하나의 시스템이 된다.

다른 코칭 관계는 6개월이나 1년처럼 기간이 확정된 경우이다. 이것은 흔히 회사 내의 내부 고객과 일을 하는 코치나 변화 프로그램을 실행하기 위한 수단으로 코칭을 활용하는 컨설턴트의 경우이다.

### 코칭 세션의 길이와 주기

국제코치연맹의 조사에 따르면 가장 일반적인 형태의 코칭은 한 달에 서너 번, 한 번에 30분, 전화로 코칭 세션을 하는 것으로 알려져 있다. 그러나 "얼마 동안 하지?"와 "얼마나 자주 하지?"라는 질문에 대한 가장 현명한 답은 "코치와 고객을 위해 가장 효과적인 것으로 하라"는 것이다.

이것이 코칭 관계에 효과적인 상호 협력적 관계를 설계할 때 고려할 사항이다. 코치와 고객이 합의를 할 때까지 일치된 의견을 찾아야 한다는 것은 아니다. 코치가 충만한 삶이 어떤 모습인지에 대해 명확한 생각을 갖고 그런 생각에 대한 확고한 입장을 취해야 한다는 것을 의미한다. 그래서 코치인 당신이 고객과 45분이나 1시간의 세션을 진행하는 것이 가장 효과적이라고 생각한다면 예상 고객에게 당신의 코칭 스타일에 대해 명확하게 설명을 해야 한다. 세션의 주기에 대해서도 당신이 선호하는 것이 있다면 그것을 당신의 코칭 비즈니스 원칙에 포함하는 것이 중요하다. 어떤 코치들은 한 달에 한 번 또는 매주, 심지어 고객이 마감일로 압박을 받는 경우에는 매일 세션을 진행하기도 한다. 주기는 궁극적으로 선호도와 협상에 따라 결정되는 것이다. 많은 코치가 개인의 스타일에 가장 잘 맞는 속도를 발견하는 데는 1~2년의 실습이 필요하기도 하다.

## 고객과의 관계

이 책에서 우리는 개인 고객과의 일대일 코칭을 강조해왔다. 그러나 일부 코치들은 부부, 연합단체, 가족, 프로젝트 그룹이나 팀과 일하는 것을 선호한다. 어떤 코치들은 개인 코칭과 팀 코칭 모두를 선호한다. 우리의 경험에 의하면 중요한 것은 당신의 전문 분야, 당신의 열정과 사명감을 명확히 해야 한다는 것이다. 왜냐하면 당신은 당신이 가장 관심을 갖고 있는 사람들과 함께 일할 때 가장 성공적이고 많은 영감을 받기 때문이다.

조직 내의 개인이나 팀과 함께 일하는 코치들이 한 가지 더 고려할 것이 있다. 코치, 고객과 회사, 즉 3자 간의 관계이다. 이 경우에 코치는 3자 간의 협력적 관계Three-way alliance를 설계할 필요가 있다. 어떻게 비밀을 보장할 것인지, 각자의 역할이 무엇인지를 명확하게 해야 한다. 회사가 코치나 고객한테 코칭 보고서를 요구하는가? 코칭의 목표와 평가 기준을 고객이나 회사 중 누가 결정하는가? 코칭이 효과적이기 위해서는 고객의 성실한 다짐이 있어야 한다. 그렇지 않으면 코칭은 단순히 회사의 규정을 준수하라는 압력을 가하는 수단으로 전락할 것이다.

## 회사 내부 코치를 위한 특별한 고려

우리의 경험으로 보면 코액티브 코칭 모델은 외부 코치에게 효과적으로 활용되듯이 회사 내부에서 일하는 내부 코치에게도 효과적으로 활용된다. 우리는 전 세계의 크고 작은 기업, 단체와 비영리단체에서 일하고 있는 내부 코치들에게서 수년간의 피드백을 받았다. 우리는 또한 코칭이 좀더 효과적이기 위해 해결해야 할 어떤 과제도 있다는 것을 알고 있다.

여기서 다시 내부 코치, 고객, 회사 또는 스폰서 간의 3자 역학관계가 중요해진다. 상황이 매우 민감해질 수 있기 때문이다. 우리의 경험에 따르면 가장 현명한 방법은 3자를 포함하는 코칭의 상호 협력적 관계의 초기 설계 시에 각각의 역할과 기대를 명확하게 하는 것이다. 특히 내부 코치가 코칭 관계의 경계를 명확하게 이해하는 것이 중요하다. 어떤 회사에서는 코치에게 성과 목표와 관련된 문제만 다룰 것을 요청하고, 다른 어떤 회사에서는 코치로 하여금 고객이 더욱 충만하고 동기부여되는 개인의 성장 경로를 명확히 하고 추구할 수 있도록 권한을 부여하기도 한다. 심지어 고객이 회사를 떠날 수 있다고 하더라도 말이다. 동기부여가 충분한 직원들로 가득한 회사에는 엄청난 힘이 넘친다. 많은 회사는 동기부여가 되지 않은 직원들이 회사의 힘을 빼는 사람들이라는 것을 알고 있다.

### 다른 일의 보조 수단으로 코칭을 활용하기

변화가 뿌리를 내리려면 시간이 걸린다. 변화는 계속적인 주의와 지원하에서 꾸준하게 일어날 수 있다. 코칭은 프로그램의 변경이나 새로운 통찰과 배움을 얻기 위해 설계된 특별한 활동, 체험행사의 후속 조치를 위한 보조 수단으로 사용하기에는 이상적이다. 워크숍이나 세미나 또는 외부에서의 모임이 엄청난 파급효과를 불러올 수 있으나 그 효과는 시간이 가면서 그런 경험으로부터 멀어진다. 코칭이 그러한 배움을 살아 있게 하는 수단이다. 사실 코칭은 그런 행사에서 생긴 싹을 키워준다. 컨설턴트와 팀 리더들은 변화를 지속하기 위한 수단으로 더욱더 코칭에 관심을 갖는다. 체험 훈련가, 관광 가이드, 프로그램 리더들은 초기의 모험과 경험에서 시작한 작업을 계속하기 위해 코칭을 지속적으로 활용하고 있다.

인간이나 자연계의 모든 시스템은 변화에 저항한다. 관성은 사물이 원래 있던 곳에 그대로 있도록 하고, 그들이 원래 존재했던 방식으로 되돌아가도록 압력을 가하는 강력한 힘이다. 또한 모든 시스템은 변화를 위해서 상호 보완적일 필요가 있다. 그러나 인간계에서의 변화는 상당한 격려와 지지를 필요로 한다. 바로 코칭이 지속적 변화를 가능하게 하는 매우 이상적인 수단으로 사용될 수 있다.

## 너무나 많은 대안

우리는 코치를 위한 엄청나게 많은 가능한 대안 중 겨우 일부분만 이야기했다는 것을 알고 있다. 코칭 비즈니스를 시작하려는 코치가 참조할 수 있는 책이나 자료가 너무 많기 때문이다. 우리가 특히, 처음 시작하는 코치에게 계속 강조하는 것은 삶을 충만하게 하고, 당신의 가치와 연계되고, 당신의 삶에 균형을 유지해줄 수 있도록 코칭 서비스를 설계하라는 것이다. 당신으로 하여금 현재의 순간을 사랑하며 살아갈 수 있도록 말이다. 다른 말로 당신의 말과 행동이 일치하는 삶을 살라는 것이다.

## 다른 대화에 코칭 스킬 활용하기

코칭은 하나의 직업 그 이상이다. 그것은 또한 대화를 위한 기본 원칙과 기대를 포함하고 있는 하나의 의사소통 수단이다. 이런 형태의 의사소통은 또한 비즈니스 회의나 리더십 개발과정, 선생님과 아이들의 대화 그리고 가족 내에서도 활용되고 있다. 코칭은 열린 경청, 상호존중, 명확성을 강조하고 심지어 어렵고 감정적인 대화도 기꺼이 응하는 자세를 강조한다. 감성지능에 대한 큰 업적을 이룬 다니엘 골먼이 이런 열린 소통의 세계, 특히 유능한 리더가 갖춰야 할 자질로 감성지능이 매우 중요하다는 것을 많은 사람이 인정할 수 있게 했다. 오늘날 우리가 전문 코칭에서 사용하는 모든 스킬이 모든 종류의 대화에서도 활용되고 있다.

## 이런 세상을 상상해보자

지난 1998년, 우리는 우리가 상상하고 있던 세상에 대해 다음과 같이 썼다. '코칭과 코칭 스킬이 인간관계에서 자연스럽게 활용되는 세상', 이 비전은 오늘날에도 아직 유효하다. 그 당시에 우리가 단지 상상했던 것들이 오늘날 더욱더 우리가 경험하는 세계의 실제 모습이 되어간다는 것을 느끼고 있다.

코치를 훈련하고 고객을 코칭해온 우리는 코칭이 사람들의 삶에 엄청난 영향을 끼친다는 것을 알고 있다. 이것이 우리가 변혁적 변화에 대한 확신을 고수하고 있는 이유이다. 우리는 실제 우리의 고객에게서 그런 변화를 자주 보았고, 마찬가지로 우리 자신의 삶에서도 그러한 변화를 느꼈다. 이제 그러한 변화가 한 사람의 코치에게 코칭을 받은 몇몇 사람들에게서 코칭이 삶의 일부분이 되어버린 전 세계로 퍼져가고 있다고 상상해보자.

기본적인 코칭 스킬과 코칭 접근 방법이 코치만이 아니라 모든 사람에 의해서 광범위하게 사용되는 세상을 한번 상상해보자. 만일 전 세계의 사람들이 단순하게 삶의 충만, 삶의 균형, 삶의 과정의 원칙들이 모든 사람에게 기본적으로 적용되기를 기대한다면 어떻게 될 것인가? 우리가 코칭 관계에서 당연하다고 받아들인 원리들이 매일의 삶에서 적용되는 것을 보게 된다면 어떻게 될까? 그러한 세상은 어떤 모습일지를 상상해보자.

기본적인 코칭 원칙들이 풍부하게 적용되는 세상에서 사람들은 완전한 삶과 일에 헌신하게 된다. 그들은 일류가 아닌 이류의 삶을 허용하지 않을 것이며 그들의 재능과 스킬을 완전하게 사용하는 충만한 삶 이외에는 어떤 것도 받아들이지 않겠다고 더욱 결심하게 된다. 아이들은 그들이 부유해지거나 유명해지는 어느 날, 특정한 사람들에게만 충만한 삶이 일어나는 것이 아니라 삶의 충만을 향해 나아가는 사람들에게는 지금 이 순간에도 그것이 가능하며 또 그다음 순간에도 가능하다는 것을 배우게 된다.

모든 사람이 자신의 일에 대한 강렬한 비전과 선택의 힘, 그리고 삶에 대한 목적의식을 갖고 살아가는 그런 세상을 상상해보자. 스스로 충만한 삶을 살아가듯이 다른 사람의 삶에도 변화를 만들어내겠다고 결심한 열정적이고 헌신적인 사람들이 살아가는 그런 세상을 상상해보자. 이런 세상에서는 단순히 순응하며 살거나, 책상에 그저 앉아 있거나, 기계처럼 일하거나, 그들 두뇌의 10퍼센트만 활용하며 카운터 뒤에서 서성이는 대신에 모든 사람의 최선의 노력과 재능을 인정하고 받아들이게 될 것이다. 이런 상상의 세계에서 사람들은 현재와 같은 일을 한다고 하더라도 삶에 대한 전혀 다른 관점과 자세로 아침을 맞이하게 될 것이다. 일에 대한 가치 기준도 변할 것이다. 즉, 그것은 더 이상 당신이 어떤 일을 하고 있는가의 문제가 아니라, 당신이 하는 일에서 어떤 변화를 만들어내며 어떤 가치를 존중하느냐의 문제일 것이다.

코칭의 원리들이 모든 곳(개인 간의 관계, 직장 내의 관계, 국제적인 국가 간의 관계)에서 활용되는 그런 세상을 상상해보자. 사람들이 사업 프로젝트나 인간관계를 시작하기 전에 코칭 관계에서 우리가 하는 '상호 협력적 관계'를 합의한다면 그것이 어떤 영향을 미칠 것인지를 상상해보자. 만일 사람들이 서로에게 일상적으로 진실을 이야기하게 된다면(비록 말하기 어려운 진실이라 하더라도) 그리고 방어할 필요 없이 진실 이외에는 아무것도 주장하지 않는다면 어떻게 될까?

또한 사람들이 자유롭게 진실을 이야기한다면 우리의 정치적 시스템은 얼마나 변하게 될 것인지를 상상해보자.

사람들이 진정한 경청, 즉 들려오는 말뿐만 아니라 그 뒤에 숨어 있는 모든 것까지 들으려고 노력하는 세상을 한번 상상해보자. 만일 모든 사람의 한계를 지적하는 대신에 우리와 우리 아이들이 될 수 있는 가장 큰 그림을 그린다면 어떻게 될까? 우리가 그들이 실패하거나 부족하다고 생각하는 대신에 그들의 위대함을 기대하고, 그들이 실패할 때 그것을 수치가 아닌 일종의 배움의 과정이라고 생각할 수 있다면 어떻게 될까? 사람들의 결점을 집어내기보다는 그들의 상심을 인정하게 된다면 어떻게 될까?

그런 세상은 호기심과 경이로움으로 가득 찬 세상이 될 것이며 특별한 방식으로 경청하는 그런 세상이 될 것이다. 우리가 하겠다고 말한 것에 대해 (최선의 노력을 기대하면서) 서로 책임을 지는 세상이 될 것이다. 이런 세상에서는 우리가 다른 사람들에게 진실을 말하기로 다짐했던 것처럼 우리 자신에게도 진실해지기 위해 노력할 것이다.

이런 세상에서는 배움과 성장이 안락함과 겉으로 보이는 모습보다는 더 가치 있게 생각될 것이다. 마음껏 창조하고, 번창하고, 완전하게 지지받고, 완벽하게 격려받고, 완전하게 축하받는 강력한 비전의 꿈을 꿀 수 있는 그런 세상을 상상해보자. 진정한 혁신적인 세상이 될 것이다. 그런 세상을 상상해보자.

# 용어 해설

• **가치**Values  가치는 현재 당신이 어떤 사람인지를 표현해주는 말로, 당신의 삶에서 가치 있다고 여기는 원칙이다. 사람들은 흔히 도덕과 가치를 혼동하는데 같은 것이 아니다. 가치는 선택되는 것이 아니다. 당신에게 내재된 본질적인 것이고 당신의 지문처럼 당신만의 것이다.

• **감정 가라앉히기**Clearing  감정 가라앉히기는 고객이나 코치 모두에게 유익한 기법이다. 고객이 현재에 몰입하거나 행동을 취하고자 하는 자신의 능력을 방해할 수 있는 어떤 상황이나 정신적 상태에 빠져 있을 때, 코치가 적극적으로 경청을 함으로써 고객으로 하여금 마음속에 있는 것을 토해내거나 불평하도록 돕는 기법이다. 이처럼 적극적으로 들어주는 것은 고객에게 일시적으로 방해가 되는 상황을 정리해주어 다음 단계로 들어갈 수 있도록 도와준다. 코치의 경우에도, 코치가 고객과의 대화 중에 감정적으로 말려들거나 고객과는 상관이 없는 문제에 사로잡히게 될 때 감정을 가라앉혀야 한다. 코치는 고객과의 세션에서 충분히 고객에게 몰입하기 위해 동료나 친구 혹은 자신의 경험이나 사로잡혀 있는 것에 대해 대화를 나눔으로써 자신의 마음을 가라앉힐 수 있다.

• **강력한 질문**Powerful questions  강력한 질문은 상황을 명확하게 하거나, 행동을 하도록 하거나, 발견을 할 수 있도록 하거나, 통찰력을 주거나 또는 다짐

을 강하게 해준다. 더 큰 가능성, 새로운 배움과 더 명확한 비전을 창출하도록
해준다. 강력한 질문은 "예" "아니요"의 답을 요구하지 않는 열린 질문이다.
이런 강력한 질문은 고객의 어젠다에 집중하고 고객의 행동을 촉진하고 학
습을 심화시키려는 의도로 코칭할 때 나오는 것이다. "원하는 것이 무엇인가
요?" "이제 무엇을 하실 것인가요?" "어떻게 시작하시겠어요?" "어떤 대가를
지불해야 하나요?" " 기억해야 할 중요한 것이 무엇인가요?"

- **개입하기**Intruding　　때로는 고객이 장황하게 이야기하거나 자신을 정당화
하는 경우에 개입하거나, 중단시키거나Interrupt, 일깨워주어야Wake up 할 때
가 있다. 코치가 이렇게 하는 이유는 고객의 어젠다에 집중하기 위해서이고,
흔히 고객을 일정한 방향으로 인도하기 위함이다. "잠깐만요. 이 이야기의 핵
심은 무엇인가요?" 개입이 일부 다른 문화권에서는 무례하게 여겨지기도 한
다. 그러나 코액티브 코칭에서의 개입은 고객으로 하여금 현재 상황을 정직하
게 평가하고 즉각 그 상황에 대처할 수 있도록 고객과 직접적인 대화를 하는
것으로 본다. 때로 개입은 말하기 어려운 진실을 말하는 것과 같다. "지금 정
당화하고 계시네요." 또는 개입은 단지 현재 진행되고 있는 것을 그대로 표현
하는 것이다. "지금 이슈를 빙 둘러서 이야기하시네요."

- **격려하기**Championing　　고객을 격려한다는 것은 그들이 자신의 능력에 대해
의심을 하거나 의문을 가질 때 그들 편에 서서 옹호해주는 것을 의미한다. 그들
이 자신의 능력에 대해 의심을 한다 하더라도 코치인 당신은 고객이 어떤 사람
인지 그리고 그들이 자신이 생각하는 것보다 훨씬 더 능력이 있다는 것을 분
명하게 알고 있어야 한다.

- **경청**Listening　　코치는 고객의 말과 행동을 통해서 고객의 비전Vision, 가치,
다짐Commitment과 삶의 목적Purpose에 대해서 듣는다. 경청하는 것은 무엇
인가를 찾기 위해 듣는 것이다. 코치는 의식적으로 목적을 갖고 고객과의 상
호 협력적 관계를 바탕으로 집중력을 갖고 경청한다. 코치는 고객의 어젠다를

경청하는 것이지 고객을 위한 자신의 어젠다를 경청하는 것은 아니다. 코치가 고객의 이야기에 대해 자신의 생각과 판단 그리고 의견을 듣는 것을 1단계 경청이라고 한다. 고객에게만 집중해서 듣는 것을 2단계 경청이라고 하고, 그에 추가로 주변 환경과 직관 등 총체적으로 듣는 것을 3단계 경청이라고 한다.

• **계획**Planning　　코치는 고객이 가고자 하는 방향을 명확하게 할 수 있도록 도와주고 적극적으로 진척상황을 모니터한다. 코치는 고객이 계획을 세우고 시간을 관리하는 역량을 개발할 수 있도록 도와주기 때문에 고객은 그러한 역량으로부터 자주 도움을 받는다.

• **고객의 어젠다에 집중하기**Holding the client's agenda　　코치가 고객의 어젠다에 집중을 하게 되면 코치는 고객이 삶의 충만, 삶의 균형, 삶의 과정을 이루어나가도록 지원할 때 자신의 의견과 판단, 해답을 내려놓게 된다. 코치는 옳은 답을 알고 있지 않고, 해결책을 제시하지도 않고, 고객에게 해야 할 일을 말해주지 않고 고객의 리드에 따른다. 고객의 어젠다에 집중한다는 것은 고객을 위한 자신의 어젠다가 아니라 고객과 고객의 어젠다에 완전하게 주의를 기울인다는 것이다.

• **관계(코치-고객)에 힘 실어주기**Granting relationship power　　코칭 관계는 고객과 코치에게서 독립적이다. 코칭의 힘은 고객과 코치 각 개인에게 있는 것이 아니라 둘 사이의 관계에 있기 때문에 코치와 고객은 모두 고객에게 가장 도움이 되는 코칭 관계를 만들어내기 위한 책임을 져야 한다. 그래서 코칭의 힘을 둘 사이의 관계에 두어야 한다.

• **관점**Perspective　　관점은 코치와 고객과의 코칭 관계에 가져다줄 수 있는 큰 선물 중의 하나이다. 올바른 관점이 아니라 단순히 다른 관점을 제공하는 것이다. 코칭 시에 코치는 고객으로 하여금 그들의 삶이나 어떤 이슈를 다른 각도에서 볼 수 있도록 도와준다. 고객이 어떤 상황을 한 관점으로만 보게 되면 그들은 덜 지혜로워지거나 환경의 희생양이 될 수 있다. 그들이 자신의 관

점을 들여다보고 자신의 삶이나 상황을 다른 각도에서 볼 수 있게 되면, 그들은 새로운 가능성과 변화를 엿볼 수 있게 된다.

- **도전하기**Challenge 도전하기는 고객이 스스로 부여한 한계를 뛰어넘도록 하고 자신의 능력과 가능성을 바라보았던 생각을 뒤흔드는 일종의 요청 기법으로, 구체적인 행동, 성취 조건, 완료 일자의 세 가지로 구성된다. 고객은 도전에 "예" "아니요" 또는 "대안"으로 대답할 것이다. 흔히 고객의 대안은 원래 제안했던 것보다 더 나은 대안일 때가 많다. 어떤 고객이 사업을 확장하기 위해서 새로운 고객을 대상으로 판촉전화를 하려고 한다. 하루에 한 번을 생각하고 있다. 당신은 그에게 다음과 같이 도전한다. "저는 당신이 하루에 열 통의 전화를 할 것을 요청합니다." 그러면 고객은 "일곱 번 하는 것으로 하지요"라고 대안을 제시한다.

- **명확화**Clarifying 명확화는 고객이 자신이 원하는 것이 무엇인지, 어디로 가고 있는지에 대해서 분명하게 설명할 수 없을 때, 코치가 고객의 경험을 명확히 해주는 스킬이다. 명확화는 고객이 원하는 결과에 대해 모호하거나, 혼란에 빠져 있거나, 명확하지 않을 때 사용될 수 있다. 질문이나 재구성 그리고 명료화 작업과 함께 사용될 때 상승효과를 낼 수 있는 스킬이다. 특히 초기 발견 프로세스에서 유용하게 활용 가능하다.

- **목표설정**Goal setting 고객은 목표를 설정하고 그것을 끝까지 완수함으로써 큰 어젠다 'A'의 삶을 살 수 있다. 목표는 고객이 초점을 잃지 않도록 하게 하고, 그들이 되고자 하는 사람이 될 수 있도록 지지해주는 것이다. 목표는 행동이 아니다. 목표는 행동을 통해서 얻고자 하는 결과이다. 코액티브 코칭에서 목표는 SMART Specific,Measurable,Accountable,Resonant and Thrilling해야 한다.

- **분리해서 해석하기**Making distinctions 고객으로 하여금 어떤 상황을 새로운 관점에서 보도록 도와주는 한 가지 방법은 둘 또는 그 이상의 생각, 사실, 의견의 차이를 명확히 하도록 도와주는 것이다. 예를 들어, 고객이 두 가지 사

실을 하나의 잘못된 관념으로 혼동할 수 있다. 그런 관념이 세상의 진리인 것처럼 말이다. 그러나 사실은 그렇지 않다.

"저는 이번에 실패를 했기 때문에 실패자입니다."(실패와 실패자를 동일시 함.)

"제가 돈을 번다면 그것은 제가 성공했다는 것을 의미합니다."(돈과 성공을 동일시함.)

- **브레인스토밍**Brainstorming　이 스킬을 이용해서 코치와 고객은 함께 아이디어, 대안 그리고 가능한 해결책을 만들어낼 수 있다. 어떤 아이디어들은 말도 안 되고 비현실적일 수도 있다. 이것은 단지 고객에게 가능한 대안들을 확장하기 위한 창조적 과정이라고 할 수 있다. 코치와 고객 모두 협의된 대안에 집착해서는 안 된다.

- **비전**Vision　비전은 고객 개인이 규정하고 고객으로 하여금 본인의 삶 속에서 마음으로 꿈꾸는 세상을 그려나갈 수 있도록 영감을 주는 여러 가지 형태로 마음속에 있는 일종의 이미지이다. 강력한 비전은 오감을 만족시켜주고, 흥분하게 하고, 끌어당기는 자력이 있고, 지속적으로 고객으로 하여금 그것을 현실에서 실현할 수 있도록 영감을 준다. 비전은 고객에게 삶의 방향과 의미를 제공해준다.

- **사보투어**Saboteur　사보투어는 우리의 삶에서 현상유지를 위한 일련의 사고과정과 감정을 일컫는 말이다. 때로는 우리를 보호하는 것처럼 보일 때도 있다. 그러나 사실상 그것은 우리가 앞으로 나아가는 것을 가로막고, 우리 삶에서 진정으로 우리가 얻고자 하는 것을 얻지 못하게 하는 것이다. 항상 우리와 함께한다. 좋거나 나쁜 것이 아니고 그저 존재하는 것이다. 사보투어는 우리가 그것의 존재 이유를 알고 그 상황에서 가능한 대안을 알아차려서 우리가 진정으로 원하는 것을 의식적으로 선택할 때, 우리를 지배하는 힘을 잃어버린다.

- **상기 구조물**Structure　상기 구조물은 고객에게 자신의 비전, 목표나 삶의 목적 또는 그들이 당장 취해야 할 행동 등을 상기시켜주는 일종의 장치이다.

예를 들어, 콜라주Collage, 달력, 음성 메시지, 자명종 시계 등이 있다.

- **상호 협력적 관계**Designed Alliance    코치와 고객은 초기 발견 세션 동안 상호 협력적 관계를 설계한다. 고객과 코치 모두 고객에게 가장 도움이 되는 코칭 관계를 설계하는 데 깊이 참여한다. 이 관계는 시간이 지나면서 변할 수 있고 정기적으로 다시 검토할 필요가 있다.

- **성찰질문**Homework inquiry    코치가 주로 코칭 말미에 고객에게 일종의 과제로서 하는 강력한 질문을 성찰질문이라고 하는데, 이는 고객의 배움을 심화시키고 성찰을 더 할 수 있도록 하기 위한 의도를 갖고 있다. 또한 고객이 코칭 세션 사이나 긴 시간 동안 이런 성찰질문을 숙고하게 하고, 고객에게 발생하는 일을 자세히 살펴보도록 한다. 성찰질문은 통상 고객이 현재 다루고 있는 특정한 상황을 근거로 하고 다수의 해답을 갖고 있지만 어느 것도 옳은 것은 아니다. 다음은 성찰질문의 예이다. "무엇을 참고 지내시나요?" "흔들림이 없다는 것은 무슨 뜻인가요?" "지금 삶에서의 도전은 무엇인가요?"

- **요청하기**Requesting    가장 강력한 코칭 스킬 중의 하나가 바로 고객에게 요청을 하는 것이다. 고객의 어젠다를 근거로 한 요청은 고객의 행동을 촉진하기 위한 것이다. 도전하기와 마찬가지로 요청하기 역시 세 가지로 구성되어 있는데 특정한 행위, 만족 여부의 기준, 완료 일자와 시간이 포함되어 있다. 요청에는 다른 세 가지의 가능한 응답인 "예", "아니요" 또는 "대안"이 있다.

- **은유**Metaphor    은유는 고객을 위해서 이슈의 핵심을 설명하고 말로 그림이나 이미지를 그리는 것이다. "당신의 마음은 이 선택과 다른 선택 사이를 왔다 갔다 하는 탁구공 같네요." "결승선에 거의 다 왔어요. 힘을 내요. 이 경주를 이길 수 있어요."

- **인정**Acknowledgement    인정은 고객의 현재 모습뿐만 아니라 그들이 취한 행위의 목적을 달성하기 위해 어떤 사람이었는지 또는 그들이 그 과정을 통해서 깨달은 바를 짚어주는 행위이다. 또한 인정은 다른 사람을 좀더 깊이 있게

알고 있다는 것의 표현이기도 하다.

- **자기관리**Self-management    자기관리란 고객의 어젠다에 집중하기 위해서 자신의 의견, 선호, 판단과 믿음을 내려놓을 수 있는 코치의 능력을 말한다. 고객의 사보투어를 관리하는 것도 자기관리의 일부이다. 코치는 고객이 스스로 자신의 사보투어를 찾아내어 그것을 관리할 수 있는 방법을 제공해줄 수 있다.

- **재구성**Reframing    고객의 본래 정보를 듣고 그것을 다른 방식으로 해석하여, 즉 재구성 기법을 통해서 코치는 고객에게 다른 관점을 제공해주는 것이다. 고객은 매우 경쟁적인 시장에서 자신이 권위 있는 자리에 두 번째로 선정되었다는 소식을 방금 들었다. 고객은 실망하여 자신의 전문적 능력에 대해 의문을 갖고 있다. 이 경우에 코치는 재구성 기법을 통해 고객에게 다른 관점을 제공해준다. "이런 경쟁적 시장에서 두 번째로 선정되었다는 것은 고객이 전문성과 경험을 갖고 있음을 보여준 것이라고 생각합니다."

- **증인되기**Witnessing    증인되기란 진정으로 고객과 함께하는 것을 말한다. 이 스킬은 고객이 자신을 완전히 표현할 수 있는 공간을 창조해준다. 코치가 고객의 학습과 성장을 증언하게 되면, 고객은 코치가 자신을 매우 깊은 수준으로 보아주고 알아준다고 느끼게 된다.

- **지금 이 순간을 춤추기**Dancing in this moment    코치는 다음과 같은 상황에 있을 때 고객과 지금 이 순간을 함께 춤춘다고 할 수 있을 것이다. 바로 고객과 완전하게 현재에 함께 있고, 고객의 어젠다에 몰입하고, 자신의 직관을 따르고, 고객이 당신을 리드할 때이다. 코치가 현재 순간에 고객과 함께 춤을 추게 되면, 그들은 고객이 어떤 스텝을 밟든지 간에 받아들이게 되고, 기꺼이 고객이 가는 방향과 흐름에 따라갈 수 있게 된다.

- **직관**Intuition    직관은 사람의 내면의 지혜에 접근하여 이를 신뢰하는 것이다. 직관은 마음속의 생각에 방해받지 않고 그냥 아는 것이다. 직관을 느끼는 과정은 어떤 정해진 방법이 있는 것도 아니고 합리적이지도 않다. 때때로 직

관을 통해서 얻은 정보는 코치에게도 합리적이지 않을 때가 있다. 그러나 그 것은 고객에게 통상 매우 가치가 있다. 직관은 위험을 감수하고 자신의 육감을 믿는 것이다. "제 육감에 의하면…." "…인지 궁금하네요."

- **진행상황 명료화**Articulating what is going on(AWGO)　이 스킬은 고객의 행동을 본 대로 말해주는 것이다. 그것은 당신이 2단계 경청으로 들은 것일 수 있거나, 3단계 경청과 주의력을 통해 파악한 그들이 말하지 않은 것을 말해주는 것일 수도 있다. 때로는 그들이 한 말을 단순하게 되돌려주어 그들이 한 말을 실제로 스스로 들을 수 있도록 하게 하는 강력한 스킬이다.

"데비, 저는 당신이 아버지와의 관계를 매우 바꾸고 싶어 한다는 것을 알고 있습니다. 그런데 제가 듣기에 당신은 지금까지 해온 대로 하고 계신 것 같네요." "당신은 당신의 관리자가 이번의 새로운 프로젝트를 당신에게 맡기면서 당신의 업무량을 고려하지 않았다는 것에 화가 나 있네요."

- **책무**Accountability　책무란 고객으로 하여금 자신이 하겠다고 말한 것을 책임지게 하는 것이다. 책무는 세 가지 질문으로 구성된다. 첫째, 당신은 무엇을 하실 것인가요? 둘째, 언제까지 그 일을 하실 것인가요? 셋째, 당신이 그렇게 했다는 것을 제가 어떻게 아나요? 책무는 비난이나 판단을 하기 위한 것은 아니다. 오히려 코치는 고객으로 하여금 자신의 비전이나 약속에 책임을 지게 하고, 의도했던 행동의 결과에 책임을 지도록 요청하는 것이다. 필요할 경우 새로운 행동을 취하도록 요구하기도 한다.

- **책임지기**Taking charge　코치는 고객의 어젠다에 충실하기 위해서 코칭의 방향을 선택하고 진행한다. 때때로 고객은 그들 자신의 상황 속에서 길을 잃고 그들에게 중요한 것이 무엇인지를 잃어버리기도 한다. 바로 이때 코치는 코칭의 중심을 잡아서 고객에게 가장 의미 있는 코칭이 될 수 있도록 해야 한다.

- **초점 유지하기**Holding the focus　일단 고객이 앞으로의 방향이나 일련의 행동계획을 결정하게 되면, 코치가 해야 할 일은 고객이 제 궤도에서 이탈하지 않

고, 행동계획을 그대로 실천하도록 지지하는 것이다. 고객은 삶에서 자주 일어나는 이런저런 일들과 커다란 변화와 함께 오는 두려움이나 혼란 또는 단순히 매우 많은 가능한 대안으로 산란해진다. 코치는 계속해서 고객이 스스로 결정한 행동계획에 집중할 수 있도록 하고, 그들의 에너지를 다시 그들이 원하는 결과와 삶의 선택에 쏟아부을 수 있도록 도와준다.

- **큰 어젠다 'A'** Agenda:big 'A' agenda   큰 어젠다 'A'는 통합적 시각이다. 즉 어떻게 고객의 선택과 행동이 그들이 갖고 있는 큰 그림의 어젠다와 관련있는지에 관한 것이다. 이것은 그들이 세상을 살아가는 방법을 좀더 깊이 있게 배울 수 있는 공간이다. 이것의 핵심은 코액티브 코칭의 세 가지 원칙인 '삶의 충만, 삶의 균형, 삶의 과정'으로 구성되어 있다. 고객은 다음 세 가지를 원할 것이라고 전제한다. 첫째, 보다 충만한 삶을 사는 것. 둘째, 그들의 삶에서 균형을 이루는 것. 셋째, 삶의 과정의 현재에 존재하는 것이다. 코치는 언제나 이런 큰 어젠다를 갖고 있는 고객을 만나는 것이다.

- **통합적 시각** Meta-view   통합적 시각은 더 큰 그림으로, 더 큰 관점으로 보는 방법이다. 코치는 고객이 직면한 문제들로부터 뒤로 물러서서(또는 고객으로 하여금 뒤로 물러서게 하거나), 자신이 좀더 확장된 관점으로 명확하게 본 것을 다시 고객에게 되돌려준다. "만일 당신의 삶이 길과 같고 우리가 함께 헬리콥터를 타고 올라가서 그 길을 내려다본다면 무엇을 다르게 볼 수 있을까요?"

- **핵심 요약하기** Bottom-lining   이것은 코치와 고객 모두의 입장에서 내용을 간략하게 정리하는 스킬이다. 또한 고객으로 하여금 장황하게 이야기하지 않고 대화의 핵심에 접근할 수 있게 도와준다.

- **허락 구하기** Asking permission   허락 구하기는 코치로 하여금 고객의 매우 내밀하거나 때로는 불편한 영역에 접근해야 할 때, 고객에게 사전 동의를 구하는 스킬이다. "제가 말하기 어려운 사실을 말해도 될까요?" "이 주제로 코칭을 해도 괜찮을까요?" "제가 느끼는 바를 말씀 드려도 될까요?"